Cómo llevar una vida más plena gracias al eneagrama

Cómo llevar una vida más plena gracias al eneagrama

Con la colaboración de Margarita Guerra,
presidenta de la Asociación Española
de Eneagrama

ROBERTO WHYTE

DIANA

Obra editada en colaboración con Editorial Planeta – España

Composición: Realización Planeta

Bajo el sello editorial DIANA M.R.
Avenida Presidente Masarik núm. 111,
Piso 2, Polanco V Sección, Miguel Hidalgo
C.P. 11560, Ciudad de México
www.planetadelibros.com.mx

Primera edición impresa en España: septiembre de 2024
ISBN: 978-84-1344-349-2

Primera edición impresa en México: febrero de 2025
ISBN: 978-607-39-2314-9

Impreso en los talleres de Corporación en Servicios Integrales de Asesoría Profesional, S.A. de C.V.,
Calle E #6, Parque Industrial Puebla 2000, C.P. 72225, Puebla, Pue.
Impreso en México – *Printed in Mexico*

A mis nietos, Lucas y Mónica.
Cuando los miro, veo en sus ojos lo innombrable

Sumario

Prólogo

Una de las muchas cosas que he ido aprendiendo de la sabiduría oriental —y de una manera vivencial y supraconceptual— es que cada uno de nosotros somos un microuniverso o universo en miniatura, por lo que nunca dejamos de formar parte del macrouniverso o de estar ligados a éste. La cita «Lo que es arriba es abajo», de Paracelso, se complementa con la idea de que lo que es fuera es dentro o con el concepto mismo de que una gota de agua contiene toda la composición del océano.

Un maestro en la India me dijo: «Damos vueltas y vueltas alrededor de la circunferencia y no vemos el punto central de ésta», lo que los sufíes llaman «el núcleo del núcleo». Hay que dar la bienvenida a todas las enseñanzas y los métodos que nos ayuden a transformarnos. Si uno cree saber pero no ha habido transformación es que no sabe o, dicho de otra forma, si uno no cambia, puede creer que sabe aun sin saber, lo cual representa un autoengaño mayúsculo. Por este motivo, todo lo que nos ayude a modificarnos y mejorar debe experimentarse.

Como recomendaba sabiamente Buda, «comprueba, experimenta y, si te ayuda, incorpóralo a tu vida. Si no, descártalo». Swami Muktananda, al que entrevisté largamente en su *ashram*,[1] afirmaba que «lo que te vale, vale». Y si hay algo esencial es la au-

1. En la tradición hindú, «ermita» (*asrama*, origen de la voz inglesa *ashram*, morada apartada para actividades religiosas), que los sabios utilizaban en la India como lugar de recogimiento. *Fuente*: Tesauros del Pa-

sencia de dogmatismo en las enseñanzas espirituales y transformativas.

Entre el enorme caudal de enseñanzas para el autoconocimiento, el desarrollo interior, la exploración de uno mismo y la transformación interior que nos conducen a liberarnos de los engaños y oscurecimientos de la mente, destaca el eneagrama. Confieso que no soy ni mucho menos un experto. He leído y releído a Gurdjieff, a Ouspensky y, hace muchos años, los *Estudios sobre el eneagrama* de Bennett y he de reconocer que el eneagrama es un método sagaz para ahondar en el autodescubrimiento. Gracias a los nueve tipos de personalidad y sus subtipos, el ser humano consigue liberarse de tendencias nocivas para potenciar y desplegar las positivas y constructivas.

Cuando mi buen amigo y compañero de búsqueda, Roberto Whyte, me propuso prologar su interesante y muy práctico libro sobre el eneagrama, me quedé al pronto vacilante. Me dije: «¡Pero si ni siquiera sé qué tipo soy de los nueve!». Nunca he interpretado o me han interpretado ese esotérico diagrama que es el eneagrama y que a mí me recuerda a un *yantra* hindú,[2] pero que puede revelar muchos secretos insospechados y convertirse en un mapa de autoconocimiento y desarrollo interior. Me quedé un poco perplejo, a la vez que empatizaba con la afectuosa sonrisa de Roberto.

Me propuse escribir este prólogo y repasar todos mis conocimientos anteriores con respecto al eneagrama, sobre el que no han dejado de verterse mitos, pero ya sabes que el mito apunta más allá del mito. Gurdjieff dijo al respecto: «Los que conocían el significado de este símbolo le daban tal importancia que nunca quisieron divulgarlo».

El símbolo del eneagrama se ha utilizado como método para

---

trimonio Cultural de España (Ministerio de Cultura), <http://tesauros.mecd.es/tesauros/bienesculturales/1212594.html>.

2. Diagramas geométricos trazados sobre papel, en los que se dibujan el sol o las estrellas, que representan en el budismo, simbólicamente, el universo divino, las divinidades y sus mantras. *Fuente*: Tesauros del Patrimonio Cultural de España (Ministerio de Cultura), <http://tesauros.mecd.es/tesauros/bienesculturales/1191995.html>.

penetrar en los secretos del cosmos o como ganzúa para abrir las puertas cerradas del cuerpo y de la mente, y cada día más como herramienta de autoconocimiento y cambio interior.

El autor de este libro no es sólo una persona afable, abierta y distendida, sino también modesta, así que no voy a deshacerme en elogios. Sin embargo, sí debo mencionar que la obra que ahora nos entrega es clara, didáctica, útil y alentadora. Está escrita por un gran experto, profesor e intérprete solvente de este sistema que va saliendo de lo esotérico para convertirse en exotérico y llegar al mayor número de personas que quieran experimentar una verdadera transformación.

Roberto es un hombre poliédrico. Buscador espiritual desde muy joven; explorador de la esencia que se oculta tras la personalidad adquirida o personaje; buceador en esas profundidades anímicas que se desvelan y revelan cuando atravesamos la imagen y la autoimagen; conferenciante y autor de numerosas y variadas actividades en la vida cotidiana. Roberto Whyte ha recopilado todo su saber y experiencia personal sobre el eneagrama en esta obra, con la esperanza de que pueda ser de gran ayuda en la evolución consciente para poder transmutarnos interiormente y encontrar el elixir de la sabiduría liberadora.

Ramiro Calle,
maestro de yoga y escritor

Nota de Margarita Guerra

Ha sido un enorme placer colaborar con Roberto en la creación de este libro. Prepárate, lector, para un viaje en el que recorrerás paisajes con distintos coloridos, experiencias y aromas para llegar a tu destino: un mayor autoconocimiento a través del eneagrama.

En este libro el autor reúne su gran entendimiento del ser humano con su vasta experiencia vital, invita a reflexiones profundas y llenas de sentido, a la vez que nos va introduciendo en el maravilloso, rico y complejo mundo del eneagrama.

Poder aportar un poco de mi visión sobre esta gran disciplina y mi granito de arena de conocimiento sobre el eneagrama y sus aplicaciones prácticas en el mundo de las relaciones humanas ha sido un enorme placer.

Espero que tú, lector, ahora que vas a leer este libro, disfrutes tanto del viaje como lo he hecho yo.

MARGARITA GUERRA,
presidenta de la Asociación Española de Eneagrama
Miembro de la directiva de la International
Enneagram Association (IEA)
Coach y profesional acreditada en el uso
del eneagrama por la IEA

Introducción

Un libro es un viaje compartido entre el autor y sus lectores y conlleva un punto de partida, una ruta y un destino final. Hay un principio de acuerdo entre escritor y lector. Por una parte, el autor vuelca una porción de sí mismo en el texto. Dicen los especialistas que, incluso en los libros de ficción, no es posible escribir más de cincuenta páginas seguidas sin hablar también de uno mismo de manera más o menos explícita. Por otra, el lector, que está leyendo estas primeras líneas, compra o pide prestado el libro y ofrece al autor el mejor de sus tesoros: su tiempo.

El recorrido que te propongo en esta obra combina conocimientos objetivos y experiencias propias y ajenas que refutan conceptos teóricos, así como territorios de aplicación práctica en los grandes temas de la vida: **la muerte, la profesión, el dinero, la familia y la pareja**.

Desplegaremos el marco de la muerte como motor de la vida y referencia nuclear para marcar el territorio de nuestro «yo esencial», en contraste con el personaje que representamos. El punto de partida es la propuesta de un cuestionamiento universal y milenario.

¿Quiénes somos?

Intentaremos descubrirlo a la vez que vamos desentrañando, como si de un puzle amable y acogedor se tratara, los misterios del símbolo ancestral del eneagrama y los distintos patrones de personalidad, desnudando sus enigmas y complejidades.

Empezaremos descubriendo su historia. Una historia que converge finalmente en la modernidad, pero con trayectos diferentes. Por un lado, un símbolo, de naturaleza perenne y antigua, que ha resistido el paso de civilizaciones y culturas hasta llegar al siglo XXI y, por otro, todo un mapa fascinante de la personalidad que nace a mediados del siglo XX, en plena explosión de la psicología humanista.

En este viaje exploraremos y diseccionaremos juntos el encaje armónico, y a la vez misterioso, de ambas realidades, siempre desde la propuesta de la experimentación directa. Es el lector quien tiene el poder de ir viviendo y experimentando en sí mismo y en los demás la aplicabilidad de estos conocimientos. En esto radica precisamente el valor inmenso de este campo de conocimiento. Resiste a una retadora premisa: «Experiméntalo en ti mismo y en los demás. No te creas nada que tus propios ojos no confirmen».

Antonio Lozano Doménech, doctor en Ciencias Políticas y Sociología, destaca en su libro *La sabiduría del no saber* que «nada está bajo nuestro control y desconocemos el 96 por ciento de la realidad física en la que vivimos». Es por eso que el camino es la experimentación directa, filosofía central del maestro Krishnamurti: «La vida es un misterio extraordinario. No el misterio que hay en los libros, no el misterio del que habla la gente, sino un misterio que uno ha de descubrir por sí mismo. Por este motivo es tan importante para ustedes comprender lo pequeño, lo limitado, lo trivial e ir más allá de todo eso».

Cuando uno se adentra en el eneagrama, es habitual experimentar una sensación de perplejidad al comprobar las coincidencias entre el eneatipo y uno mismo, sus comportamientos y motivaciones o los de sus familiares y amigos. «Pero esta foto... ¡¿quién me la ha hecho sin conocerme?!», exclamaba hace poco mi amigo Rubén, que compartía su sorpresa por las coincidencias.

Sin embargo, la verdadera magia llega cuando somos capaces de observar ese espacio interno que hay entre lo que creemos que somos y lo que somos, que nos conecta con ese ser único y esencial que todos llevamos dentro y que está protegido por una «máscara» que queda al descubierto. La vida ya no será la misma a partir de ese momento.

El campo del eneagrama es un campo de conocimiento y autoconocimiento probabilístico, no una maquinaria de etiquetados en serie. Es justo lo contrario, como comprobaremos a lo largo de este libro. En mi experiencia con el eneagrama, nunca he conocido a dos personas del mismo eneatipo que sean iguales; tampoco a dos personas de diferentes eneatipos que, de alguna manera, no tengan algunos patrones de comportamiento parecidos. Somos seres únicos e irreproducibles. Todos somos todos y, a la vez, somos únicos.

Siento un profundo agradecimiento hacia este campo de conocimiento, pues me permite vivir con más plenitud. También un deseo entusiasta de compartirlo con el mundo, con la esperanza de que sigan prendiéndose almas para vivir una vida con más sentido, siempre desde la experimentación personal de cada uno y no sólo con el manejo intelectual de un paradigma teórico.

En el inicio de la ruta que vamos a seguir nos zafaremos de un debate endogámico e inútil vigente en la comunidad del eneagrama: eneagrama superficial frente a eneagrama de profundidad. Lo aconsejable es que cada persona sintonice desde su momento vital y adapte su evolución a sus propias circunstancias personales y no a «las verdades» descubiertas por otros. Cada proceso es único y debe experimentarse por sí mismo. No hay recetas válidas para todos ni un único camino.

Profundizaremos en las distintas visiones sobre qué es el eneagrama y el territorio común a todas las corrientes. Descubriremos conceptos que son peculiares y cuyo significado, en algunos casos, no coincide plenamente con el convencional. En nuestro viaje, descubriremos **islas conectadas** entre sí que, una vez exploradas, formarán una unidad de conocimiento:

- **Eneatipos**: representan un conjunto de patrones de pensamientos, emociones y comportamientos definidos y estructurados.
- **Tríadas o centros (emocional, mental o visceral)**: es el campo de juego de cómo filtramos la realidad que vivimos y la influencia del ego en que predomine una u otra en nuestra vida, lo que provoca desequilibrios e inadaptaciones.

- **Cualidades esenciales**: la base espiritual pura sobre la que se sustenta nuestro «yo esencial», que queda distorsionada cuando nos enfrentamos a la realidad en los primeros años de nuestra vida.
- **Virtudes**: aspectos positivos o saludables que cada eneatipo puede desarrollar.
- **Pasiones**: estados emocionales sobre los que se acoraza nuestro ego para protegernos de la vulnerabilidad intentando alcanzar, de manera artificial y tensionada, la deseada cualidad esencial de la que nos hemos ido desconectando en nuestra niñez.
- **Fijaciones**: proyecciones mentales o autorrelatos del yo basados en creencias y conectados con la pasión de cada eneatipo.
- **Flechas**: la interconexión, a través del símbolo del eneagrama, con otros dos eneatipos en la que se desarrolla el campo de juego de nuestros principales equilibrios y desequilibrios.
- **Alas**: nuestra energía, alta o baja, nos llevará a compartir puntualmente características de los eneatipos que tenemos a ambos lados del nuestro.
- **Identidad instintiva y subtipos**: es el ecosistema que nos asemeja a los animales. A diferencia de ellos, en nuestros primeros años de vida nuestro ego sesga y da predominancia a un instinto sobre otro. Así se crea una identidad instintiva propia que condiciona nuestra manera de reaccionar, vivir y relacionarnos. De este modo se originan los subtipos, tres por eneatipo: conservación-supervivencia, social y sexual-transmisor.

Una de las islas más apasionantes que visitaremos en este viaje compartido es la **identificación del eneatipo**. Conoceremos los testimonios de nueve especialistas que nos ayudarán a que nos sintamos cómodos y tranquilos en nuestros propios procesos de investigación para conectar con nuestro eneatipo, uno de los temas más complejos y debatidos del campo de conocimiento del eneagrama.

Estamos prisioneros en una celda custodiada por nuestro personaje. La llave está dentro de la celda y nadie puede abrirla por nosotros. Podemos escuchar los consejos de personas sabias que han seguido antes un camino que ahora recorremos nosotros, pero cada proceso de identificación es único y genuino. No nos pueden sustituir en la observación de nuestras motivaciones más profundas, origen y base de los comportamientos sobre los que se asienta nuestro eneatipo. Esa llave, que nos libera y abre la puerta de la conexión con nuestro «yo esencial», sólo está al alcance de la mirada hacia uno mismo de cada ser humano, responsable de su propio proceso.

Llegaremos a una escala intermedia, un faro en el medio del mar, desde donde se vislumbra el verdadero sentido de todo el viaje: **la muerte**. Es una propuesta sin eufemismos ni artificios. Se trata de contemplar nuestra vida desde el sentido que le da nuestra propia desaparición; someter a nuestro «yo superficial» al filtro que desnuda todas sus exigencias y anhelos terrenales; hacer una llamada a nuestro «anestesiado yo esencial» para preguntarnos cuál es el sentido de vivir y haber vivido desconectados de nuestras cualidades esenciales, en busca de la consecución de bienes terrenales y adicciones pasajeras; confrontar nuestra persona con nuestro personaje aceptando, quizá, la utilidad de la máscara en un mundo repleto de exigencias, competitividades, depredadores y presas, pero sin estar sometidos a su esclavitud y pleno dominio.

La medida del sentido de la vida tiene que ver con el coraje y la serenidad para permanecer conectados a nuestra esencia, a pesar del oleaje constante e incansable de una sociedad que nos exige las herramientas competitivas de nuestro personaje para sobrevivir.

¡Y llegaremos a las **islas de aplicación práctica** de los conocimientos adquiridos! Nuestra vida profesional consume más de un tercio, al menos, de nuestro tiempo en la Tierra. Es en este terreno donde nuestra máscara o personaje encuentra su territorio natural para desplegar todo su armamento.

Conoceremos las características propias de cada eneatipo y distinguiremos entre la necesidad de utilizar sus herramientas competitivas y también su complementariedad y tener un plan vital conectado con nuestro «yo esencial»: ¿para qué trabajamos?, ¿hacia dónde vamos?, ¿quién responde a estas preguntas, el «yo esencial» o «el personaje»?

Llegaremos a ecosistemas plenamente prácticos relacionados con el trabajo y el liderazgo para conectar con las mejores herramientas de los eneatipos, sus fortalezas y también sus debilidades. Daremos espacio al mundo relacional en las empresas, las compatibilidades, las sinergias y los obstáculos en las relaciones entre los eneatipos. Profundizaremos en los estilos de los diferentes patrones de liderazgo con el objetivo de conocer y conocernos para adquirir un alto nivel de conciencia de los territorios de gestión, todo ello con la finalidad de tener una vida profesional más plena.

Miraremos de frente al gran tema del dinero, termómetro y medida de casi todas las cosas en este mundo. Describiremos las peculiaridades de cada eneatipo en relación con el vil metal y, ¡cómo no!, lo confrontaremos con nuestro «yo esencial» para desenmascarar la trampa solapada y difusa que representa para nuestro personaje. En este campo de juego desarrolla sus principales argumentos para subyugar y controlar las conexiones con nuestro «yo esencial», atrapado en las exigencias de la vida.

En la conexión con nuestro «yo esencial», dedicaremos un espacio para explorar la influencia que tienen sobre nosotros y la construcción de nuestro patrón de personalidad el país en el que hemos nacido o la familia con la que nos ha tocado convivir en nuestros primeros y vulnerables años de vida. Tomaremos conciencia de la importancia de las relaciones de pareja sobre las que edificamos nuestra vida, las compatibilidades, incompatibilidades, fortalezas y debilidades en función de nuestro eneatipo y el eneatipo de nuestras parejas.

Desde los veintitrés años he llevado una y otra vez mis límites de resistencia al extremo. Con un temperamento explosivo, encontrar a mi compañera y el peso de la responsabilidad de un hijo inesperado me lanzó a una vida repleta de exigencias y retos.

Abogado, criminólogo, productor de teatro y series de televisión, organizador de escuelas y torneos de tenis, propietario de caballos de carreras, promotor de boxeo, jugador de Bolsa, emprendedor de compañías diversas (tecnología, correduría de seguros, formación, inmobiliarias), desarrollador y gestor de grandes centros comerciales, instructor de *mindfulness*, profesor de eneagrama, formador de presos en cárceles, escritor, conferenciante y, por encima de todo, alumno eterno de multitud de cursos. Curioso y apasionado por los temas relacionados con los misterios de la vida, la mente y el comportamiento humano, he sido muchos «Robertos» unidos por el cordón umbilical de mi esencia y el personaje central que representaba en la vida.

El maestro Gurdjieff decía que la gran mentira del ser humano es «la creencia falsa de la unidad del yo». En cada uno de nosotros hay una variedad de yoes que gestionamos y a los que damos coherencia en nuestro relato social para que el entorno nos quiera, nos entienda y nos acepte. Sin embargo, los muchos «Robertos» con los que he convivido no han perdido el contacto con un ser esencial interno y profundo que habita en cada ser humano, ayudados por el eneagrama y sus herramientas de autoconocimiento, que han dado sentido y propósito a mi vida. Por ello, la motivación central de este libro es la necesidad vital de compartir estos conocimientos con otros seres humanos que puedan recoger los recursos de este formidable campo de conocimiento.

Finalmente llegaremos a puerto, al final del viaje, con el deseo de que represente el principio de un camino de desarrollo personal para vivir una vida más plena y consciente, con propuestas concretas de profundización y práctica, utilizando la meditación como herramienta central.

Llega el momento, querido lector, en que vas a escribir tu propio libro desde las primeras líneas. Descubrir la máscara con la que nos protegemos en la vida es de valientes. Conectar con el «yo esencial» del que desconectamos en nuestra niñez es de héroes. El proceso quizá no sea sencillo, pero espero que disfrutes de la travesía.

Levantamos ancla, izamos bandera, iniciamos navegación.

Eneatipos

La navegación a través del eneagrama hace necesario plantearse algunas preguntas. En unos casos, las respuestas representarán tomas de conciencia rápidas y, en otros, podrían llevar meses e incluso años. En cualquier caso, la travesía merecerá la pena, pues se reciben regalos de sabiduría y autoconocimiento:

- ¿Cuál es mi eneatipo?
- ¿Cuáles son mis alas?
- ¿Cuáles son mis flechas?
- ¿Cuál es mi subtipo?
- ¿Cuál es mi instinto dominante?
- ¿Cuál es mi instinto ciego?
- ¿Cuál es mi instinto medio?
- ¿Quién soy yo? Espacio entre mi esencia y mi personaje.

1

Primeras reflexiones y breve historia del eneagrama

> La forma más común de desesperación es no ser quien eres.
>
> SØREN KIERKEGAARD, filósofo

PRIMERAS REFLEXIONES

Existe un amplio sector dentro del mundo profesional del eneagrama que critica lo que denominan el «eneagrama superficial». Sin embargo, la realidad es que es muy habitual utilizar esta puerta de entrada para sumergirnos en este profundo y colosal campo de conocimiento. Al principio, puede que no se intuya la inmensidad que contiene, pero, una vez que nos adentramos en sus aguas desde la orilla, nos damos cuenta de que no tocamos el fondo como creíamos, sino que nos encontramos en aguas azules.

Después de años de navegación, puedo afirmar con certeza que nos conduce hacia una vida más plena, y no precisamente por la suavidad del viaje. A veces, el camino puede ser todo lo contrario, ya que exploramos el conocimiento y el autoconocimiento del alma humana. Sin embargo, todo vale la pena cuando aparecen las islas en forma de tomas de conciencia, que transforman por completo la percepción de nosotros mismos y de los demás y cambian literalmente nuestra vida.

En mi caso, la navegación comenzó hace años y, a pesar de los innumerables cursos a los que he asistido como alumno y que he impartido como profesor, sigo navegando.

En la vida todos nos enfrentamos a tres preguntas esenciales:

- ¿De dónde venimos?
- ¿Quiénes somos?
- ¿Adónde vamos?

En cuanto a la primera y la tercera cuestión me temo que hemos avanzado poco o nada en las posibles respuestas durante estos años de existencia como especie en la Tierra. No obstante, el campo de conocimiento del eneagrama representa un mapa excepcional para profundizar en el «quiénes somos».

El primer gran impacto llega cuando uno toma conciencia del relato que tiene sobre sí mismo y el eneagrama revela su trampa. Yuval Noah Harari, en su libro *Sapiens: De animales a dioses*, destaca que la dominancia del ser humano en el mundo se debe a su capacidad para relatar y creer en la ficción. Cuando nos adentramos en el eneagrama inicialmente nos atraen las características de los eneatipos, casi como si fuera un horóscopo, pero nos llevamos una sorpresa descomunal cuando descubrimos otra puerta que revela el relato que tenemos sobre nosotros mismos; una ficción que realmente no nos descubre quiénes somos, sino lo que creemos que somos e incluso lo que no somos. A partir de ahí ya estamos en aguas azules y sólo hay dos caminos posibles: regresar rápidamente a la orilla o gestionar el susto y seguir navegando.

Empiezan a pasar demasiados años desde que un amigo y profesor de eneagrama encendió la mecha: «Roberto, tú eres un 8».

Siendo ortodoxos, cometió un error, ya que los cánones del eneagrama profesional no consideran correcto identificar al otro; es uno mismo quien debe abrir la puerta de su eneatipo investigando y profundizando. Es cierto que sólo nosotros podemos ver las motivaciones últimas de nuestros comportamientos, que pueden ser muy parecidos exteriormente y, sin embargo, obedecer a eneatipos y subtipos diferentes, como veremos a lo largo del libro.

Lo que hizo este amigo profesor, ahora que estamos solos tú y yo, lector, te reconozco que lo hacemos todos. Es divertido. Ofrece la oportunidad de hablar de nosotros mismos y también de darnos cuenta de cómo nos ven los demás. He tenido comidas memorables con personas que, gracias al eneagrama, se han abierto, han compartido y debatido sobre temas muy interesantes.

Después de leer este libro, en la siguiente reunión social —y, si es aburrida, con más razón— prueba a lanzar unas semillas en la mesa y te quedarás fascinado con el resultado. Personas que apenas se conocen empiezan a hablar de sí mismas y de otras sin rubor. Utilizan un número y, protegidos por el eneatipo, hablan y hablan. En esos momentos te das cuenta de lo necesitados que estamos de comunicarnos y contar cosas de nosotros mismos y de las personas importantes en nuestra vida.

> Llegué a casa, investigué sobre el eneatipo 8 e hice varios test que confirmaron la opinión del profesor. Ya estaba en la orilla y, después de una etapa de contacto intenso pero superficial, me lancé entusiasmado a la navegación en aguas azules.
>
> Para hacerlo corto, después de unos dos años, llegué a una primera isla y me llevé un gran disgusto: tomé conciencia de que no era un eneatipo 8. Me encantaba el eneatipo 8, era exactamente lo que quería ser, cómo me veía el mundo, y estaba muy orgulloso de serlo. Mi relato del yo era tan potente que no sólo había engañado al mundo, sino que me estaba engañando a mí mismo. El funcionamiento de mi «yo superficial» quedaba al descubierto. La sensación de desnudez fue casi insoportable, pero a la vez emergió un yo que me ofrecía paz y amor incondicional. Mi «yo esencial» hizo señales más allá de la protección de mi nuevo eneatipo (ego) que, por cierto, no me gustaba nada, como suele ocurrir. Te descubre la trampa que te haces tú mismo. Aquí comenzó la travesía de verdad, con destino a una vida más plena y consciente.

Advierto que mi caso no es raro, aunque tampoco es el más habitual. Hay muchas personas que conectan con su eneatipo desde el principio y lo confirman después, pero otras no, como me pasó a mí. Por eso te recomiendo que no cierres precipitadamente el proceso de identificación. Como diría Joyce en *Ulises*, «lo importante en este viaje es el viaje hacia uno mismo, a Ítaca».

Historia del eneagrama

Algunas de las preguntas más temidas para un formador de eneagrama, ya sea en talleres para personas o para empresas, son las siguientes: «¿De dónde viene el eneagrama? ¿Cuál es su historia?».

El eneagrama es un campo de conocimiento que ha suscitado muchas preguntas sobre su origen y su historia. Es común que los formadores mezclen hechos con hipótesis cuando explican su procedencia, lo que puede suponer entrar en un terreno resbaladizo. Sin embargo, el eneagrama no necesita un marketing histórico para posicionarse, ya que representa una herramienta de tal potencia transformadora que desafío amigablemente a quienes buscan los tres pies al gato en sus orígenes a que lo experimenten y prueben por sí mismos.

Como persona curiosa que soy, he experimentado en múltiples áreas de conocimiento y autoconocimiento a lo largo de cuarenta años y siempre he necesitado vivir y sentir por mí mismo, bajar a tierra las teorías y los constructos intelectuales para integrar nuevas ideas. Mi primer encuentro con el eneagrama se desarrolló de forma escéptica e incluso irritante debido a la actitud de aquel amigo profesor, quien me hizo sentir como un número o un pseudohoróscopo. No obstante, con el tiempo, el eneagrama logró traspasar poco a poco mis barreras y prejuicios hasta convertirse en el contenido de desarrollo personal y humanístico que más impacto ha tenido en mi vida. Cada día aprendo, enseño y practico a partir de esta valiosa herramienta.

Dado que estás leyendo este libro, permíteme considerarte un compañero de viaje e invitarte a que no te creas nada *a priori*. Prueba y experimenta. Estoy convencido de que se abrirá en ti una perspectiva diferente y enriquecedora en tus relaciones, en el trabajo, con el dinero, con la familia y, sobre todo, en tu autoconocimiento. Sólo te pido esperanza en el trayecto, pues, como decía Stevenson, «viajar llenos de esperanza es mejor que llegar».

En la historia del eneagrama es esencial distinguir entre el símbolo del eneagrama y los patrones de personalidad asociados a él.

Evolución histórica: cinco hitos

- Símbolo: 3000-4000 años a. C. (Mesopotamia, caldeos): origen sin determinar.
- Virtudes asimilables al eneagrama: siglo XIII (san Ramon Llull).
- Descubrimiento del símbolo en la modernidad: principios del siglo XX (George Gurdjieff).
- Creación de los eneatipos: mediados del siglo XX (Óscar Ichazo).
- Desarrollo de los eneatipos y creación de los subtipos: mediados-finales del siglo XX (Claudio Naranjo).

El símbolo del eneagrama, en su forma básica, es simplemente un círculo que representa la esencia y la unidad previa a la manifestación de los diferentes patrones y rasgos de personalidad vinculados a los nueve tipos del eneagrama. Esta representación neutral es el concepto fundamental antes de que se añadan las complejidades y características propias de cada tipo en el sistema del eneagrama.

Algunas fuentes sugieren que el eneagrama podría tener sus raíces en la antigua Mesopotamia y estar relacionado con la cultura caldea, en la que un grupo de astrólogos y astrónomos pudieron haber utilizado símbolos geométricos y patrones para comprender aspectos de la personalidad y la naturaleza humana. En este contexto, el eneagrama sin patrones de personalidad se podría haber utilizado como una herramienta simbólica para representar aspectos espirituales y psicológicos del individuo. Sin embargo, es importante destacar que la falta de registros escritos y la naturaleza especulativa de estas afirmaciones hacen que el origen del eneagrama en Mesopotamia y los caldeos sean objeto de debate entre los estudiosos.

Aunque el origen del símbolo sin patrones de personalidad ha generado variadas teorías, no hay un consenso definitivo sobre su procedencia. Algunas de las teorías más aceptadas o propuestas son las siguientes:

- **Geometría sagrada**. Se sugiere que el símbolo del eneagrama sin patrones podría tener raíces en la geometría sagrada y los antiguos símbolos espirituales utilizados en diferentes culturas. Se ha asociado con la estrella de nueve puntas, que simboliza la unidad y la totalidad.
- **Tradiciones esotéricas**. Otra hipótesis plantea que el símbolo sin patrones se pudo haber utilizado en tradiciones esotéricas y místicas a lo largo de la historia para representar principios cósmicos y espirituales.
- **Filosofía neoplatónica**. Algunos investigadores sugieren conexiones entre el eneagrama sin patrones y la filosofía neoplatónica, que explora conceptos como la unidad, la esencia y la emanación.
- **Origen sufí**. Existen teorías que vinculan el eneagrama sin patrones con enseñanzas sufíes, una rama mística del islam, aunque estas conexiones no están totalmente claras ni bien documentadas.

Debido a la antigüedad de ciertas tradiciones y a la falta de registros precisos, el origen del símbolo sigue siendo objeto de investigación y debate entre los estudiosos y entusiastas del eneagrama. Según los autores de referencia Richard Riso y Russ Hudson, el eneagrama moderno de los tipos de personalidad es una síntesis de muchas y diferentes tradiciones espirituales y religiosas. En gran parte es una condensación de la sabiduría universal, la filosofía perenne, acumulada durante miles de años por cristianos, budistas, musulmanes (especialmente, sufíes) y judíos (en la cábala). Raimon Panikkar defendía que el eneagrama no pertenece a una iglesia o grupo humano en particular, sino que es patrimonio de la tradición primordial de la humanidad.

En relación con el símbolo, es importante tener en cuenta que nos adentramos en el territorio de las hipótesis, algunas más verosímiles que otras. En cambio, hasta el siglo XIII, en el que podemos conectar con un personaje inspirador del eneagrama moderno, Ramon Llull, no existen pruebas irrefutables que marquen un itinerario incontestable.

La autora y experta en la historia del eneagrama Fátima Fernández, en su libro *¿De dónde demonios salió el Eneagrama?*, defiende que las dificultades para tejer un cordón umbilical incontestable sobre la historia del símbolo hasta la aparición del eneagrama moderno no deben ser un impedimento para perder de vista «su sentido original y su propósito más importante: la exploración práctica de la trascendencia humana, la recuperación de las potencialidades perdidas».

Esta misma autora, y la gran mayoría de los expertos, sitúan a Ramon Llull como el conectador histórico entre el eneagrama antiguo y el moderno. Aunque, paradójicamente, no menciona el símbolo como tal, sí estableció una correlación entre los seres humanos y sus virtudes y vicios.

Con *El Árbol de la Ciencia*,[3] san Ramon Llull exploró y clasificó diversas virtudes y diversos vicios humanos y profundizó especialmente en los conceptos de los pecados capitales. Estos pecados, también denominados mortales o vicios capitales, constituían una lista tradicional de actitudes y comportamientos considerados especialmente destructivos para el alma humana. Los siete pecados capitales incluyen la soberbia, la avaricia, la lujuria, la envidia, la gula, la ira y la pereza. La diferencia con los patrones del eneagrama moderno estriba en que a los anteriores se les suman la vanidad y el miedo e incorporan el término *orgullo* como sustituto de la soberbia.

Llull también desarrolla una descripción de las virtudes:

1. **Sabiduría**: valoraba el conocimiento profundo y la comprensión de las verdades espirituales y filosóficas como un medio para alcanzar la sabiduría.
2. **Amor**: abogaba por el amor universal y el servicio desinteresado a los demás como una virtud fundamental para el crecimiento espiritual.
3. **Caridad**: enfatizaba la importancia de la caridad y la generosidad con los necesitados como una expresión concreta del amor en acción.
4. **Humildad**: animaba a practicar el valor de la humildad como una virtud para reconocer nuestras limitaciones y depender de la gracia divina.

3. Más información en <http://bdh.bne.es/bnesearch/detalle/bdh0000152037>.

5. **Tolerancia**: fomentaba la comprensión y el respeto hacia las diferentes creencias y perspectivas religiosas.
6. **Perseverancia**: destacaba la perseverancia en la búsqueda de la verdad y el crecimiento espiritual a pesar de las dificultades.
7. **Oración**: valoraba la oración como un medio para conectarse con lo divino y fortalecer el vínculo con Dios.

Estas virtudes reflejan la visión integral de san Ramon Llull, que abarcaba tanto la dimensión intelectual como la espiritual del ser humano. Su legado perdura como una fuente de inspiración para quienes buscan cultivar estas virtudes en su vida y acercarse a una comprensión más profunda del significado y el propósito de la existencia.

Es importante destacar que, aunque la obra de san Ramon Llull no está directamente vinculada a los patrones modernos de personalidad del eneagrama, su estudio profundo de la psicología humana y su clasificación de los comportamientos sentaron una base esencial para futuros desarrollos en este campo. Su legado perdura y nos recuerda la importancia de buscar la virtud y el equilibrio en nuestra existencia para alcanzar un crecimiento espiritual y una vida plena.

A partir de esta figura tan trascendental para la historia del símbolo y tan inspiradora para el denominado eneagrama moderno, llegamos finalmente al territorio de las evidencias, después de siglos de silencio, personalizado en la figura de George Ivanovich Gurdjieff (Armenia, 1866-Francia, 1949), un influyente maestro espiritual y filósofo del siglo XX. Gurdjieff desarrolló un sistema espiritual y filosófico conocido como «el Trabajo» o «Cuarto Camino», que combinaba elementos de varias tradiciones espirituales y filosóficas de Oriente y Occidente. Gurdjieff tuvo un papel fundamental en la popularización y el uso del símbolo del eneagrama como una herramienta para el autodescubrimiento y el desarrollo personal.

A pesar de que Gurdjieff no utilizó específicamente el eneagrama para describir patrones de personalidad, sentó las bases para que sus seguidores y discípulos, como P. D. Ouspensky, plantaran las primeras semillas del sistema del eneagrama de la personalidad tal como lo conocemos hoy en día. Así justificaron el secretismo del símbolo del eneagrama a lo largo de los siglos: «[...]. Los que conocían el significado de este símbolo le daban tal importancia que nunca quisieron divulgarlo».

Y así llegamos por fin al arquitecto del eneagrama de la personalidad tal y como lo conocemos hoy, que incorpora los patrones al símbolo. Óscar Ichazo, seguidor de Ouspensky, fue un filósofo y maestro espiritual boliviano. En la década de 1950, Ichazo fundó la Escuela Arica, una institución dedicada a la enseñanza de técnicas de autorrealización y desarrollo personal. Se le atribuye la creación de la estructura del eneagrama moderno, que es un símbolo geométrico con nueve puntos conectados por líneas. Cada punto representa un tipo de personalidad y sus características distintivas, lo que permite un análisis profundo de los rasgos de comportamiento y las motivaciones subyacentes.

Un hecho clave, que puede pasar desapercibido a primera vista, es que Ichazo heredó la biblioteca de su abuelo en los años cuarenta. Se apasionó tanto que devoró los libros de anatomía, fisiología, medicina y todas las materias que tuvieran conexión con la mente humana. No hay que olvidar que en aquellos años el siglo XX estaba viviendo la explosión del humanismo, con autores como Abraham Maslow, Carl Rogers, Rollo May, Viktor Frankl y Erich Fromm. Estos autores fueron fundamentales en el desarrollo y la promoción de la psicología humanista, una perspectiva que valora la singularidad, la libertad y el crecimiento personal del individuo. El eneagrama de la personalidad se gestó en este contexto intelectual.

Por supuesto, también es importante mencionar a los dos autores que más influyeron en los cambios de paradigma de la mente humana con la teoría del psicoanálisis y la psicología analítica: Sigmund Freud y Carl Gustav Jung.

Si bien los arquetipos de Jung y los patrones de personalidad del eneagrama son sistemas psicológicos diferentes, algunos expertos han explorado conexiones y comparaciones entre ambos. He aquí algunos ejemplos:

1. **Arquetipo del héroe (Jung) y eneatipo 8**. Comparten características como el liderazgo, el dominio, la fortaleza y la búsqueda de control y autonomía.

2. **Arquetipo del sabio (Jung) y eneatipo 5**. Ambos están asociados con el conocimiento, la curiosidad intelectual y la necesidad de comprender el mundo que los rodea.
3. **Arquetipo del niño interior (Jung) y eneatipo 4**. Los dos pueden estar relacionados con la sensibilidad, la intensidad emocional y la búsqueda de autenticidad.
4. **Arquetipo del cuidador (Jung) y eneatipo 2**. Los dos tienden a enfocarse en ayudar y satisfacer las necesidades de los demás.

Es importante tener en cuenta que estas correlaciones son interpretativas y no existe una correspondencia exacta. Cada sistema tiene sus propias complejidades y matices, y la intersección entre ellos puede ser una forma interesante de explorar y comprender el contexto en el que el eneagrama desarrolló sus bases para describir los eneatipos.

Óscar Ichazo es el padre del eneagrama moderno. Sin embargo, a pesar de que el psiquiatra chileno Claudio Naranjo fue su principal alumno y desarrollador, es al último a quien la mayoría de los expertos y profesionales consideran la figura más importante y de mayor relevancia en este campo, por encima de su maestro y mentor. Esto quizá obedece a que, mientras que el alumno se dedicó a investigar, publicar y formar sin descanso, Ichazo se retiró a la vida espiritual. Como suele ocurrir en la historia de los grandes hombres, la relación entre ellos se deterioró, al igual que sucedió con sus contemporáneos Jung y Freud.

En 1969, Claudio Naranjo, psiquiatra, dio un giro total a su vida tras el fallecimiento de su hijo en un accidente de circulación, que cambió su manera de vivir y de relacionarse con la vida. En aquellos tiempos, presentaba su teoría del protoanálisis y sus fijaciones del ego en el Instituto de Psicología Aplicada de Santiago de Chile. Allí conoció a su mentor, Óscar Ichazo, con quien tejió una relación que culminó en la expedición a Arica (al norte de Chile) con otras casi sesenta personas. Durante más de diez meses en esa histórica formación, se gestó el verdadero nacimiento del eneagrama moderno, con los patrones de personalidad, los llamados *eneatipos*.

Aquellos meses Óscar Ichazo impartió sus enseñanzas a ese grupo de privilegiados reivindicando sus conocimientos con contundencia ante sus críticos: «Los “eneagones” (eneatipos) ciertamente no me llegaron como una coincidencia o como una casualidad mientras estaba en el carro mirando las estrellas de una noche de verano. De hecho, vinieron a mí como el resultado de un largo proceso de investigación, análisis y un cuidado estudio de la teología, la filosofía, el misticismo y nuestro conocimiento científico de la física, la biología y la medicina».

Claudio Naranjo fue designado en la formación como el heredero natural y continuador de Ichazo. Sin embargo, la relación entre ellos se fue deteriorando por motivos que tienen que ver con el temperamento propio de los genios, así como por cuestiones muy humanas relacionadas con una propiedad inmobiliaria que les generó conflicto. Esto lo reconoció el propio Naranjo en una entrevista que le hizo un alumno suyo, David Barba, autor también de varios libros sobre el eneagrama: «Teníamos un conflicto acerca de la propiedad de la casa en la que estábamos viviendo. La propiedad era mía. Me tocó diseñarla e invertir dinero junto con otros amigos. Los ayudantes de Ichazo me reclamaron fuertemente que la propiedad debía pasar a sus manos».

En cualquier caso, ambos, con sus amores y sus desencuentros, fueron la base y el origen del campo de conocimiento del eneagrama tal y como lo conocemos. El propio Óscar Ichazo, años después y a pesar del deterioro de su relación, reconoció el importantísimo aporte de Naranjo al eneagrama: «Naranjo trabajó básicamente con el eneagrama de las pasiones que, evidentemente, es el nivel psicológico del sistema. Posteriormente, Naranjo dio pie a excelentes visiones profundas y psicológicas sobre las pasiones y fijaciones, así como la relación de la psique en su totalidad. De este modo, creó una perspectiva totalmente válida para sus consiguientes investigaciones sobre los nueve tipos psicológicos o, como los llamó Naranjo de forma apropiada, los Enea-Tipos».

Una vez desligado de Óscar Ichazo, en 1970 Claudio Naranjo construyó su propia arquitectura evolucionada del eneagrama con los nueve eneatipos, combinados con 27 variables instintivas, en las que profundizaremos más adelante. Fundó su propia escuela (el Programa SAT)[4] en Berkeley y, de entre sus primeros alumnos,

4. Véase: <https://programasat.com/es/content/programa-sat>.

algunos de ellos sacerdotes jesuitas, surgieron figuras tan relevantes como Helen Palmer, psicoterapeuta y escritora estadounidense, conocida por su trabajo con el eneagrama y su aplicación en el crecimiento personal y la espiritualidad; Richard Riso, psicólogo estadounidense y autor especializado en el eneagrama y la terapia de desarrollo personal; Russ Hudson, escritor y educador estadounidense, conocido por su trabajo con el eneagrama y la enseñanza de técnicas de crecimiento personal, y A. H. Almaas, psicoterapeuta y escritor, conocido por su trabajo en el campo del crecimiento personal y la espiritualidad y, en particular, por el «enfoque diamante», una síntesis de enseñanzas espirituales y psicoterapéuticas.

En las relaciones humanas los conflictos son una constante y Claudio Naranjo acabó enfrentado con prácticamente la totalidad de sus primeros alumnos cuando éstos intentaron volar por su cuenta. Los acusó de plagio y tergiversación de sus enseñanzas. Aunque con los años las posiciones se flexibilizaron, las controversias terminaron incluso en los tribunales, donde se dictó una sentencia que, en mi opinión, fue decisiva para el devenir del eneagrama como campo de conocimiento universal.

A pesar de la contrariedad manifestada públicamente y de forma reiterada por Claudio Naranjo, fue Óscar Ichazo, tremendamente indignado con lo que los alumnos de Naranjo empezaban a publicar, quien interpuso el procedimiento judicial contra Helen Palmer en el año 1991. A diferencia de las teorías expuestas por Claudio Naranjo, Palmer alegaba que había desarrollado tesis sobre el uso del eneagrama para comprender la personalidad que eran diferentes a las de Ichazo.

En 1992 la Corte Federal del distrito de Nueva York emitió una sentencia a favor de Helen Palmer,[5] lo que probablemente contribuyó a que las ideas sobre el eneagrama se convirtieran en conocimientos universales con sus pros y contras.

Durante los más de treinta años posteriores a esta sentencia, se han desarrollado visiones y aplicaciones muy diversas del enea-

5. Si se quiere profundizar sobre la historia del eneagrama, el libro más destacado, en mi opinión, es el de Fernández, Fátima, *¿De dónde demonios salió el Eneagrama?*, PAX, México, 2017.

grama. Es importante destacar que cada ser humano, único e irrepetible, tiene el derecho de construir su propia comprensión a partir de los conocimientos estructurales indispensables, que son los que vamos a desgranar en este libro.

En resumen, en la historia del eneagrama es necesario distinguir dos dimensiones diferentes: el origen y la evolución del símbolo, repletos de hipótesis más o menos consensuadas, y su utilización para desarrollar patrones y rasgos de personalidad, con un recorrido cierto, probado y testado a partir de la segunda parte del siglo XX.

Espero que este primer capítulo, que proporciona un enfoque global y sintético de la historia, te haya abierto el apetito para seguir profundizando y que, de alguna manera, tu intuición te haya conectado con el enorme potencial que contiene el eneagrama para hacer frente a una de las tres grandes preguntas que todos los seres humanos nos hacemos: «¿Quiénes somos?».

Te aseguro que el eneagrama será un excelente compañero de viaje en el afrontamiento de tan colosal cuestionamiento. En el trayecto te propondré cómo aplicarlo a temas centrales de la vida como el trabajo, la familia, la pareja o el dinero. Entre sus distintas áreas de aplicación, las más habituales son las siguientes:

1. **Psiquiatría, psicología y terapia**. En psicoterapia, el eneagrama se utiliza para comprender los patrones de comportamiento y las motivaciones subyacentes de los individuos.
2. **Liderazgo y gestión de equipos**. En el ámbito empresarial, el eneagrama ayuda a los líderes a comprender sus estilos de liderazgo y los de sus colaboradores. También se aplica en las organizaciones para la resolución de conflictos y para la mejora de la comunicación, así como en la formación y el desarrollo de equipos de alto desempeño. Es especialmente útil y aplicable en los departamentos de Recursos Humanos.
3. **Relaciones interpersonales**. En el contexto de las relaciones personales y familiares, el eneagrama facilita la comprensión mutua, la empatía y la resolución de conflictos, gracias a la identificación de patrones de comportamiento y comunicación.
4. **Desarrollo espiritual**. Para aquellas personas interesadas en el crecimiento espiritual, el eneagrama puede ser una

herramienta valiosa para el autoconocimiento, la búsqueda de la paz interior y el desarrollo de la conciencia.

5. **Educación y formación**. En el campo de la educación, el eneagrama puede ayudar a los docentes a comprender mejor las necesidades y los estilos de aprendizaje de sus estudiantes, ya que permite un enfoque pedagógico más personalizado.
6. ***Coaching* y orientación profesional**. Los *coaches* utilizan el eneagrama para ayudar a sus clientes a identificar sus habilidades y potenciales, establecer metas y superar obstáculos en su vida personal y profesional.
7. **Salud y bienestar**. En el ámbito de la salud, el eneagrama se puede aplicar para comprender cómo ciertos patrones de comportamiento y personalidad pueden afectar a la salud mental y física, lo que promueve hábitos de vida más saludables.
8. **Resolución de conflictos**. El eneagrama permite comprender los diferentes enfoques y perspectivas que las personas tienen ante los conflictos y facilita la búsqueda de soluciones armoniosas.
9. **Cine y televisión**. En el ámbito cinematográfico, el eneagrama contribuye a que los guionistas de cine desarrollen sus obras basados en los patrones de personalidad.

El recorrido que haremos en este libro tiene como objetivos dejar las bases del eneagrama claras, así como proponer una aplicación práctica en cuatro grandes temas que, de una u otra manera, ocupan espacio en la vida de todas las personas: pareja, familia, vida profesional y dinero.

El mundo está poblado por más de ocho mil millones de personas y la realidad es que la gran mayoría tiene que gestionar la complejidad de una familia, la relación —a veces laberíntica— con una pareja, los avatares y anhelos de la vida profesional o la contradictoria relación con el dinero. Justo de eso es de lo que trata este libro: de que nuestras vidas sean más plenas y conscientes.

Después de este repaso breve por la historia y las primeras propuestas del eneagrama, sigamos adelante para intentar comprender qué es el eneagrama, su terminología y sus principales aspectos.

2

¿Qué es el eneagrama? Explicación del símbolo y conceptos claves

> Algún día, en cualquier parte, en cualquier lugar, indefectiblemente te encontrarás a ti mismo, y ésa, sólo ésa, puede ser la más feliz o la más amarga de tus horas.
>
> PABLO NERUDA, poeta

Revisemos a continuación algunas de las definiciones de grandes autores:

David Barba, alumno del doctor Claudio Naranjo y formado en el programa SAT

«El eneagrama es una puerta hacia la conciencia profunda, una guía hacia la fuente interior en la que colmar nuestra herida fundamental: la sed de ser, que se manifiesta como una sensación de vivir a medias o de estar incompletos. Dicha sensación es el origen de muchos de nuestros problemas, puesto que al vivir a medias nos perdemos en automatismos y en sucedáneos con los que tratamos de llenar nuestro vacío. Así es como se desarrolló un ego que nos encarcela.»

Adelaida Harrison

«El eneagrama es una poderosa herramienta de autoconocimiento que estudia a las personas y la forma en la que se relacionan con los demás. Nos revela de una manera práctica, profunda y, a la vez, sencilla, nueve tipos de personalidad o ego. Nueve formas diferentes de ver la vida, de pensar, de sentir y de reaccionar.»

Helen Palmer

«El eneagrama es una antigua enseñanza sufí que distingue nueve tipos distintos de personalidad y su relación. La enseñanza puede sernos útil para reconocer nuestro prototipo y el modo de afrontar nuestros problemas y comprender a nuestros compañeros de trabajo, pareja y amigos, así como para apreciar la predisposición que cada uno de los tipos tiene para capacidades superiores como la empatía, la omnisciencia y el amor.»

Richard Riso y Russ Hudson

«El eneagrama es una figura geométrica que representa los nueve tipos de personalidad fundamentales de la naturaleza humana y sus complejas interrelaciones. Es una descripción de la psicología moderna con base en la sabiduría espiritual de muchas tradiciones antiguas diferentes.»

Hay elementos en común en estas definiciones, aunque cada una tiene matices relevantes. Como mencioné en el primer capítulo, este poderoso campo de conocimiento pone en manos del receptor la decisión de hacia dónde quiere aplicarlo. Estos grandes autores delatan en estos matices sus diferentes enfoques, pero vayamos a los elementos en común.

- **Herramienta o cartografía humana**. El eneagrama no es una religión, ni se basa en actos de fe. Es un mapa, un territorio de exploración con unas herramientas que ayudan a profundizar en la arquitectura de nuestro ser. El autor estadounidense y especialista en eneagrama aplicado al mundo empresarial Mario Sikora es rotundo —y, a mi juicio, certero— cuando defiende que «el Eneagrama es un campo de conocimiento probabilístico», es decir, hay un conjunto de información que suele coincidir con los perfiles psicológicos y de personalidad de cada individuo (eneatipos), pero siempre partiendo de la base de que cada ser humano es único e irrepetible.
- **Personalidad**. Se puede entender como el conjunto de características emocionales, cognitivas y comportamentales

> consistentes que distinguen a una persona de otra. Estas características pueden incluir rasgos, actitudes, valores y patrones de comportamiento que definen la forma en que una persona piensa, siente y actúa en diferentes situaciones. Es una construcción compleja y puede estar influenciada por factores genéticos, ambientales y sociales a lo largo de la vida.

En el eneagrama se le da una gran importancia a las experiencias tempranas de la infancia y la forma en que influyen en el desarrollo de la personalidad de cada individuo, entendiendo que durante los primeros años de vida, especialmente, desde la infancia temprana hasta la adolescencia, los niños están expuestos a diversas situaciones y relaciones que pueden dejar una impresión duradera en su psique.

Cada eneatipo (más adelante los describiremos) tiene una motivación central, que se origina a partir de experiencias específicas en la infancia. Estas experiencias pueden incluir relaciones con figuras importantes como los padres, los cuidadores o figuras de autoridad, y también pueden involucrar situaciones estresantes o traumáticas a las que el niño se haya enfrentado.

Por ejemplo, un eneatipo 2 puede haber desarrollado su patrón de comportamiento como respuesta a la necesidad de ser amable y complaciente para recibir amor y atención de sus cuidadores. Un eneatipo 5 podría haber aprendido a retirarse emocionalmente y buscar conocimiento y comprensión como una forma de protegerse de situaciones emocionalmente abrumadoras en su infancia. Todo esto debe servir únicamente de ejemplo, pues lo desarrollaremos con amplitud más adelante.

Es importante destacar que el eneagrama no busca culpar a los padres o tutores por la formación de los eneatipos, sino más bien entender cómo estas experiencias tempranas pueden haber influido en la configuración de la personalidad y cómo se desarrollan ciertos patrones de comportamiento y mecanismos de defensa.

Los estudios han demostrado que ciertos rasgos de personalidad, como la extroversión, la introversión, la estabilidad emocional y la apertura a nuevas experiencias, tienen una base genética moderada. Se ha observado que estos atributos tienden a ser heredados en cierta medida de padres a hijos. Sin embargo, es crucial reconocer que la genética no determina la personalidad. El ambiente en el que una persona crece y sus experiencias sociales, educativas y culturales, así como las interacciones con el entorno, desempeñan un papel significativo en la formación y la expresión de la personalidad.

El eneagrama acepta que existen unos condicionantes genéticos, pero parte de la premisa de que la personalidad se forma, sobre todo, a partir de experiencias tempranas y dinámicas internas y externas. La teoría del eneagrama destaca cómo pueden influir las experiencias de la infancia y la adolescencia en el desarrollo de los diferentes eneatipos.

En resumen, la personalidad es el resultado de una compleja interacción entre factores genéticos y ambientales. Aunque la genética puede establecer ciertos fundamentos, no determina quiénes somos, ya que nuestras experiencias y elecciones también moldean nuestra personalidad a lo largo de la vida.

¿Qué es el eneagrama?

Según el eneagrama, la personalidad se construye a partir de nueve tipos básicos de personalidad, cada uno con sus propias características y patrones distintivos. Cada tipo representa una forma específica de pensar, sentir y actuar en el mundo y se origina a partir de una combinación de factores innatos, experiencias de vida tempranas y mecanismos de defensa desarrollados para hacer frente a situaciones difíciles o traumáticas. Sugiere que cada individuo nace con una predisposición hacia uno de los nueve tipos, conocido como el tipo dominante o tipo principal. Este tipo básico influye en la forma en que percibimos el mundo, cómo respondemos a los eventos y cómo nos relacionamos con los demás.

Para comprender mejor cómo se construye el eneatipo voy a compartir contigo, lector, una experiencia personal.

Vaya por delante que mi padre fue un gran padre, pero representaba bien el estereotipo de macho alfa en la España de mediados del siglo xx. Autoritario, poderoso, aparentemente poco sensible y por momentos muy agresivo. Más tarde, en mi edad adulta y en su tercera edad, evolucionó y, sin perder su estructura de personalidad, la armadura se fue debilitando, a la vez que adquirió más sabiduría y, por qué no decirlo, las superexigencias que había tenido en su vida se diluyeron en una existencia más plácida. Además, mi padre no conocía el eneagrama como herramienta de autoconocimiento, pero tenía inteligencia y sentido común, factores claves para poder evolucionar. Dicho lo cual, en mi niñez sufrí su agresividad, y a pocas palabras el lector seguro que es buen entendedor.

Entre otras experiencias de contacto con la violencia y la agresividad humana, recuerdo dos especialmente:

- Fui un niño de desarrollo lento, hasta el punto de que en algún momento se sospechó que estaba al límite de la normalidad, lo que se conoce como una persona límite o *borderline*. Cuando tenía cuatro años, las monjas del colegio religioso donde estudiaba llamaron a mis padres y les dijeron que era imposible enseñarme a leer. Mi padre les contestó que no era mi culpa, que el problema era que ellas no sabían enseñar y que se comprometía a enseñarme él en un fin de semana. Lo hizo..., pero prefiero no mencionar la metodología que siguió.
- Tiempo después, cuando tenía alrededor de nueve años, se cruzó en mi vida un señor con sotana (no quiero denominarlo cura por no ofender a las muchas grandes personas que lo son). Durante todo un año escolar me maltrató sistemáticamente. Es habitual en los niños maltratados un complejo de culpa que hace que guarden silencio sobre sus maltratadores. Ése fue mi caso. Todo se destapó al final del curso cuando mi madre, horrorizada, descubrió los cardenales que tenía en el cuerpo. Resultado: me cambiaron de colegio y mi personalidad sufrió un giro de 180 grados.

Antes de relatar lo que ocurrió en mi nuevo colegio, quiero aclarar que era un niño hipersensible, llorón, introvertido, cobarde, muy apegado a mi madre e incapaz de hacerle daño a una mosca. Es un dato curioso, paradójico y contradictorio que, a pesar de lo que he contado, tenga un recuerdo maravilloso de mi primera infancia y de su magia. Quiero pensar que fue mi madre, junto con mi temperamento base, la principal responsable de ese maravilloso recuerdo.

En mi nuevo colegio hubo una situación complicada nada más llegar y, de no haberla vivido, quién sabe cómo habría evolucionado mi personalidad. No relato el fondo por su intrascendencia, pero resumo que una bronca pública del profesor por una travesura estuvo a punto de provocar que me pusiera a llorar (como siempre) delante de todos mis compañeros y, con toda probabilidad, los acontecimientos posteriores que lo cambiaron todo no se habrían producido. Sin embargo, no lloré; aguanté.

Los lectores más veteranos ya sabéis que antes en las clases solía haber un niño al que se consideraba el más fuerte. Pues bien, el 29 de octubre llevé caramelos a clase porque era mi cumpleaños. El matón de la clase, junto con su camarilla, aprovechó para dejar claro al nuevo, que era yo, quién mandaba. Me acorraló, empezó a humillarme, a insultarme y me lanzó una colleja que sonó como un zapatazo de baile flamenco. En ese instante se conectó la última pieza de la personalidad de otro Roberto. Del puñetazo que le propiné le rompí los dos dientes frontales. Toda la clase se quedó estupefacta. Me llevé una bronca de los responsables del colegio, que llamaron a mis sorprendidos padres, pero todo mereció la pena.

Desde ese día la gente me respetaba, me apreciaba, quería mi compañía. Tenía razón mi padre: «Hijo, no llores tanto. La vida es dura, hay que ser fuerte y hacerse respetar».

En momentos y circunstancias de mi adolescencia, e incluso en mi primera etapa de adulto, sin llegar a perder del todo esa hipersensibilidad que tanto me estorbaba en mis nuevas circunstancias, me transformé de abusado en abusador. Mi esencia quedó semienterrada, mi personalidad y mi ego bien cimentados.

Gracias al eneagrama, la gran trampa y el laberinto de mi arquitectura de personalidad quedaron al descubierto muchos años después. Gracias, eneagrama, muchas gracias. La vida se vive con más plenitud sin ese gran peso del ego, aun a sabiendas de que siempre permanece al acecho.

Te propongo, querido lector, que reflexiones y escribas las experiencias clave de tu infancia. Esto es eneagrama. Como te he anunciado, es un campo de conocimiento experiencial. Profundizar sobre cuál puede ser nuestro eneatipo representa en sí mismo un viaje de autodescubrimiento al margen del resultado final.

Es importante destacar que el eneagrama de la personalidad no busca encasillar a las personas en categorías rígidas, sino que se presenta como una herramienta para la autorreflexión y el crecimiento personal.

Cuando comprendemos nuestro tipo principal y las dinámicas relacionales que se derivan de él, podemos desarrollar una mayor conciencia sobre nuestros patrones automáticos y trabajar en áreas de mejora para lograr una mayor autenticidad y bienestar.

Ahora que ya conoces mi experiencia, te recuerdo que mi caso no es el habitual en lo referente a conectar con un eneatipo. Esto se debe, quizá, a que en mi infancia ocurrieron hechos que me han dificultado durante años llegar hasta mi verdadero eneatipo, pues tenía idealizadas las características de otro.

No es éste el momento de profundizar en el proceso de identificación del eneatipo, ya que hay un capítulo en el que trataremos expresamente este importante tema; lo vuelvo a destacar para recordar que hay muchas personas que lo identifican más fácilmente. En cualquier caso, la clave es bucear en aquellas situaciones de la infancia en las que el cerebro de un niño codificó los mensajes conscientes y subconscientes de su entorno que necesitaba para sobrevivir y de cuya aceptación y amor dependía. En este capítulo veremos los mensajes centrales.

El autoconocimiento es un pilar fundamental en todas las definiciones del eneagrama. Comprender nuestras motivaciones, nuestros temores y nuestros deseos inconscientes nos ayuda a entender cómo funcionamos y por qué actuamos de ciertas maneras. El eneagrama nos proporciona una poderosa herramienta para explorar nuestro interior y descubrir patrones que nos limitan o nos alejan de nuestro verdadero potencial.

Mi experiencia personal con el eneagrama ha sido transformadora. Por medio de esta sabiduría ancestral he podido reconocer y abrazar aspectos de mi personalidad que antes desconocía o rechazaba. He comprendido cómo han moldeado mi forma de ser mis experiencias tempranas y cómo se han desarrollado ciertos mecanismos de defensa para protegerme.

El eneagrama no es una solución mágica para todos nuestros problemas, pero nos ofrece herramientas para crecer y evolucionar hacia una versión más auténtica de nosotros mismos. Nos muestra que no estamos solos en nuestras luchas y nuestros desafíos, ya que cada tipo de personalidad tiene sus propias fortalezas y debilidades. Además, el eneagrama no sólo se aplica al ámbito individual, sino que también nos ayuda a conectar mejor con los demás y a comprenderlos. Al reconocer los diferentes eneatipos, podemos desarrollar una mayor empatía y una mayor comprensión hacia las personas que nos rodean, con lo cual mejorarán nuestras relaciones y promoveremos un ambiente de respeto y armonía.

A lo largo de este libro exploraremos cada uno de los nueve eneatipos, sus características distintivas, sus patrones de comportamiento y las relaciones interpersonales que se desencadenan, así como su aplicación en campos como la familia, la pareja, el trabajo y el dinero.

Recuerda que el eneagrama no busca encasillarte, sino ofrecerte una brújula para navegar en el vasto océano de tu ser. Cada eneatipo es sólo un punto de partida. Tú eres el capitán de tu propio barco, con el poder de elegir tu destino y coger las riendas de tu vida para vivirla de forma más plena.

El símbolo

El eneagrama profundiza en los diferentes tipos de personalidad y lo hace con la hoja de ruta de un símbolo de naturaleza ancestral que lo convierte en una herramienta de autoconocimiento única. A pesar de que el símbolo es complejo, mencionaré tres conceptos esenciales que proyectan su significado.

Unidad

Todos somos todos y, a la vez, seres humanos únicos e irrepetibles. Nacemos como seres esenciales, representamos el punto central del círculo y nuestras primeras interacciones en la vida nos expanden hasta los márgenes, donde construimos nuestra máscara para relacionarnos con el mundo.

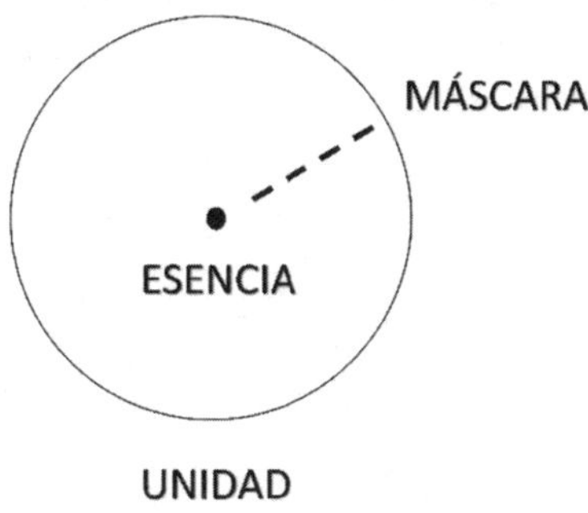

UNIDAD

Equilibrio

Es el esfuerzo constante para equilibrar las polaridades que hay en nuestro interior. En la siguiente ilustración, se observa que el triángulo en tensión pendular entre los puntos 6 y 3 encuentra su equilibrio en el punto 9, que integra los opuestos.

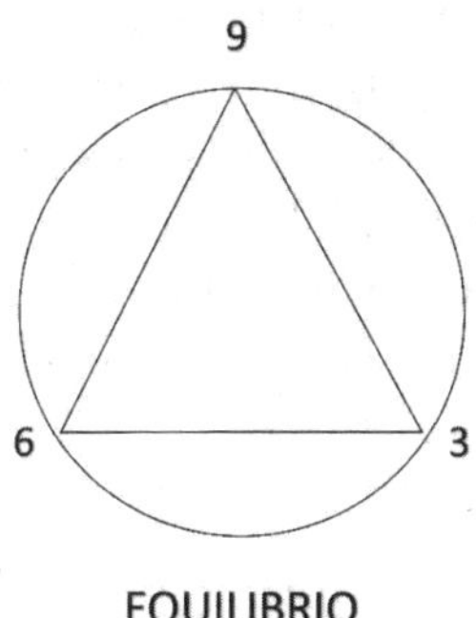

EQUILIBRIO

Movimiento constante

La vida es un constante movimiento interconectado. Nada permanece. A pesar de nuestros esfuerzos por mantener la seguridad y aferrarnos a situaciones fijas, todo cambia. Nuestra realidad está siempre en relación con otros en un ecosistema que fluye con un orden caótico invisible. En el eneagrama, los patrones de personalidad se expresan también a través de la interconexión con otros dos eneatipos mediante flechas, en las que profundizaremos en el capítulo correspondiente.

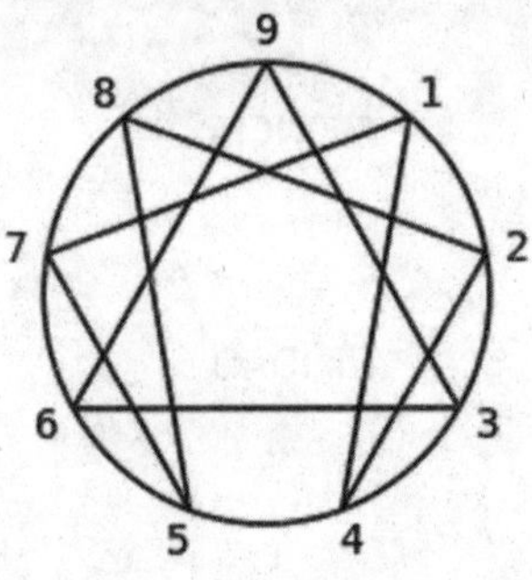

MOVIMIENTO

Los nueve puntos del círculo: eneatipos

Cada punto representa el final del trayecto desde la esencia (punto central del círculo) hasta la construcción de nuestra máscara (margen exterior del círculo), que no es sino el personaje distorsionado con una pasión dominante como motor de su personalidad y cuya descripción desarrollaremos más a fondo a lo largo del libro.

Una de las preguntas más habituales en el ámbito del eneagrama es la siguiente: «¿Tengo el mismo eneatipo toda la vida?». La respuesta es que sí.

Todos somos todo; es decir, cualquiera de nosotros puede tener en un momento determinado comportamientos de cualquiera de los otros eneatipos. Sin embargo, hay un eneatipo en concreto que expresará dominancia durante toda nuestra vida, sobre todo, en momentos de competición o estrés.

Por tanto, la respuesta correcta es que mantenemos el mismo eneatipo toda la vida, pero dependerá de la evolución de cada persona que tenga un mayor equilibrio o desequilibrio con su esencia.

Flechas

En el símbolo del eneagrama observamos que cada eneatipo está vinculado a través de líneas (denominadas flechas) con otros dos eneatipos. Los autores Riso y Hudson postulaban en su libro *La sabiduría del Eneagrama* que cada una de las dos flechas representaba un modelo de integración y otro de desintegración. Me explico: cuando un eneatipo entra en una situación de máximo estrés, se desintegra en las peores cualidades de una de sus dos flechas y, cuando está en armonía, se integra en las mejores cualidades de la otra.

El eneagrama moderno ha evolucionado hacia un modelo más integrado, en el sentido de que las flechas representan un proceso necesario de equilibrio y desequilibrio del eneatipo y resulta imprescindible pasar por las dos flechas en las diferentes situaciones de la vida para que el eneatipo evolucione. Lo explico con mayor profundidad en capítulos siguientes.

A estas alturas, lector, ya empiezas a tener algunos datos para comprobar que el eneagrama no es un etiquetado superficial, sino todo lo contrario. La puerta de entrada suele ser la curiosidad por saber lo que somos, y la sorpresa es mayúscula cuando nos topamos con la realidad, con lo que no somos cuando descubrimos nuestra máscara.

Uno de mis momentos más delicados como profesor fue con un amigo íntimo al que se me ocurrió invitar a un curso cuando daba mis primeras clases de eneagrama. Mi amigo es un eneatipo 9, al que, si se observa en el círculo que hay más atrás, he denominado «el pacificador». Lo es, y mucho, como veremos más adelante en las descripciones. Sin embargo, los eneatipos 9 tienen un punto ciego y es que son personas que lo rebaten todo con una estrategia de agresividad pasiva. Para entendernos, la misma que tiene el burro, que no hay quien lo mueva de su sitio. Cuando terminas dando la razón a este eneatipo para quitártelo de encima, se suele ir a otro punto de razonamiento y termina por no saberse cuál es la cuestión central sobre la que se está debatiendo.

El primer día levantó la mano y me dijo: «Roberto, estoy absolutamente en desacuerdo en que seamos un número. Esto no tiene sentido».

El gran problema del eneagrama cuando alguien te plantea este reto es que hace falta explorar unos conocimientos mínimos para darte cuenta de que, efectivamente, no es numerología, ni un horóscopo de un periódico, sino que utiliza unos números como punto de partida para zambullirse en un océano de particularidades sobre la naturaleza humana y su individualidad.

Hoy en día mi amigo tiene unos profundos conocimientos del eneagrama y los aplica con pasión en su vida personal y profesional, pero nunca le perdonaré aquellos quince minutos en los que casi me deja sin alumnos. Aunque, en realidad, se lo agradezco, puesto que aquel día aprendí la única respuesta honesta que doy a los que, una y otra vez, me hacen esa pregunta trampa: «La única manera de explicarte que el eneagrama no es un número es que estés dispuesto a profundizar y experimentarlo por ti mismo. Si es tu momento, lo harás y, si no lo es, te cuente lo que te cuente no será eficaz contra un escepticismo acorazado en los potentes mecanismos de defensa del ego».

Y es que, al ego, querido lector, le sienta fatal que lo desnuden.

Te propongo que, antes de pasar al capítulo siguiente, respondas a estas preguntas:

1. ¿Puedes cerrar los ojos, respirar y conectar con el punto central del círculo que representa la esencia de tu yo niño? (Unidad.)
2. ¿Puedes cerrar los ojos, respirar y conectar con tu circuito recurrente de pensamientos y el esfuerzo que constantemente haces para equilibrarlos? (Equilibrio.)
3. ¿Puedes cerrar los ojos, respirar y conectar con el constante fluir y los cambios que se producen en tu vida? (Movimiento constante.)
4. ¿Puedes cerrar los ojos, respirar y conectar con el espacio que hay entre tu esencia y el personaje que representas en la vida? (Distancia del punto central al límite del círculo.)

3

¿Qué es el eneatipo? Eneatipos emocionales, mentales y viscerales

> Seguramente, un hombre puede hacer lo que quiere hacer; sin embargo, no puede determinar lo que quiere.
>
> ARTHUR SCHOPENHAUER, filósofo

Todos hemos visto cómo se retratan las cárceles en las películas, pero entrar y vivir en un centro penitenciario y experimentarlo es algo genuinamente desconocido. Desde los alambres de púas en la cima de los muros hasta las miradas profesionales y escépticas de los funcionarios, todo forma parte de una rutina que exhala la tristeza y la resignación de quienes han perdido su libertad. El sonido de los barrotes metálicos al cerrarse tras de ti y las miradas curiosas de los presos mientras caminas hacia la sala de formación crean una atmósfera única. La tensión aumenta al cruzar el módulo 6, ya que todos me advierten que es el más peligroso.

Mientras los funcionarios llaman a mis alumnos al aula, miro a través de una ventana; me fascina observar a los presos en el patio de recreo. Algunos caminan solos y pensativos, otros charlan animadamente y otros se reúnen en esquinas alrededor de un individuo con aires de líder. Disponen de dos horas de libertad entre cemento y muros, de 17.00 a 19.00 horas. Me sorprende que entre ellos haya algunos con suficiente interés como para asistir a mis clases de *Mindfulness* y Eneagrama de la Personalidad. Durante más de tres años, como miembro de la Asociación Ampara (una organización solidaria centrada en actividades para la reinserción de presos), he vivido experiencias que podrían llenar un libro entero. No se trata sólo de lo que he enseñado, sino principalmente de lo que he aprendido.

Para seguir profundizando en el concepto del eneatipo, a continuación comparto contigo una experiencia con un recluso y su reacción después de comprender su eneatipo y pasar por un proceso de identificación con él.

Llamémosle Juan (nombre ficticio). Hasta los treinta y cinco años Juan había sido, por lo general, una persona con un comportamiento correcto, ético y sin grandes problemas en sus relaciones. Era altamente respetado en el ámbito profesional debido a su perfeccionismo laboral y sus ascensos en el departamento financiero. No le agradaban las personas agresivas y maleducadas, lo que precisamente encontró en su vecino, quien constantemente se quejaba del ruido proveniente del taller de manualidades que Juan tenía en casa. Un día las quejas alcanzaron un punto crítico y el eneatipo de Juan emergió en su faceta menos deseable.

Juan era extremadamente crítico consigo mismo y con los demás, especialmente, cuando consideraba que las cosas no se hacían correctamente. En esos momentos, una oleada de ira que le subía desde el estómago se apoderó de él. Una ira que rara vez mostraba abiertamente y que sólo se manifestaba por medio de su mordacidad y su cruel ironía cuando los demás no alcanzaban su ideal de perfección.

Ese día, cuando su vecino aporreó su puerta gritando, Juan sintió una sensación familiar de ira en el estómago. Sin embargo, a diferencia de su comportamiento habitual de contención, cuando abrió la puerta su vecino recibió la ira acumulada de tantas otras situaciones en las que Juan no la había expresado. Sin entrar en detalles, la agresión fue tan intensa que derivó en una condena de seis años de prisión.

Cuando Juan tomó conciencia de su eneatipo (E1), rompió a llorar como un niño, exclamando una y otra vez: «¡Si hubiera sabido esto antes...!».

Es relevante señalar que las personas con eneatipo 1 no son candidatas especiales, al menos no más que otras, para terminar en la cárcel. Todos podemos mostrar comportamientos similares en momentos determinados. La diferencia radica en que Juan estableció la conexión entre la ira contenida a lo largo de su vida, una característica central del eneatipo 1, y la reacción que ese día arruinó su trayectoria vital por no contenerla.

No hace falta ser Juan para comprender cuántos conflictos puede desencadenar nuestro eneatipo cuando hacemos frente a un contexto de máximo estrés o cuánta energía gastamos en situaciones que no lo merecen. Sin embargo, también nos ofrece valiosas herramientas en un mundo competitivo y caótico. Juan, paradójicamente, también le debía muchos de sus ascensos profesionales a las características de su eneatipo.

Por lo tanto, el objetivo, tal y como yo lo veo, no es eliminar por completo nuestra máscara, ya que es necesaria para sobrevivir. La clave está en conocerla bien para que no nos impida vivir plenamente.

Conforme avancemos en la lectura del libro, comprenderás mejor lo que le sucedió a Juan y su vínculo con el eneatipo en relación con eventos de tu propia vida. Comencemos por comprender la arquitectura del eneatipo.

¿Qué es el eneatipo?

> Nos fabricamos un ego diferente del auténtico ser, de modo similar a como se infla un globo. Este yo artificial requiere un gran gasto de energía para sostenerse y, como es frágil, necesita ser atendido.
>
> Jacques Philippe, *La libertad interior*

El eneatipo es un conjunto de características que conforman nuestro «yo superficial», es decir, lo que creemos que somos, no lo que somos en esencia. Estas creencias dan forma a nuestra narrativa personal y, por lo general, responden de manera reactiva a las carencias internas que intentamos ocultar. Esto nos hace manifestar comportamientos destinados a enmascarar esa carencia central arraigada en nuestras experiencias infantiles.

Al final de cada descripción, para facilitar al lector su comprensión, se incorporan un ejemplo masculino y otro femenino de personas relevantes, aunque advertimos que es un ejercicio probabilístico y aproximativo, que puede dar lugar a controversias entre los distintos expertos en eneagrama, si bien los que se han incorporado son los que en mi opinión tienen un mayor consenso.

- **Eneatipo 1: el perfecto**. Siente imperfección en sí mismo y a su alrededor y centra su atención en corregirla. Para ello se mejora a sí mismo y al mundo que lo rodea con comportamientos que demuestren su excelencia. Ejemplos: Margaret Thatcher y Mahatma Gandhi.
- **Eneatipo 2: el conectador**. Siente falta de amor y dirige su atención a ganarse el amor de los demás, para lo que intenta convertirse en imprescindible. Ejemplos: Teresa de Calcuta y Elvis Presley.
- **Eneatipo 3: el triunfador**. Siente falta de valía y se esfuerza en ser el mejor para poder mostrarse como una persona exitosa. Ejemplos: Letizia Ortiz y Cristiano Ronaldo.
- **Eneatipo 4: el diferente**. Siente mediocridad y busca en su lugar manifestar autenticidad. Se destaca como alguien diferente y especial. Ejemplos: Frida Kahlo y Steve Jobs.
- **Eneatipo 5: el distante**. Siente inadecuación y fragilidad, por lo que construye una muralla para protegerse, distanciarse y se refugia en el espacio seguro de su mente. Ejemplos: Marie Curie y Bill Gates.
- **Eneatipo 6: el contradictorio**. Siente miedo ante los potenciales peligros a su alrededor, por lo que permanece en alerta constante. Su territorio habitual es la duda y la contradicción. Ejemplos: Penélope Cruz y Woody Allen.
- **Eneatipo 7: el hiperactivo**. Siente un vacío interior y combate esa sensación mediante una constante actividad, buscando estímulos y distracciones que lo alejen del sufrimiento. Ejemplos: Charlize Theron y Richard Branson.
- **Eneatipo 8: el poderoso**. Siente vulnerabilidad y se enfoca en tomar el control de las situaciones y ser fuerte para que nada le afecte. Ejemplos: Madonna y John Wayne.

- **Eneatipo 9: el pacificador.** Siente necesidad de apego y pertenencia y concentra su atención en encontrarlos mediante la satisfacción de las necesidades de los demás, en vez de las suyas propias, y la elusión del conflicto. Ejemplos: Grace Kelly y Nelson Mandela.

Eneatipos emocionales, mentales y viscerales

Los seres humanos contamos con tres centros de inteligencia que, en su esencia, deberían operar de manera equilibrada y proporcionada para responder a las situaciones a las que nos enfrentamos y adaptarnos a los estímulos externos. Sin embargo, la realidad demuestra que nuestro «yo superficial» tiende a sesgar nuestro comportamiento a favor de uno de estos centros, dependiendo de nuestro eneatipo. Esto hace que procesemos primariamente la información del mundo que nos rodea desde el centro emocional, mental o visceral.

Un punto que requiere aclaración y genera cuestionamientos recurrentes es si un eneatipo emocional es más propenso a las emociones que otros eneatipos o si un eneatipo mental es inherentemente más intelectual. La respuesta es negativa. Todos los seres humanos tenemos acceso a los tres centros y es posible ser altamente emocional mientras nuestro ego o «yo superficial» dirige la atención hacia el campo mental y viceversa.

Imagina que la personalidad se asemeja a la elección de usar distintos tipos de gafas, cada una con lentes de colores diferentes: azul, rojo y verde.

- **Las gafas con lentes azules simbolizan los centros emocionales del eneagrama.** Cuando te las pones, experimentas el mundo a través de las emociones y relaciones, lo que añade matices de sentimientos y conexiones a todas tus vivencias.
- **Las gafas con lentes rojas representan los centros mentales e intelectuales.** La elección de estas gafas genera una percepción del mundo más analítica y racional. Tus decisiones tienen como base hechos objetivos y estrategias y minimizan la influencia de las emociones y las relaciones.

- **Las gafas con lentes verdes simbolizan el centro visceral o instintivo.** Si te decantas por estas gafas, ves el mundo a través de sensaciones corporales, muy habitualmente en la boca del estómago y en las vísceras, aunque también en la piel (cuando se eriza), en la espalda (cuando se tensa), en las mandíbulas y en los puños (cuando los aprietas), con lo cual permaneces en todo momento muy conectado con tus sensaciones físicas.

En lugar de utilizar las gafas de manera coherente y en consonancia con la realidad que experimentamos, tendemos a responder usando preferentemente uno de estos tres tipos de gafas, en función de nuestro eneatipo. Esto afecta a la manera en que interpretamos nuestro entorno y reaccionamos ante él y, en última instancia, a la forma en que percibimos el mundo y nos relacionamos con los demás.

Te propongo que, utilizando tus dotes de observación, compruebes cómo las personas que nos rodean, las que pertenecen a nuestro círculo de confianza, se ponen una y otra vez las mismas gafas de un color u otro para responder con sus comportamientos a las realidades a las que se enfrentan. Es mucho más fácil observarlo en los demás que en uno mismo. Precisamente por eso es tan exigente (y tan útil) el camino hacia el autoconocimiento.

¿Qué «gafas» utiliza cada eneatipo?

- **Centro emocional**: anhelo de identidad y valía (eneatipos 2, 3 y 4). En el centro emocional, las personas anhelan el reconocimiento de los demás y se enfocan en las conexiones interpersonales para encontrar su propia identidad. Su atención se dirige hacia la validación emocional y afrontan desafíos vinculados a la autoestima y la autovaloración.
- **Centro mental**: búsqueda de orientación y seguridad (eneatipos 5, 6 y 7). Dentro del centro mental, las personas priorizan la seguridad y buscan comprender en profundidad las situaciones. Aunque exploran y comprenden el mundo, se enfrentan a la inseguridad desde la cabeza y el escepticismo, experimentando desconfianza y temor.

- **Centro instintivo motor o visceral**: búsqueda de autonomía (eneatipos 1, 8 y 9). Dentro del centro visceral, las personas establecen una profunda conexión con su identidad individual y sus respuestas se guían por instintos viscerales que pueden ser contenidos o expandidos.

Si bien todos poseemos los tres centros, es esencial reconocer si nuestra atención se inclina hacia la valoración, la seguridad o la autonomía. Definir esto nos prepara para identificar con mayor claridad y mayor facilidad nuestro eneatipo.

Para una mejor comprensión, nos adentraremos en la comunicación desde cada uno de los tres centros.

Qué sienten los eneatipos y cómo se relacionan

En mi carrera profesional, centrada principalmente en el emprendimiento empresarial, me ha resultado muy útil comprender cómo funcionan mis propios filtros y enfoques para la comunicación y la negociación. Esta perspectiva también me ha permitido comprender mejor los métodos de comunicación y negociación de los demás. Creo que explorar estos aspectos prácticos puede facilitar al lector la comprensión de esta valiosa área del eneagrama.

Paul D. MacLean, médico y neurocientífico estadounidense, dejó contribuciones significativas en los campos de la psicología y la psiquiatría. Su enfoque tenía como base la idea de que el cerebro está compuesto por tres partes distintas, cada una con su propia lógica de funcionamiento, que interactúan en una jerarquía funcional para asegurar nuestra supervivencia. Propuso una división en tres secciones:

1. **El cerebro reptiliano**. Representa la parte más primitiva de nuestro cerebro, que compartimos con todos los animales. Se relaciona con el comportamiento instintivo y visceral.
2. **El cerebro límbico** (en común con los mamíferos). Se relaciona con las emociones y los comportamientos emocionales. Es la estructura responsable de nuestras emociones en

respuesta a experiencias vividas, así como de la capacidad para desarrollar y mantener vínculos.

3. **El neocórtex**. Es la parte más evolucionada del cerebro humano, responsable de los comportamientos racionales y sistemáticos. Aquí se encuentra la capacidad de anticipar dificultades y reflexionar sobre lo que es conveniente o no.

A pesar de que la neurociencia moderna considera que el cerebro es una entidad interconectada en lugar de una estructura compartimentada, la teoría de MacLean es complementaria y útil para comprender los comportamientos humanos en general, así como nuestra forma de relacionarnos.

En la fase inicial de nuestro desarrollo, el «yo superficial» tiende a sesgar nuestra percepción de la realidad que nos rodea, enfocándose en uno de los tres centros principales: emocional, racional o instintivo, es decir, ponemos más esfuerzo y una mayor atención en uno de los tres centros. De manera gradual, generamos nuestra identidad desde la infancia, arraigada en uno de estos tres cerebros, que se convierte en el principal en nuestras interacciones.

Este centro constituye la base desde donde operamos y, generalmente, nos brinda resultados útiles en la vida o, al menos, eso es lo que creemos. Sin embargo, cuando hacemos frente a la frustración y no obtenemos los resultados esperados, experimentamos inseguridad y nos vemos atrapados en patrones de estrés. Esto a menudo marca el comienzo de una cadena de errores en la que intentamos ajustar la realidad a nuestra perspectiva, emocional, mental o visceral, en lugar de adaptarnos y fluir.

Todos tenemos una tendencia predominante a comportarnos y vivir la vida de una de estas tres maneras: emocional, visceral o racional. En nuestras relaciones, lo ideal sería que pudiéramos fluir de manera proporcional según lo que requiera la situación. Sin embargo, en la realidad esto es bastante difícil de lograr. El objetivo es tomar conciencia y poder actuar en consecuencia, aceptando lo mejor posible nuestra respuesta al entorno.

Nuestro filtro interno reinterpreta la realidad y actúa como un traductor simultáneo emocional, racional o visceral. Esto ocurre porque nuestro «yo superficial» no confía plenamente en nuestros recursos naturales para responder con fluidez a determinadas situaciones. Nos ponemos gafas emocionales, viscerales o racionales que influyen en cómo percibimos el mundo y cómo respondemos ante éste. En las estrategias relacionales, identificar el enfoque que tiene el que está enfrente nos proporciona una ventaja significativa. En cambio, a menudo no somos conscientes de las gafas que nosotros mismos estamos usando.

La comunicación juega un papel crucial en las relaciones. Gracias a la forma en que nos comunicamos, es posible detectar el filtro que los otros están utilizando y, por tanto, tomar también conciencia de nuestro propio estilo comunicador.

Eneatipos emocionales

Los eneatipos emocionales (2, 3 y 4) poseen una antena especialmente sintonizada para captar la aprobación o desaprobación de sus interlocutores. Son sumamente sensibles a cómo se recibe su discurso y codifican cualquier gesto o comentario emocionalmente. Su identidad se coloca en manos de la otra parte, lo que hace que la empatía sea crucial. Su forma de comunicar no es lineal, sino que fluctúa conforme a las corrientes de aceptación que perciben. «¿Me acepta o me rechaza?».

Los eneatipos emocionales colocan sus emociones en los objetos en discusión, lo que provoca que si se descalifica el objeto en cuestión lleguen a sentirlo incluso como un ataque personal.

EMOCIONAL

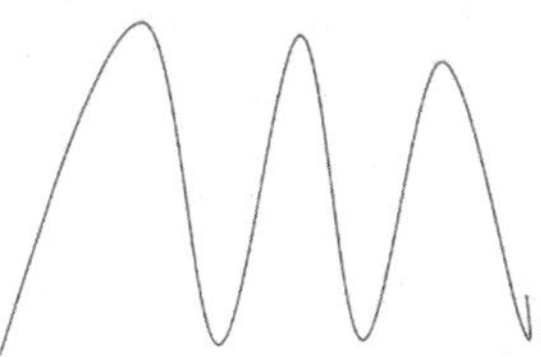

Eneatipos racionales o mentales

Las personas racionales o mentales (eneatipos 5, 6 y 7) construyen su pensamiento basándose en datos y conexiones lógicas. Utilizan el sentido común y tienden a comunicarse conectando puntos, como si estuvieran pensando en voz alta. Intentan respaldar su discurso con certezas y muchas veces no son conscientes de que están divagando, ya que están más enfocadas en el proceso que en el resultado.

En una relación nunca es aconsejable decirle a una persona mental: «Estás divagando demasiado. ¿Puedes ir al grano?», a menos que busquemos provocar una reacción adversa.

La estrategia más adecuada es escucharlos con paciencia, ya que están pensando en voz alta mientras hablan. Con los mentales es crucial tener la capacidad de escuchar y permitirles aclarar sus pensamientos mientras se comunican.

MENTAL

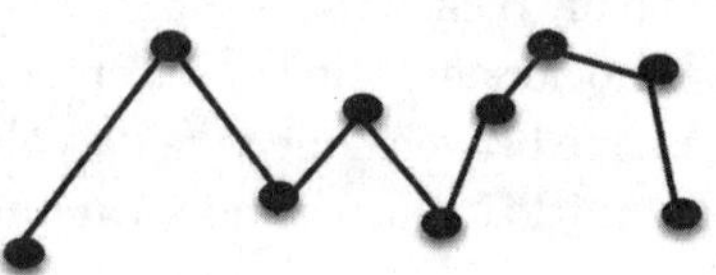

Eneatipos viscerales

Los eneatipos viscerales (1, 8 y 9) son especialmente complejos de descifrar. Se comunican desde las sensaciones del cuerpo y expresan su discurso como si tú también estuvieras experimentando sus sensaciones. Su comunicación parte de una sensación central y, a partir de ahí, sus argumentos emergen como fuegos artificiales. Saltan de una idea a otra, basándose en impresiones que dan forma a su discurso. La dificultad radica en que no puedes percibir sus sensaciones, lo que puede llevarte a perder el hilo o no entender. «¿¡Cómo no entiende lo que estoy sintiendo!?».

VISCERAL

Conociendo el filtro de nuestras gafas y reconociendo el de los demás, podremos percibir mejor lo que ocurra en nuestras relaciones y sus consecuencias.

4

Eneatipos: cualidades esenciales, pasiones, flechas y alas

Todos llevamos dentro el cielo y el infierno.

Oscar Wilde, escritor

Cuando nacemos, estamos representados por un punto en el centro del círculo. Somos esencia, y cada uno de nosotros lleva incorporada una cualidad esencial. Cuando llegamos al mundo, somos seres muy vulnerables y nuestra supervivencia está en manos de «los otros». Por este motivo, esa cualidad esencial queda sesgada por nuestras vivencias e interrelaciones y ese punto en el centro del círculo inicia el recorrido hasta el exterior en un proceso de creación, a fuego lento, de nuestro eneatipo.

La cualidad esencial, nuestra esencia, con el tiempo se sustituye no por lo que somos, sino por lo que creemos que somos. Generamos un relato de nosotros mismos sustentado en las expectativas de nuestras figuras de apego, generalmente padres, abuelos, etcétera. El acceso a nuestra cualidad esencial se bloquea y la sustituye nuestra máscara. Esta máscara se construye sobre la creencia central de que nos van a aceptar más, nos van a querer más y sufriremos menos el rechazo del mundo si nos comportamos conforme a los patrones de nuestro eneatipo. La cualidad esencial queda atrapada en un constructo de creencias que se transforman en comportamientos y que esconden un anhelo de querer recuperarla.

Cualidades esenciales

- Eneatipo 1: bondad
- Eneatipo 2: amor
- Eneatipo 3: valor
- Eneatipo 4: originalidad
- Eneatipo 5: claridad
- Eneatipo 6: lealtad
- Eneatipo 7: alegría
- Eneatipo 8: fuerza
- Eneatipo 9: paz

La desconexión con nuestra cualidad esencial nos produce un vacío que narcotizamos con una idea artificial central sobre nosotros mismos. Esta imagen nos empuja a sustituir la desconexión de la cualidad esencial por la búsqueda de un sitio en el mundo que nos permita protegernos de los avatares y las frustraciones. Desconectados de nuestra cualidad esencial hasta aproximadamente los siete años de edad, quedamos a merced del entorno para valorar unos comportamientos por encima de otros, lo que conforma nuestro patrón de personalidad.

Siguiendo la nomenclatura del psiquiatra Claudio Naranjo, referimos a continuación las virtudes de los nueve eneatipos. Recordamos que las virtudes son los aspectos positivos que cada eneatipo puede desarrollar a partir de su cualidad esencial:

- Eneatipo 1: serenidad
- Eneatipo 2: humildad
- Eneatipo 3: autenticidad
- Eneatipo 4: ecuanimidad
- Eneatipo 5: generosidad
- Eneatipo 6: coraje
- Eneatipo 7: sobriedad
- Eneatipo 8: inocencia
- Eneatipo 9: diligencia

Los conceptos y las denominaciones en el campo del eneagrama suelen tener ciertos matices que a veces derivan en significados distintos a los convencionales. A continuación, se describen las nueve virtudes, derivadas de sus cualidades esenciales, aplicadas a cada eneatipo concreto:

Serenidad del eneatipo 1

Representa, desde la bondad, la paz interna y el equilibrio para conectar con el proceso y la evolución del constante cambio de la vida. Acepta la realidad tal y como es, sin necesidad de forzarla ni controlarla desde la polaridad de lo perfecto o imperfecto.

Humildad del eneatipo 2

Encarna la conexión con el verdadero amor, que no necesita jerarquías ni roles y en el que dar y recibir desde la verdadera humildad forma parte de un proceso natural y equilibrado de la relación humana.

Autenticidad del eneatipo 3

Simboliza, desde el valor, la aceptación plena de nuestro ser, sin máscaras, sin la tensión constante de impostar, aceptando nuestras limitaciones sin autoengaños.

Ecuanimidad del eneatipo 4

Incorpora, desde la originalidad, la capacidad de conectar no sólo con nuestras carencias en comparación con los demás, sino también con nuestro propio valor desde la aceptación de nuestro ser.

Generosidad del eneatipo 5

Implica la conexión, desde la claridad, con la confianza en la justicia natural del universo, sin necesidad de acumular desde la ansiedad de que nos va a faltar o nos lo van a quitar.

Coraje del eneatipo 6

Hace referencia, desde la lealtad, al valor de ser, a la confianza de disponer en la naturaleza de los recursos necesarios para afrontar lo que la vida nos depare, sin la necesidad de anticipar en la mente el acecho constante de peligros ante los que hay que acorazarse.

Sobriedad del eneatipo 7

Encarna, desde la alegría, la capacidad para distinguir lo necesario de lo innecesario, lo esencial de lo superfluo, la moderación respecto al exceso. Implica canalizar las emociones sin narcotizarnos con las pulsiones hiperactivas.

Inocencia del eneatipo 8

Personifica, desde la auténtica fuerza, la capacidad para conectar con nuestra sensibilidad genuina, con la vulnerabilidad de nuestro niño interior, sin necesidad de sobreprotegerlo con agresividad y pulsión de jerarquía de poder.

Diligencia del eneatipo 9

Significa la actitud proactiva para conectar, desde la paz, con nuestro mundo interno, nuestros deseos y objetivos vitales sin miedo al conflicto ni a la desconexión con otros seres humanos.

A continuación, comparto contigo una experiencia personal para explicar la cualidad esencial.

La vida, antes o después, nos lleva a situaciones límite y quizá en estos contextos es cuando el ser humano es capaz de lo mejor y de lo peor.

Mi hija estaba en la fase final de la adolescencia y no podíamos estar más orgullosos de ella. Era una magnífica estudiante y tenía un entorno de amigas muy sólido en el que ostentaba un rol de líder con gran aceptación social. Todo cambió en la mitad del último curso del colegio.

La pandilla de adolescentes se amplió con la incorporación de chicos al grupo y con nuevas relaciones. Los roles cambiaron y, en el caso de mi hija, pasó de ser referente a sufrir comportamientos que traspasaron los límites, hasta llegar a un cruel acoso escolar en toda regla. Su autoestima se desplomó.

Mi eneatipo —que por ahora mantendré en secreto para que el lector vaya sacando sus propias conclusiones— pasó a la acción. En resumen, tomé medidas eficaces y expeditivas, no todas ortodoxas. Sin entrar en detalles, el director del colegio, las examigas adolescentes de mi hija y sus familias comprendieron pronto que el miedo es exportable y la situación se relajó. Aquello pasó del *bullying* a la más absoluta indiferencia mutua. La consecuencia es que mi hija se convirtió en una alumna invisible, pero al menos dejaron de agredirla.

El verdadero problema empezó después. Mi hija se resistía a comer y ahí las estrategias de mi eneatipo no sirvieron de nada. Todo lo contrario: mis intentos de resolver el problema de manera expeditiva sólo conseguían empeorarlo. Yo, por cierto, siempre había menospreciado este tipo de patologías: «¿Cómo se puede negar alguien a comer? Se le obliga y punto».

Mi hija iba perdiendo peso de manera extrema y decidimos llevarla al psiquiatra. Cualquier persona que haya vivido este tipo de situaciones conoce bien su complejidad. Es como las arenas movedizas: cuanto más te esfuerzas para que la persona reaccione, peor. Era literalmente imposible hacerle entender lo absurdo de su comportamiento y las terribles consecuencias que podía tener. Las estrategias habituales de mi eneatipo no sólo no valían para nada, sino que el terapeuta me pidió que dejara de presionarla.

Catorce años después, y con la perspectiva del tiempo, puedo comprender que, ante la impotencia en un tema tan vital, mi ego se derrumbó y mi «yo superficial» tiró la toalla, pero lo intentaba disimular delante de mi entorno. Lo conseguí: imposté aparente desapego, aunque mi sufrimiento interno era inmenso. Mi cualidad esencial poco a poco sujetaba el timón de un barco que iba a la deriva. No sólo la cabeza de mi hija estaba en peligro, sino que la mía explotaba y mi mecanismo de defensa inconsciente me llevaba a sentirme, artificialmente, por encima de la situación.

Llegó el verano. Las cosas apenas habían cambiado, yo me había ido debilitando con obsesiones, imaginando desenlaces terribles, y mi hija se había ido acorazando en su mundo interior, con tantos avances como retrocesos en su problema.

El destino hizo que nos encontráramos paseando en la playa. Casi anochecía. Ella en su mundo y yo en el mío. A pesar de estar solos al borde del agua, casi chocamos de frente:

—Hola —dijo mi hija.

—Hola —respondí.

—¿Dónde vas? —preguntó.

No respondí. Me derrumbé.

La abracé y estuve llorando en su hombro desconsoladamente cinco minutos. Mi cualidad esencial rompió todos los diques de mi ego. El padre Superman era un vulgar ser humano sufriente que se desplomaba ante su mayor admiradora.

Quiero pensar que ese día mi hija se liberó de todas esas falsas creencias y sus exigencias de parecerse al «invencible papá». Por fin podía permitirse ser vulnerable, perder, fracasar. Entendió que yo también podía ser rechazado por el mundo y convertirme en un perdedor, como le había ocurrido a ella, y que no tenía sentido seguir castigándose por no poder estar a la altura de una imagen idealizada de sí misma.

Me miró a los ojos sujetándome la cabeza:

—Papá, ya, tranquilo —afirmó.

Regresamos y fuimos a buscar a su madre. Volvimos a abrazarnos los tres.

Ese día mi hija dio el primer paso hacia su curación. Mi cualidad esencial conectó con la suya. Fuera patrones, relatos del yo e idealizaciones del otro que sólo servían como espejos de comportamiento; proyecciones de un «yo superficial» del otro que modelaban una manera de ver y vivir la vida.

Hoy en día, mi hija, catorce años después, me ha hecho abuelo de una preciosa niña. Es médica de la unidad de cuidados intensivos y dedica su vida a ayudar a personas en situación de máxima vulnerabilidad.

Que cada lector saque sus propias conclusiones observando su propia vida, sus experiencias y esos momentos mágicos en los que la cualidad esencial emerge rompiendo los diques del «yo superficial» y mostrando la verdadera fortaleza.

Pasiones

Las pasiones en el eneagrama representan las distorsiones emocionales que se anclan en nuestra estructura de personalidad como respuesta a la debilitación progresiva de nuestra cualidad esencial en la primera etapa de la vida. Éstas, a su vez, generan fijaciones mentales sobre cómo ve el mundo cada eneatipo.

Las pasiones coinciden con los siete pecados capitales del cristianismo, además del miedo y el orgullo. Hay que contextualizar su significado en el campo de conocimiento del eneagrama, pues contiene matices y factores diferenciales específicos respecto a la ortodoxia de los conceptos y las definiciones clásicas del diccionario.

- Eneatipo 1: ira (habitualmente contenida)
- Eneatipo 2: orgullo
- Eneatipo 3: vanidad
- Eneatipo 4: envidia
- Eneatipo 5: avaricia
- Eneatipo 6: miedo
- Eneatipo 7: gula
- Eneatipo 8: lujuria
- Eneatipo 9: pereza

Al perder la conexión con las cualidades esenciales, nos apoyamos en una creencia central, cultivada durante nuestros primeros años de vida, para reconectar con nuestra cualidad por medio de la máscara, de manera artificial.

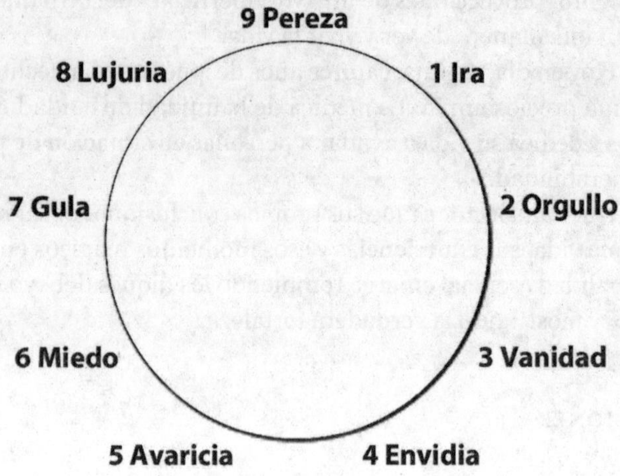

- **Ira**. El eneatipo 1 desarrolla un resentimiento basado en su frustración por las imperfecciones del mundo, de las relaciones humanas y del devenir de la vida que percibe como una afrenta, ya que los seres humanos tienen comportamientos muy alejados del ideal de perfección. La ira se expresa en su «yo superficial», pero no de una manera explosiva ni agresiva, sino todo lo contrario: la contienen. Esto se debe a que la expresión de la ira es lo opuesto al comportamiento correcto que idealiza este eneatipo. Es una ira contenida que se refleja en tensión en el cuerpo, rigidez y control.

  Fijación mental: «Si soy perfecto, seré amado y valorado. Para ello tengo que controlar mis emociones y mis instintos. El mundo sólo valora a quien hace las cosas muy bien. Si mi comportamiento es perfecto y hago las cosas bien, tendré serenidad. Si acepto el mundo tal como es desde la serenidad, dejaré de ser valioso como la persona que lo mejora».
- **Orgullo**. El eneatipo 2 desarrolla un sentimiento de superioridad y privilegio, de considerarse un gran ser humano cuyo rol en este mundo es ser imprescindible para otros. Tiene su origen en la frustración de que el amor no fluye de

manera natural; hay que forzarlo, hay que ganárselo. El orgullo se expresa en su «yo superficial» encadenado a la condición de proveedor, nunca de receptor, con lo cual se establece una jerarquía invisible de superioridad en el «yo doy, tú recibes».

Fijación mental: «Yo siempre tengo mucho amor para dar, pues soy un ser sobrado, y los demás tienen que depender de mí. El mundo sólo valora a quien se hace imprescindible. Si estoy conectado y soy imprescindible para los otros, me considerarán una persona buena y humilde. Si reconozco desde la humildad que tengo necesidades como los demás, no me van a apreciar».

- **Vanidad**. El eneatipo 3 desarrolla un sentimiento extremo de ser dependiente de la mirada de los otros y, a su vez, de proyectar una imagen valiosa y exitosa. Ésta tiene origen en la frustración de tener que impostar una imagen de éxito, aunque sea fingido, para que el mundo te acepte, te valore y te aprecie.

  Fijación mental: «Tengo que dar una buena imagen, tengo que ponerme la máscara que se adapte a cada situación, a la valoración del entorno, pues yo no valgo por mí mismo y, si muestro mi autenticidad, el mundo se dará cuenta y me rechazará».
- **Envidia**. El eneatipo 4 desarrolla un sentimiento de carencia y melancolía como respuesta a la frustración de que al mundo le sobra lo que a ellos les falta. Es una envidia que nace de enfocarse en lo más destacable del entorno y sintonizarlo con una sensación de mediocridad interna comparativa, que desemboca en un comportamiento compensatorio artificial para narcotizar la sensación.

  Fijación mental: «Soy mediocre y sólo si muestro mi singularidad y expreso mis melancolías la gente me va a querer y aceptar. En el mundo sólo se valora la singularidad. Si actúo tranquilamente desde la ecuanimidad dejaré de ser percibido y apreciado como diferente y especial».
- **Avaricia**. El eneatipo 5 desarrolla un sentimiento de falta de confianza en sus recursos y de que el entorno lo va a canibalizar. Por ello tiene una tendencia a buscar la distancia

física y emocional cuando alguien entra en su espacio. Asimismo, se inclina a la acumulación, que no tiene que ver sólo con los bienes materiales, sino, sobre todo, con los conocimientos.

Fijación mental: «Si alguien se me acerca emocionalmente, pretende algo de mí. Con los conocimientos, me protegeré de los incapaces. El mundo se confabula para restar mis recursos. Si soy generoso y no marco la distancia, corro el riesgo de que me dejen sin nada».

- **Miedo**. El eneatipo 6 desarrolla un sentimiento de inseguridad constante. El miedo forma parte de la estructura base de todos los seres humanos, pero, en el caso de este eneatipo, es caracterológico. Todo encierra un peligro y hay que anticiparse, preverlo y combatirlo. El miedo es un motor que tiene tres comportamientos: huida, parálisis y ataque. Más adelante, en el apartado de los subtipos, matizaremos las diferencias en las reacciones de las personas con este eneatipo, que son más relevantes que en otros.

  Fijación mental: «El mundo es un lugar peligroso: tengo que estar muy alerta o sufriré las consecuencias. Mis miedos son mi escudo. Si actúo desde el valor y la confianza de que nada va a pasar, me pongo en peligro ante los riesgos».
- **Gula**. El eneatipo 7 desarrolla un sentimiento de vacío que compensa con una hiperactividad tanto física como mental. Hacer planes es casi tan excitante como vivirlos. Mediante las nuevas experiencias, busca desconectar de esa sensación de vértigo que le produce no estar en movimiento.

  Fijación mental: «Hay que estar en contacto con los placeres y probarlo todo. Sufrir es inútil. Tengo que mantenerme en acción, porque, si me paro, desapareceré. Si soy una persona más sobria y no aprovecho las oportunidades y los estímulos que hay a mi alrededor, estoy desperdiciando mi vida».
- **Lujuria**. El eneatipo 8 desarrolla una necesidad de intensidad física para experimentar los límites y reafirmar su condición de persona poderosa y dominadora. Para no sentirse débil y vulnerable necesita un estímulo en el entorno que

reafirme su fortaleza. Cuando hay alguna persona que la rebate, no olvida la afrenta y busca la venganza como forma de reestablecer el equilibrio.

Fijación mental: «La vida es una selva y sólo los grandes depredadores sobreviven. La debilidad te convierte en presa. Si algo amenaza o menoscaba mi posición de fuerza, tengo que reestablecer el equilibrio haciendo algo (venganza). Si miro la vida desde la inocencia, pierdo mi posición de fortaleza y me pueden hacer daño».

- **Pereza**. El eneatipo 9 tiene un sentimiento de cansancio para mirar dentro de sí mismo. En definitiva, le cuesta conectar con sus deseos, necesidades, anhelos y objetivos, ante el temor profundo de entrar en situaciones de conflicto con los demás. El mejor modo de garantizarse esa paz superficial es renunciando a sí mismo, adaptándose a las necesidades de los otros y cubriéndolas.

  Fijación mental: «Si me adapto y acompaño el deseo de los otros, me apreciarán y no tendré conflicto. Si soy diligente con mis deseos y con mi ser, me arriesgo a quedarme solo o a desaparecer en el conflicto».

Es importante resaltar que personas del mismo eneatipo pueden tener comportamientos diferentes, aunque su motivación estructural sea la misma. El caso del eneatipo 6 (miedo), quizá sea el más extremo en cuanto a las diferencias, pero esta variabilidad se da en todos. Lo veremos con más profundidad en el capítulo dedicado a los subtipos.

Flechas

Observamos en el símbolo que cada eneatipo tiene otros dos eneatipos conectados, a los que se denomina coloquialmente «flechas» o «líneas». Los autores Riso y Hudson denominaban a estos dos eneatipos «adicionales», pues es en éstos en los que el eneatipo principal se integra o desintegra. Por ejemplo, el eneatipo 2 tiene flechas conectadas con el 8 y el 4. En situaciones de estrés podría manifestar comportamientos correspondientes a los aspectos negativos del 8 (agresividad excesiva), mientras que en momentos de armonía podría reflejar los aspectos positivos del 4 (introspección y sensibilidad).

En la actualidad, existe un amplio consenso entre los especialistas en no considerar el movimiento de cada eneatipo por sus flechas como un proceso unidireccional en el que una flecha es buena y la otra es mala. Más bien se percibe como un proceso de equilibrio y desequilibrio en el que ambas flechas son necesarias dentro de la unidad del proceso y se influyen mutuamente. Siguiendo con el ejemplo del eneatipo 2, se produce una comunicación circular en la que el patrón de comportamiento pasa por una liberación de agresividad antes de dirigirse hacia la autorreflexión.

A continuación, comparto una experiencia para comprender mejor las flechas.

Javier García Coll fue campeón de Europa de baloncesto con el Real Madrid. Casi toda su trayectoria deportiva y profesional ha estado ligada a este club. Durante más de veinticinco años ha sido el director de Coordinación del primer equipo de fútbol y actualmente es director de Sostenibilidad y Responsabilidad Social Corporativa. Más que un amigo es casi un hermano, al que conocí hace más de quince años, cuando ambos éramos alumnos de un curso de *coaching* de equipos en la Universidad Francisco de Vitoria.

Javi es un claro ejemplo de eneatipo 9 social (más adelante, cuando expliquemos los subtipos, se entenderá lo de «social»). Con su permiso, utilizo su ejemplo para que se entienda mejor el complejo asunto de las flechas.

A los efectos de este apartado, recordemos que el eneatipo 9, sobre todo, el social, se centra en las necesidades de los demás, pues siente aversión por el conflicto y habitualmente renuncia a sus propios deseos o apetencias para evitarlo. En una palabra, su fama en el entorno suele ser la de una persona muy confiable y bonachona. De hecho, en mi opinión, en la vida profesional de Javi le han sido muy útiles las capacidades propias de su eneatipo, ya que, en un entorno muy competitivo, su mejor aportación ha sido ser un equilibrador de grupos y equipos.

Las flechas del eneatipo 9 son el 3 y el 6. Pues bien, sin entrar en detalles, en el año 1993 Javi no pasaba por su mejor momento personal. Además, estaba sin equipo, pero el Real Madrid lo llamó para completar la plantilla. Gracias a este nuevo reto, recuperó la iniciativa y, apoyándose en su flecha 3, se centró en focalizar todo su esfuerzo y toda su actitud en obtener logros y éxito. Dejó de lado sus inseguridades, propias de la flecha 6, y terminó siendo jugador titular en la final de la Copa de Europa de baloncesto, que ganó el Real Madrid en el año 1995, lo que lo convirtió en un jugador clave.

Quizá a alguien que conociera a Javi en esa época no le habría sido fácil identificarlo como eneatipo 9. De hecho, su manera de comportarse en el campo era probablemente la contraria al perfil de un eneatipo 9, es decir, muy centrado en ganar, con una manera de jugar atosigante para el rival y con una presión defensiva constante. En definitiva, un eneatipo 9 pacífico, bonachón y de movimientos lentos y pausados fuera del campo se transformaba en la cancha en un guerrillero al que sus compañeros llegaron a apodar «rata» por la cantidad de balones que recuperaba en su hiperactividad y su persistencia defensiva.

La cuestión clave de este ejemplo es que el núcleo motor de su comportamiento no era el de un 3, sino que simplemente había conectado con la idea de que la única manera de ayudar a su familia y a su entorno personal era consiguiendo el éxito deportivo. No lo hacía desde la vanidad del 3, ni para ofrecer una imagen exitosa. De su flecha 6 (miedos e inseguridades) viajó a su flecha 3 y conectó con la idea de que el camino para recuperar la paz y la armonía para los suyos era obtener el éxito profesional.

La complejidad del campo de conocimiento del eneagrama se empieza a comprender cuando, a medida que se avanza en su estudio, uno cae en la cuenta de que es justo lo contrario a las creencias superficiales de que son estereotipos fijos, números o un pseudohoróscopo.

Cada ser humano es único e irrepetible y el eneagrama es una autopista de autoconocimiento probabilística y de movimiento dinámico.

Este caso nos sirve de ejemplo también para poner en valor la dificultad de la identificación del eneatipo. Desde una motivación interna completamente diferente, muy distinta a las de los eneatipos 3 y 9, se pueden observar comportamientos muy similares, según las circunstancias en las que se encuentre cada persona. Por ello, el ejemplo de Javi es aplicable a cada uno de los eneatipos según el contexto y la experiencia de vida de cada uno.

A continuación, se incluyen gráficos de los nueve eneatipos con sus conexiones (flechas), a los que acompaña una breve explicación del proceso en la parte inferior de cada ilustración.

En el eneagrama moderno, se interpreta como un proceso equilibrador en el que ambas flechas son necesarias y se retroalimentan. A continuación, vamos a analizar de manera clara y sencilla esta relación en cada uno de los eneatipos con sus flechas.

Eneatipo 1

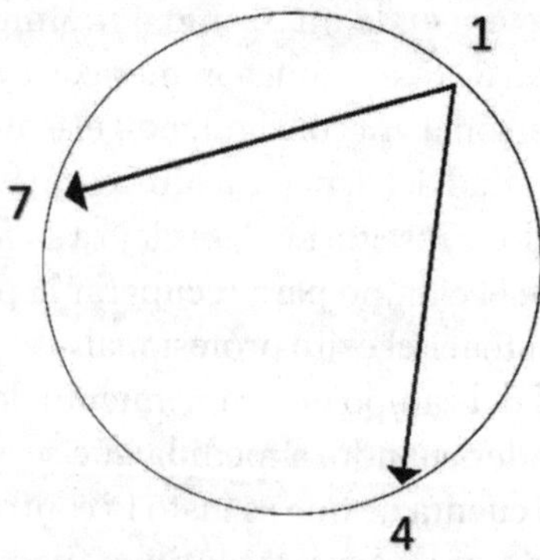

Los E1, exigentes y perfeccionistas, se pueden ir al 7, conectando con la ligereza y el disfrute, o al 4, con comportamientos egocéntricos y quejicosos.

Eneatipo 2

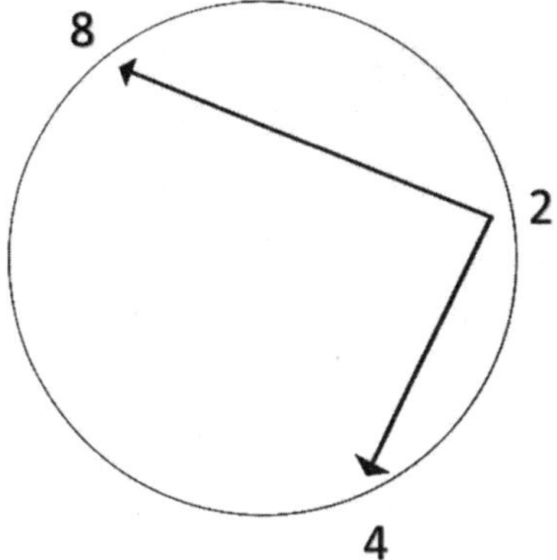

Los E2, centrados en ser imprescindibles para los demás, se pueden ir al 4 y conectar con su mundo interior, o al 8 y mostrar un comportamiento agresivo e intimidante.

Eneatipo 3

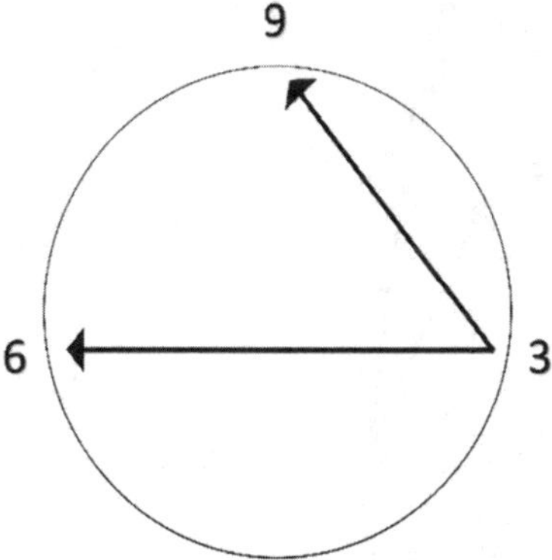

Los E3, centrados en ofrecer su mejor versión, se pueden ir a la solidez e integridad del 6, o al 9, con comportamientos procrastinadores.

Eneatipo 4

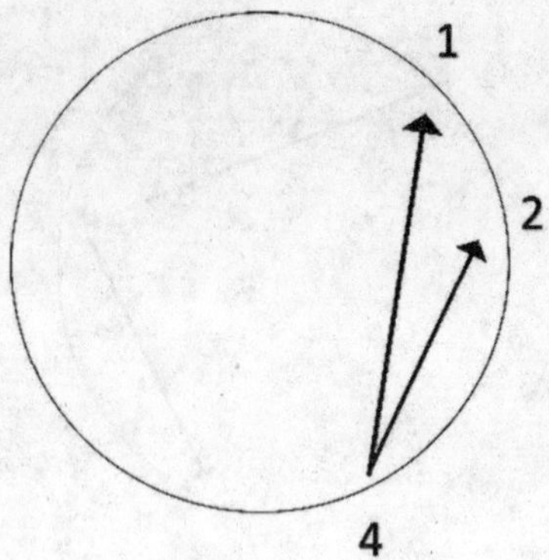

Los E4, enfocados en su melancolía comparativa con los demás, se pueden ir a la solidez y la objetividad del 1, o a la tendencia al apego excesivo con los otros del 2.

Eneatipo 5

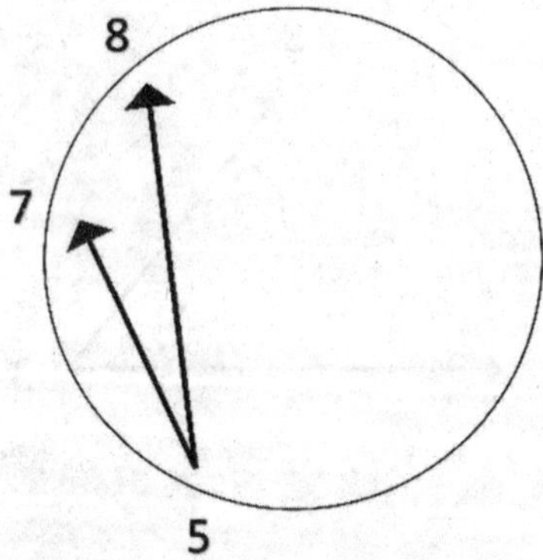

Los E5, centrados en marcar distancia para que no los afecte nada, se pueden ir a la contundencia y la reafirmación del 8, o a la tendencia a la dispersión del 7.

Eneatipo 6

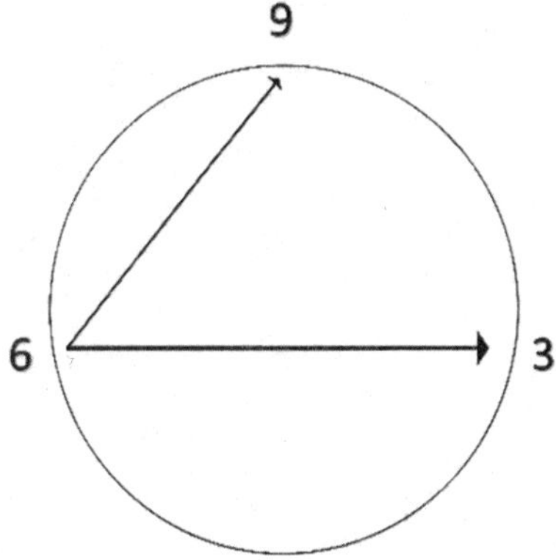

Los E6, centrados de manera ansiosa en los peligros, se pueden ir a la confianza y la serenidad del 9, o a la búsqueda de seguridad artificial por la obtención ansiosa del logro del 3.

Eneatipo 7

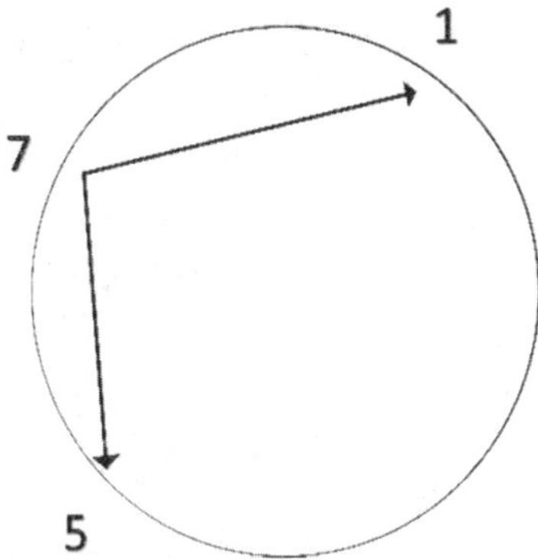

Los E7, enfocados en la estimulación hiperactiva, se pueden ir a la capacidad para profundizar y estar centrado del 5, o al exceso de rigidez, crítica y perfeccionismo del 1.

Eneatipo 8

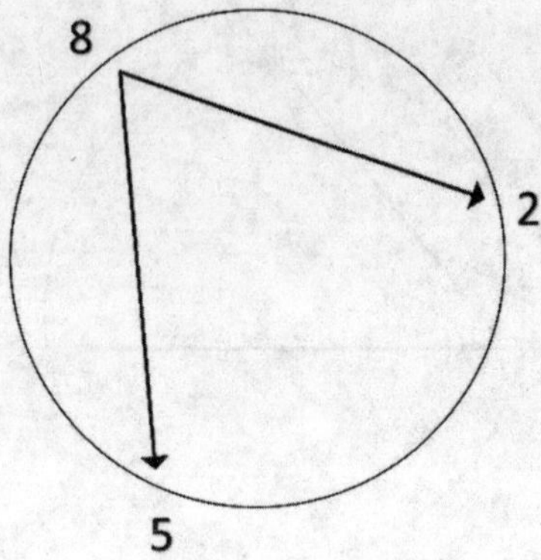

Los E8, centrados en el poder y el control, se pueden ir a la acción generosa y conectadora del 2, o al aislamiento emocional característico del 5.

Eneatipo 9

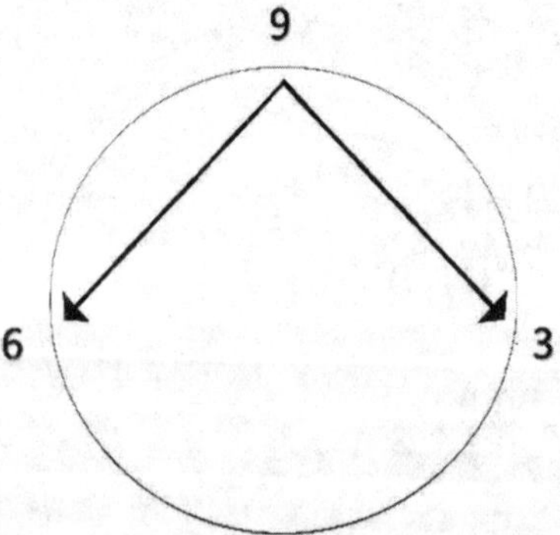

Los E9, enfocados en no conectar con sus deseos, narcotizándose con los de los demás, se pueden ir a la claridad y a la obtención de objetivos del 3, o al miedo paralizante del 6.

Alas

Una de las fortalezas del eneagrama es su condición de campo de **conocimiento experiencial**, es decir, que la aplicación en el mundo real de cada uno de sus contenidos permite verificar o no sus certezas.

Cuando alguien pone en duda su eficacia, respondo con un «Experiméntalo en ti y en las personas de tu entorno y, dentro de un tiempo, hablamos». En parte me recuerda a esos anuncios publicitarios de «Compra, prueba y, si no te gusta, devuélvelo sin coste». La diferencia es que, en mi caso, lo digo desde la convicción y la honestidad profundas de que el único camino para la validación de este campo de conocimiento es experimentarlo. Hasta ahora no conozco a nadie que haya profundizado intelectualmente en este campo de conocimiento y no haya quedado convencido de su utilidad. En algunos casos, incluso les ha cambiado la manera de vivir y de relacionarse.

En un libro como éste, que explica el eneagrama, es necesario abordar el concepto de las alas, pues, de alguna manera, el lector que continúe su proceso experiencial se encontrará con él en sus futuras experiencias formativas. Lo digo desde la humildad, pero con convencimiento. No creo que esta área del eneagrama sea mejor para construir un relato que confirme la opinión o el diagnóstico del eneatipo, sino más como aquélla en que se confirma una realidad verificable.

Las alas son la influencia en la personalidad de los eneatipos que están a cada lado de un eneatipo determinado. Por ejemplo, las alas del eneatipo 3 son el 2 y el 4. Es un término que los primeros alumnos del psiquiatra Claudio Naranjo no entendieron bien en sus clases en la Universidad de Berkeley. Fue Naranjo quien acuñó este concepto, que después se ha ido arrastrando a través de los tiempos con diversas interpretaciones.

En mi opinión, es un distorsionador sesgado por la creencia de que se puede cuadrar el puzle del eneatipo al cien por cien y que se utiliza para reafirmar un relato que no termina de encajar. Esto se debe a que obvia que cada persona es única e irrepetible y que el campo del eneagrama es probabilístico, no matemático. No es un cubo de Rubik que encaja perfectamente en unos patrones, sino todo lo contrario: son autopistas fascinantes de autoconocimiento que recogen algunas claves de nuestros comportamientos y motivaciones conscientes e inconscientes.

«Tú eres un 6 seguro, pues, aunque me digas que eres muy hiperactivo, eso es por tu ala 7.» «Yo soy un 2. Claro que me gusta el éxito, pero es que tengo un ala 3.» Como diría Yuval Noah Harari, «¡Ay, ese *Homo sapiens* contador de relatos!».

En el extenso campo del eneagrama, es recurrente encontrarse con la exigencia de explicar todo y a todos. En mi experiencia, eso no es posible, ya que, como he mencionado anteriormente, es un conocimiento probabilístico —formidable para avanzar en el autoconocimiento— que ofrece un mapa de nuestros mecanismos motivacionales centrales, no un modelo matemático.

Con frecuencia se cae en el error de intentar explicar o justificar los microcomportamientos. Cualquier persona puede tener una conducta que, vista desde el exterior, puede diferenciarse poco o nada de la de otra y, sin embargo, sus motivaciones internas ser completamente diferentes.

Otro error frecuente es no tener en cuenta el contexto y las circunstancias de cada individuo, así como la fase vital por la que esté pasando. Por ejemplo, en situaciones de duelo, enfermedad o peligro, todos podemos tener comportamientos relacionados con el eneatipo 6 (miedo), o en situaciones de celebración o momentos de buenas noticias, conductas relacionadas con el eneatipo 7 (hiperactividad y optimismo).

Todos podemos tener comportamientos de uno u otro eneatipo, pero el patrón del nuestro será en el que nos apoyemos más frecuentemente, sobre todo, en situaciones de estrés o exigencia. No olvidemos que nuestro «yo superficial» se alimenta del ego y éste se construye como una estructura de protección de nuestras carencias internas cuando se ven amenazadas. En la playa, relajados, descansados y sin peligros que nos acechen, los patrones de comportamiento del eneatipo suelen activarse menos que en nuestra actividad profesional.

Voy a compartir contigo una hipótesis propia del controvertido tema de las alas que tiene como base el estado energético de la persona. Si nuestra energía estuviera completamente equilibrada, mantendríamos una relación ideal con nuestras alas, como el planear en armonía de un ave en el cielo, pero, salvo en momentos excepcionales, tendemos al desequilibrio energético por exceso o por defecto y una de nuestras dos alas toma el peso principal del vuelo para mantenernos en equilibrio.

Desde la perspectiva de la psicología y las emociones, el concepto de la energía se relaciona con los estados emocionales y psicológicos, la motivación y la vitalidad mental. Carl Jung propuso la idea de la energía psíquica como una fuerza vital detrás de la psique humana. Según Jung, esta energía es lo que motiva todos los comportamientos y procesos psicológicos.

Esta «energía emocional» y psicológica es central para entender la motivación humana, el bienestar y la salud mental. La forma en que los individuos la gestionan y canalizan puede tener un impacto significativo en su calidad de vida y en su capacidad para enfrentar desafíos. En mi opinión, utilizamos las alas de nuestro eneatipo para intentar equilibrar una y otra vez nuestra carga energética.

Observamos que, curiosamente, cada eneatipo está flanqueado a los lados por dos eneatipos con energías diferentes, uno con más carga energética en comparación con el otro.

Eneatipo 1	Ala 2: energía alta Ala 9: energía baja
Eneatipo 2	Ala 1: energía baja Ala 3: energía alta
Eneatipo 3	Ala 2: energía alta Ala 4: energía baja
Eneatipo 4	Ala 3: energía alta Ala 5: energía baja

Eneatipo 5[6]	Ala 4: energía alta Ala 6: energía baja
Eneatipo 6	Ala 5: energía baja Ala 7: energía alta
Eneatipo 7	Ala 6: energía baja Ala 8: energía alta
Eneatipo 8	Ala 7: energía alta Ala 9: energía baja
Eneatipo 9	Ala 8, energía alta Ala 1, energía baja

No es que el eneatipo muestre características propias motivacionales de los eneatipos que tiene como alas a ambos lados, relatadas en muchas ocasiones a la carta y en la búsqueda de la conclusión pretendida, sino que según su nivel energético sea alto o bajo, en unas u otras circunstancias, se reequilibra con comportamientos característicos de una u otra ala.

Por ejemplo, un eneatipo 8 con la energía alta podría mostrar altos niveles de hiperactividad, como su ala 7 o, si la tiene baja, signos de aplanamiento, como su ala 9. Un eneatipo 1 con la energía alta podría mostrar altos niveles de conexión, como el eneatipo 2, o una tendencia a la introversión como el eneatipo 9, si la tiene baja. Este mismo esquema relacional puede aplicarse a cada uno de los nueve eneatipos y sus respectivas alas en relación con su carga energética circunstancial.

Comparto contigo esta tesis sobre las alas a partir de la experiencia del funcionamiento de mi propio eneatipo y sus alas, así como de la observación directa de numerosos casos con los que he tenido relación directa. Con ello quiero animarte a profundizar por ti mismo y verificar —o no— la propuesta planteada.

6. En este caso, la carga energética de las alas del eneatipo 5 es muy parecida y tiende a ser baja en ambos casos. Asimismo, coincide curiosamente con la poca energía de base que tiene el eneatipo 5, aunque me he inclinado por determinar que el eneatipo 5 con el ala 4 quizá sea el más energético de los E5.

Eneatipo y alas según su estado energético

E1	Energía alta	Ala 2	Perfección desde la conexión
	Energía baja	Ala 9	Perfección desde la apatía
E2	Energía alta	Ala 3	Conexión desde la brillantez
	Energía baja	Ala 1	Conexión desde el rigor y la exigencia
E3	Energía alta	Ala 2	Brillantez desde la conexión
	Energía baja	Ala 4	Brillantez desde el egocentrismo
E4	Energía alta	Ala 3	Melancolía extrovertida
	Energía baja	Ala 5	Melancolía introvertida
E5	Energía alta	Ala 4	Especialista desde la intensidad
	Energía baja	Ala 6	Especialista desde la prevención
E6	Energía alta	Ala 7	Ansiedad hiperactiva
	Energía baja	Ala 5	Ansiedad contenida
E7	Energía alta	Ala 8	Estimulación invasiva
	Energía baja	Ala 6	Estimulación ansiosa
E8	Energía alta	Ala 7	Asertividad hiperactiva
	Energía baja	Ala 9	Asertividad con aplomo
E9	Energía alta	Alta 8	Desconexión agresiva
	Energía baja	Ala 1	Desconexión rígida

Importante: Hay que diferenciar cuando el eneatipo se conecta con sus flechas o cuando se equilibra energéticamente en sus alas. Las flechas son procesos más internos y que se mantienen más tiempo en el comportamiento. Las alas son equilibrios energéticos de comportamientos más superficiales y de poco tiempo de duración.

5

Identificación con tu eneatipo: testimonios y fichas

> La vida de cada hombre es un camino hacia sí mismo, el ensayo de un camino, el boceto de un sendero.
>
> HERMANN HESSE, escritor

Querido lector, hemos llegado a un punto del camino en que, antes de continuar con los subtipos y posteriormente con las áreas de aplicación práctica del eneagrama, quizá sea aconsejable una parada que reúna de una manera sencilla los conceptos básicos y estructurales de los eneatipos que hemos ido recorriendo. Te serán útiles para repasar y contrastar de un vistazo no sólo tu posible eneatipo, sino el de las personas de tu entorno más cercano.

Una de las cuestiones clave del eneagrama es la identificación con tu eneatipo. Cada recorrido es único. Hay casos en que se produce una identificación inmediata y certera y otros en los que se tardan años en llegar a puerto. Cuando llegas al mundo del eneagrama, parece que todos a tu alrededor están muy seguros de su eneatipo y, sin embargo, no es así. Detrás siempre hay un camino que recorrer, como en los procesos de valor, donde se suele avanzar por medio de las dudas.

Recuerdo de mi propio camino que, cuando asistía a congresos internacionales de eneagrama, al identificarme, miraba con cierto complejo a los ponentes. Eran personas con largas trayectorias en el mundo del eneagrama, habitualmente profesores, que se mostraban totalmente convencidos de su eneatipo, mientras que yo nadaba en un mar de dudas.

> **La identificación del eneatipo lleva su tiempo. Es importante conocer bien las características centrales y no ponernos ansiosos, pues antes o después nuestro eneatipo se delata y son las sensaciones del cuerpo las que hablan y conectan los puntos.**

Avanzar mediante las propuestas del eneagrama es dar pasos hacia el autoconocimiento, reflexionar sobre lo que somos y cómo nos relacionamos con el mundo a partir de los mecanismos de nuestra personalidad, que vamos descubriendo paso a paso. Es posible que acertemos con nuestro eneatipo desde el principio, o puede que no, pero el trayecto siempre merece la pena.

Hay varias razones que, a mi juicio, explican posibles identificaciones erróneas en un primer contacto. Destaco, sobre todo, dos principales:

- Podemos tener una personalidad idealizada, generalmente la que hemos visto en nuestros padres, que solapa nuestro verdadero eneatipo y el resultado de los test (el procedimiento que se utiliza habitualmente) puede ser erróneo.
- En un alto porcentaje de casos, nuestro verdadero eneatipo no sólo no nos gusta, sino que puede incluso producirnos rechazo. No hay que olvidar que el eneagrama nos descubre las trampas que nos hacemos a nosotros mismos. Por ejemplo, a un poderoso eneatipo 8 puede no resultarle agradable conectar con que, detrás de su trabajada fortaleza, esconde una profunda vulnerabilidad, o a un valedor del triunfo como el eneatipo 3, sintonizar con su falta de validación interna. En el resto de los eneatipos, la ecuación es parecida.

El eneagrama nos exige honestidad para mirarnos por dentro y el proceso en sí mismo es un tesoro. Nos dará mucha información sobre nuestra realidad interna y sus consecuencias externas, sea certera o no la identificación inicial. El proceso en sí mismo será valioso en la medida en que sigamos nuestro camino y vayamos desmontando nuestro personaje. Al final, unos antes y otros después, conectaremos con nuestro verdadero eneatipo.

Una metodología que aconsejo es ir descartando aquellos eneatipos que claramente no coinciden con nuestro patrón. Después de hacerlo, suelen quedarnos dos o tres alternativas. Al principio no hay que obsesionarse con un eneatipo concreto: es más sencillo ver los patrones que no se corresponden con lo que somos que ver el que realmente somos. Pero ¡cuidado!: si sentimos un rechazo especial por alguno, no lo descartemos *a priori*. Mantengamos ese eneatipo en proceso de análisis.

En cada una de las fichas que os presento a continuación contaremos con el testimonio de personas que llevan años en el ámbito del eneagrama y son referencias mundiales. Todos, además, son profesores acreditados por la Asociación Internacional de Eneagrama (IEA, International Enneagram Association, por sus siglas en inglés), con sede en Estados Unidos. Estos referentes responderán a tres preguntas:

1. ¿Te identificaste fácilmente con tu eneatipo?
2. ¿Qué sentiste cuando conectaste con tu eneatipo?
3. ¿Te ha sido útil?

Ficha eneatipo 1: la perfección

Centro principal: visceral o instintivo

Virtud: serenidad

Pasión: ira (generalmente contenida)

Fijación mental: perfeccionismo. «Si soy perfecto, seré amado y valorado. Para ello tengo que controlar mis emociones y mis instintos.»

Flechas: E7 y E4

Punto ciego: exceso de crítica

Viven y se relacionan con la vida desde una posición de polaridad: son perfectos o no son suficiente. Las personas con este tipo están muy atentas a sus fallos y también a los errores de los demás. Desarrollan una alta exigencia que deriva en un crítico interno muy activo, que suele aliviarse con la crítica al entorno. Éste es su principal punto ciego (es decir, lo que los demás ven de nuestro comportamiento que nosotros no vemos). Aunque su actitud y su energía suelen ser rígidas, ofrecen la imagen de personas rectas y virtuosas.

Se relacionan mal con la ira y la sienten con intensidad. Motivos no les faltan, pues nada es lo suficientemente perfecto, pero intentan contenerla, ya que mostrarla no es lo correcto.

Su virtud es la serenidad. Suelen ser personas con valores muy definidos y principios sólidos. Tienen un fuerte deseo de hacer las cosas bien en la búsqueda de la excelencia. Tienden a ser críticos consigo mismos y con los demás cuando perciben que algo no está a la altura. Son disciplinados y tienden a controlar sus impulsos y emociones. Son muy autoexigentes y pueden experimentar sentimientos de culpa si sienten que no están cumpliendo con sus propias expectativas. Su exceso y su tendencia a la crítica pueden generar conflictos en sus relaciones, ya que no suelen ser conscientes de la presión constante por destacar y subrayar los errores. Viven con miedo al error y con el deseo de ser excelentes. Esto puede llevar a la ansiedad y el estrés cuando las cosas no ocurren como planean.

Su comportamiento se equilibra y desequilibra en sus flechas E7 y E4.

El E1 en momentos de estrés se vuelve todavía más crítico y rígido en sus estándares, lo que puede ser perjudicial tanto para él mismo como para los demás. Su relación con sus flechas oscila entre el hedonismo saludable y el disfrute del E7, con el que se libera de la autoexigencia, o dejarse llevar por la queja egocéntrica propia del E4 («El mundo contra mí»). Su flecha al E7 le equilibra el exceso de tensión, tan característico de su eneatipo, y la flecha al E4 le sirve para retirarse y recuperar energía en estados de frustración.

Testimonio

Beatriz Gálvez, profesora acreditada por la IEA, licenciada en Derecho y experta en recursos humanos.

1. ¿Te identificaste fácilmente con tu eneatipo 1?

Sí, en mi caso la identificación fue bastante rápida porque sentí una especie de *shock* cuando leí por primera vez la descripción de la personalidad del eneatipo 1. Yo no había oído hablar en mi vida del eneagrama y un experto en el tema, con el que estaba hablando sobre una situación complicada que yo estaba viviendo en ese momento, me acercó un libro abierto por la página que describía mi eneatipo. Cuando la leí, me quedé muy impactada.

Inmediatamente me puse a investigar y a leer en diferentes sitios sobre el eneatipo 1. Era como si me estuvieran haciendo una radiografía. Para ser totalmente honesta, tuve algunas dudas momentáneas con el eneatipo 4, pues leía cosas de éste que me resonaban de una manera muy profunda y que identificaba en mí, sobre todo, en momentos en que estaba triste o descentrada. Sin embargo, cuando rasqué un poco para diferenciarlos, vi bastante claro que el núcleo de mi estructura era el del eneatipo 1.

2. ¿Qué sentiste cuando conectaste con tu eneatipo?

Es difícil de explicar. En realidad, muy dentro de ti ya sabes que eres de esa manera y que funcionas de acuerdo con esos patrones de personalidad, pero no siempre es tan evidente conscientemente. Además, normalmente tienes un diálogo interno contigo mismo en el que te dices que eres así o *asá*, pero suele ser bastante superficial y no pasas de ponerle nombre a cuatro o cinco rasgos sueltos e inconexos entre sí que, además, siempre acabas justificando y nunca te planteas cambiar.

De repente, sentí como si la persona que había escrito esa descripción del eneatipo 1 se hubiera metido dentro de mí y me hubiera hecho una radiografía con un nivel de exactitud tal que ni las personas más cercanas habrían podido hacer jamás. Debo confesar que por primera vez vi frente a mí rasgos y comportamientos que no quería reconocer ni muerta, pero fue tan evidente que no me quedó más remedio que hacerlo, a pesar de que supuso ver una parte de mí que no me gustaba y que inmediatamente sentí que tenía que mejorar.

A medida que integraba todo lo descubierto, mi vida entera empezó a pasar por mi mente, tantas situaciones y relaciones en las que esos patrones de personalidad habían dominado por completo mi comportamiento y, de repente, empecé a entender muchas cosas.

3. ¿Te ha sido útil?

Diría que ha sido mucho más que útil. Básicamente ha transformado por completo mi percepción de la vida, de los demás y de mí misma. Comprender cómo desde pequeña he sentido la necesidad de ser perfecta (y he sufrido por ello), de controlar cómo debía ser todo, y la rigidez que, sin darme cuenta, ha acompañado esa necesidad durante tantos años, me ha ayudado a ser espectadora de las situaciones y los momentos en que esa dinámica había ocurrido y todavía seguía ocurriendo. También me ayudó a darme cuenta de que, en muchos casos, era eso lo que me hacía luchar contra la realidad y me llevaba a frustrarme o a estar triste cuando las cosas no salían como yo quería.

Lo más bonito es que observarme y trabajar esos patrones me ha ayudado a transformar mi forma de relacionarme con el mundo y con los demás. Cada día intento ser espontánea y relajada, fluir y aceptar lo que la vida me trae, ver y querer a los demás tal como son y, sobre todo, abrirme a todas las opciones, los puntos de vista y las infinitas posibilidades que nos ofrece el mundo.

Ficha eneatipo 2: el conectador

Centro principal: emocional

Virtud: humildad

Pasión: orgullo

Fijación mental: la sobreabundancia. «Estoy lleno de amor para dar, soy un ser sobrado y por eso me hago imprescindible para los demás.»

Flechas: E8 y E4

Punto ciego: intrusismo

En primer lugar, hay que aclarar que este eneatipo es conocido —erróneamente— como «el ayudador» por un comentario irónico que hizo Claudio Naranjo en su primera formación en Berkeley y que algunos alumnos no entendieron bien. Éstos lo extendieron y popularizaron después en sus formaciones. De hecho, los verdaderos ayudadores del eneagrama suelen ser los eneatipos 7 y 9 (en sus subtipos sociales). Lo veremos más adelante.

Los E2 son, sobre todo, unos conectadores muy emocionales que suelen ser carismáticos y que, por medio de sus actos, suelen ocupar un espacio en el que se hacen necesarios para los demás. Su ayuda es selectiva y jerárquica. Llevan muy mal pedir —los demás tienen que adivinar lo que necesitan—, ya que sus energías se centran en conectar, ser necesarios y apreciados por sus esfuerzos y su preocupación. En este circuito relacional, los E2 tienden a sentir que los demás están en deuda con ellos. Su punto ciego es la intrusión, pues no son conscientes de que a veces invaden el espacio del otro para ocupar el rol de «imprescindibles».

Su virtud, lo que hay detrás de su máscara, es la humildad. Están conectados con el verdadero amor, el que no necesita jerarquías: «Yo te doy para que me quieras, y no te pido porque me sobra». Cuando conectan con su cualidad esencial, se transforman en personas que dejan fluir el amor verdadero, sin contraprestaciones, dejando de lado el orgullo y las jerarquías del «Yo proveo porque me sobra y tú recibes porque te falta». Desde su cualidad esencial, admiten que la vida es estar en ambas posiciones cíclicamente y que el orgullo impide el disfrute de las relaciones equilibradas desde el verdadero amor, respetando el espacio vital de los otros.

Su comportamiento se equilibra y desequilibra en sus flechas E8 y E4.

En una situación de estrés excesivo, el E2 se puede inclinar hacia las peores características del E8 y puede llegar a ser muy agresivo, incluso más que el propio E8, ya que es un eneatipo muy emocional. A su vez, busca su equilibrio en lo mejor del E4, centrándose en su mundo interior, en las necesidades propias y no malgastando energía para ocupar un espacio protagonista, detectando las necesidades ajenas y conectando con ellas con su formidable radar: el rol del «conectador imprescindible».

Testimonio

Gema de la Rosa, profesora acreditada por la IEA y licenciada en Ciencias Químicas.

1. ¿Te identificaste fácilmente con tu eneatipo 2?

En mis primeros contactos con el eneagrama estaba bastante en contra de todos los sistemas de *profiling* ('determinación de perfil') y me resistía a hacer test que me encasillaran en un tipo u otro, porque me parecía que eso era reducir la complejidad y la riqueza que tenía como ser humano. Así que lo que hice fue comenzar a leer libros y asistir a cursos para entender de qué iba el tema.

Al principio, veía también mucho de mí en el eneatipo 7 y en el eneatipo 1; tanto es así que me costó tener que renunciar a ellos posteriormente. Lo que sí recuerdo vivamente es que, bastante al principio, cuando cayó en mis manos un libro de Helen Palmer y llegué al capítulo correspondiente al eneatipo 2, supe rápidamente que ése era mi tipo.

2. ¿Qué sentiste cuando conectaste con tu eneatipo?

Cuando comencé a leer en ese libro, la parte correspondiente al eneatipo 2, no podía parar de llorar. Algo me había tocado profundamente. Era como si me sintiera desnuda, porque me parecía que temas centrales de mi vida que supuestamente nadie conocía estaban reflejados de una manera muy clara y cruda. Yo diría que me generó un gran impacto darme cuenta de que seguía un patrón perfectamente descrito y predefinido. No podía creerlo.

También tengo que decir que, por otro lado, creo que sentí un cierto alivio porque mis problemas no eran sólo míos, sino que los compartía con otros muchos seres humanos y había una razón para que las cosas fueran como eran. Todo ello me provocó a la vez una enorme curiosidad y un deseo de seguir profundizando y entendiendo todo lo que había detrás. En ese momento, el eneagrama me atrapó.

3. ¿Te ha sido útil?

Realmente me ha sido muy útil en todos los niveles de mi vida. Me ha ayudado, en primer lugar, a entenderme y a darme una vía para poder hacer algo con muchas cosas que no lograba encajar en mi vida: por qué pensaba lo que pensaba, por qué sentía lo que sentía, por qué hacía lo que no quería hacer y por qué no hacía lo que sí quería hacer. De repente, comenzó a haber luz en la habitación de mi vida.

También me proporcionó una enorme comprensión de los demás y despersonalizó muchos de los conflictos que tenía; no es que ya no tuviera problemas, pero, por lo menos, comenzaba a entender por qué sucedían y qué es lo que había detrás de ellos. Me ayudó mucho con mi familia, mi marido, mis hijos, mis padres, mis hermanos, mis amigos..., con todos. Realmente, el eneagrama ha estado muy presente en nuestra vida para ayudarnos a entender y a entendernos.

También me ha llevado a conectar de una manera adulta con mi parte espiritual, que hasta el momento era más un anhelo infantil que un camino real. Gracias a todo ello, he conseguido ir viviendo con más paz los muchos momentos difíciles que la vida me ha ido poniendo delante.

Ciertamente estoy muy agradecida, porque el eneagrama me ha ayudado y me sigue ayudando a intentar vivir mi vida de otra manera. Para mí, ése es el verdadero objetivo del sistema. Si no nos vale para llevarlo a la experiencia de nuestro día a día, entonces creo que estamos perdiendo el tiempo.

Ficha eneatipo 3: el triunfador

Centro principal: emocional
Virtud: autenticidad
Pasión: vanidad
Fijación mental: el engaño. «Tengo que dar una buena imagen; tengo que ponerme la máscara que se adapte a cada situación, a la valoración del entorno, pues yo no valgo por mí mismo y, si el mundo se da cuenta, me rechazará.»
Flechas: E6 y E9
Punto ciego: artificialidad

La imagen que dan al exterior es sobre lo que pivota el comportamiento de las personas con este eneatipo, muy dependientes de que las valoren como exitosas. Son emocionales y manejan de manera excepcional la adaptación de su imagen y su comportamiento a lo que requiere cada situación, lo cual genera la admiración del entorno. Es muy complicado, hasta para ellos mismos, saber de verdad lo que sienten o piensan, ya que son muy camaleónicos y pueden llegar a perder la noción de lo que realmente quieren al estar tan fusionados con su personaje. Suelen ser personas eficaces, productivas, muy centradas en los objetivos y que, además, a pesar de la fragilidad, como dependen tanto de la validación externa, suelen ofrecer una imagen de mucha seguridad en sí mismos.

El punto ciego que los caracteriza es ser artificiales, lo que provoca, en ocasiones, desconfianza ante tanta adaptabilidad camaleónica para mostrar una imagen exitosa. La reflexión «No puede ser todo tan bueno» no es extraña en el entorno de un E3.

Su virtud es la autenticidad. Esto se debe a su capacidad para conectar con que el mejor logro que se puede conseguir en esta vida es ser uno mismo, sin necesidad de adoptar la imagen de un personaje exitoso para que los demás te acepten y te quieran. Asimismo, también se vinculan con la idea de que el verdadero amor fluye desde uno mismo, con sus defectos, sus virtudes, sus éxitos y sus fracasos. Cuando el E3 conecta con su virtud, toma conciencia del enorme y absurdo peso que ha llevado en su vida y en sus relaciones.

Su comportamiento se equilibra y desequilibra en sus flechas E9 y E6.

En una situación de estrés excesivo, sobre todo, en situaciones de fracaso social, el E3 se puede inclinar a las peores características del E9, indolente, desconectado, procrastinador, y, a su vez, buscar su equilibrio en lo mejor del E6, centrándose en ser constante, sólido e íntegro.

Testimonio

Gonzalo Morán es profesor acreditado por la IEA, consultor psicológico, terapeuta y grafólogo.

1. ¿Te identificaste fácilmente con tu eneatipo 3?

Descubrí el eneagrama hace poco más de veinte años y debo reconocer que al principio el viaje de autodescubrimiento no fue nada sencillo. Como siempre digo, el eneagrama es ingeniería de alta complejidad.

En un principio me identifiqué —equivocadamente— como un E7 debido a mi naturaleza alegre y entusiasta, siempre ocupado en múltiples proyectos, además de una cierta tendencia al hedonismo. Posteriormente me di cuenta de que eso tenía que ver con mi instinto dominante y no con mi carácter. No obstante, más tarde percibí que mi alegría era fingida y que tenía una determinación incansable para alcanzar mis metas, cuando el eneatipo 7 se quedaba a mitad de camino, distrayéndose con las nuevas experiencias que iban apareciendo. Además, lo que yo consideraba hedonismo, comparado con el de mis compañeros del eneatipo 7, era un juego de niños. Posteriormente, me incliné hacia el eneatipo 2, que se considera «la versión emocional del E7». A pesar de algunas similitudes, noté que los E2 irradiaban un sentido de estar encantados de conocerse que yo no poseía, lo que eventualmente llevó a que los E2 me «echaran» de su grupo.

Me sentía completamente perdido hasta que, finalmente, gracias a la orientación de Suzy Stroke, una terapeuta SAT muy cercana a Claudio Naranjo, y al apoyo de mis compañeros, logré tener una profunda revelación. Pero me costó mucho. Fue entonces cuando pude descubrir mi verdadero eneatipo, el momento en que me identifiqué con la pasión eneagramática de la vanidad.

Lo curioso es que desde el principio había sentido rechazo por el eneatipo 3, quizá debido a la mala fama que el eneagrama convencional le dio. Sin embargo, una vez que me adentré en un eneagrama profundo —el de Claudio Naranjo—, descubrí que la pasión de la vanidad era mucho más que ser un buscador de éxito o una persona competitiva.

No me consideraba competitivo, aunque sí es cierto que no me gusta perder o que las cosas no salgan como yo las he planeado. En pocas palabras, lo nuclear de la vanidad del eneatipo 3 es que es, antes que nada, una necesidad de ser a los ojos de los demás, quienes se convierten en nuestro *locus* de valoración y validación, ya que el nuestro lo hemos perdido en la infancia, y toda la orientación externa se pone al servicio de esas ganas de tapar el gran vacío interno.

2. ¿Qué sentiste cuando conectaste con tu eneatipo?

Reconocerme como un eneatipo 3 fue un proceso impactante. Experimenté en carne propia lo que Claudio Naranjo llama «la caída del ego», es decir, esa sensación de que se te ha caído la máscara y ya no hay vuelta atrás. Lo sientes en las tripas, es como una revolución interna.

Siempre me había visto como alguien auténtico y transparente, que se guiaba por sus propios valores. Mi personaje estaba tan bien montado y, sobre todo, tan bien actuado, que hasta yo me lo creía. Descubrí que la cruda verdad era que había vivido toda mi vida buscando validación externa, cumpliendo expectativas ajenas. La aprobación de los demás era mi motor; necesitaba el reconocimiento de los demás, fueran conocidos o no, como agua de mayo y mi foco de referencia estaba fuera de mí. Fue duro confrontarme con mi falsedad, mi desconexión y, lo más doloroso, con mi vacío interno. Un amigo solía decirme medio en broma: «Linda casa, pero nadie la habita». Pues bien, cuando empezó mi camino con el eneagrama, finalmente esta frase cobró sentido.

Me di cuenta de mi necesidad neurótica de destacar y deslumbrar a los demás con mis cualidades, pensando neuróticamente que, si no brillaba, nadie me vería, y, por ende, no me querrían. Durante este viaje, afloraron emociones reprimidas, como la tristeza, la impotencia y la ira. Descubrí que la aparente seguridad en mí mismo ocultaba mucha inseguridad, que mi apariencia intimidante disfrazaba fragilidad y que mi encanto y mi carisma disimulaban una frialdad defensiva. Tenía tanto miedo de que me lastimaran que había construido un muro de hielo inaccesible que se ocultaba bajo una fachada agradable, simpática y carismática, de *boy next door*. Los sentimientos normalmente iban a parar a un aljibe sin fondo, no fuera que me quedara atrapado en ellos y afectaran a mi actuación. En conclusión: si el otro no me veía, yo simplemente no existía.

3. ¿Te ha sido útil?

Aunque ya había estado inmerso en el camino del desarrollo personal desde muy joven y, además, había sido paciente de psicoanálisis durante años antes de descubrir el eneagrama, éste fue el eslabón que completó todo el proceso y me permitió comprender por qué repetía patrones una y otra vez.

No obstante, considero que mi experiencia previa fue fundamental para aprovechar al máximo el eneagrama. Podría decir que el eneagrama fue la guinda del pastel, pero pude sacarle provecho gracias al bagaje que ya tenía. Aprendí a escuchar a mi cuerpo, a bajar los decibelios y a ser más tranquilo; a preguntarme qué estoy sintiendo realmente, a conectarme con las verdaderas emociones y no con las que queda bien sentir o poner una sonrisa forzada cuando en realidad quiero «acabar» con alguien; aprendí a ser más amoroso, más demostrativo, a expresar lo malo al igual que lo bueno, lo oscuro al igual que lo luminoso; a no esconderme detrás de mi imagen «inventada» y a ser más auténtico.

Además, comprendí que no puedo gustar a todo el mundo y que si alguien que me importa no siente lo mismo por mí, no es el fin del mundo. Pero, sobre todo, descubrí que la verdadera valoración debe encontrarse dentro de uno mismo en lugar de buscarla constantemente en el exterior como solía hacer. No es que lo logre todos los días, pero al menos me doy cuenta de cuándo busco el halago externo para tapar mi vacío interior y mi inseguridad.

Todavía me cuesta mucho aprender a confiar en la sabiduría del universo y permitirme fluir. Sin embargo, sí he comprendido que el enfoque debe estar en el proceso y no en el resultado y que aceptar las cosas tal como son es esencial, si bien mi impaciencia me sigue llevando muchas veces a meter las manos en el asunto, con frecuencia de manera precipitada e histérica. Trato de dejar de lado mis expectativas y mis metas para aprehender que «si sucede, conviene» y que si no sucede, también está bien.

Ficha eneatipo 4: el diferente

Centro principal: emocional

Virtud: ecuanimidad

Pasión: envidia

Fijación mental: la melancolía. «Soy mediocre y, sólo si muestro mi singularidad y expreso mis melancolías, la gente me va a querer y aceptar. En el mundo sólo se valora la singularidad, la manera de ser única, y, para sentirme ecuánime, tengo que mostrar al mundo que soy diferente y especial.»

Flechas: E1 y E2

Punto ciego: queja

La máscara del E4 pivota sobre la convicción de que es una persona vulgar e incompleta y que, de alguna manera, tiene carencias que le impiden vivir una vida plena y feliz como la de los demás. Su personaje se defiende con una imagen de sí mismos de ser personas especiales y diferentes, que muestran su perplejidad al ver cómo el resto del mundo, seres mediocres y vulgares, consigue lo que ellos no logran alcanzar a pesar de su singularidad. Destacan por tener una gran sensibilidad y una notable capacidad empática, lo que los conecta de una manera especial con el dolor ajeno. Suelen ser melancólicos y a veces tienen comportamientos egocéntricos.

Su punto ciego es la queja constante que, como un murmullo, adereza sus comportamientos habituales; una queja que surge de su radar comparativo. Tienden a compararse desde la envidia con lo más destacado de su entorno o sus relaciones, y siempre salen perdiendo en la comparación.

Su virtud es la ecuanimidad. Destaca su capacidad para conectar con que todos los seres humanos tenemos fortalezas y carencias y, precisamente, la belleza de la condición humana es la aceptación de ambas realidades desde la ecuanimidad y la conformidad, sin pretender buscar fuera de nosotros, con actitudes egocéntricas y diferenciadoras, la conexión con nuestro ser, que, en sí mismo y sin necesidad de esfuerzo, es especial, único e irrepetible.

Su comportamiento se equilibra y desequilibra en sus flechas E1 y E2.

En situaciones de estrés excesivo, el E4 puede tender a las peores características del E2 y ser apegado en exceso y dependiente de los otros y, a su vez, busca su equilibrio en lo mejor del E1, cuando se centra en ser objetivo y práctico.

Testimonio

Isabel Salama, presidenta de honor de la Asociación Española de Eneagrama, profesora acreditada por la IEA y psicóloga clínica.

1. ¿Te identificaste fácilmente con tu eneatipo 4?

Sí, en un primer momento, me resultó fácil porque venía de un duelo muy profundo provocado por fuertes pérdidas y un cambio de estatus que me habían dejado muy frágil, emocionalmente afectada, triste y decaída.

Entonces, no conocíamos la profundidad de todo esto y cometíamos los errores de los que ahora advertimos a los que comienzan. Fue un consuelo cortoplacista del que no me volví a ocupar mucho, pero con el que estaba cómoda, a pesar de la mala fama que estaba cosechando el eneatipo 4. Hablo de finales de los noventa.

Allá por el año 2000 organicé un taller en Colombia, que traje a Madrid, y un incidente hizo que el profesor me identificara erróneamente como tipo 8. Me lo creí. Mi subtipo, el 4 transmisor, se sale del cliché del eneatipo 4 como deprimido, decaído y raro y, aunque pueda pasar por momentos así en su vida, no es su manera de presentarse ante el mundo. Cuando conocí los subtipos, por fin encontré una explicación que no exponían los eneatipos, lo que me hizo darme cuenta de que muchos de nosotros estábamos mal identificados.

2. ¿Qué sentiste cuando conectaste con tu eneatipo?

Fue increíble ver como la vida me mostró que dentro de mí no había un 8. Por un lado, fue frustrante; por otro, liberador a la vez que vergonzante. ¿Cómo era posible que me hubiera creído tanto que era un eneatipo 8?

Dentro de mí hay una persona muy sensible al desamor, a no ser correspondida en el amor. Fue muy interesante analizar cómo me volví a inundar de tristeza y desazón y cómo tuve que superar el dolor del abandono, el rechazo y la soledad. Una vez pasada la frustración, la vergüenza y la sorpresa, pude remontar y aceptar mi subtipo 4 transmisor, también llamado E4 sexual. Mucho más adelante supe que Naranjo hablaba del E4 sexual como un falso 8 por tener comportamientos y reacciones similares, y eso me hizo dejar a un lado la vergüenza y me animó.

3. ¿Te ha sido útil?

¿Si me ha sido útil? ¡Claro que sí! Fue entonces cuando verdaderamente comenzó el trabajo de mi ego, mi carácter y mi personalidad. Sucedió algo también muy interesante: cuando por fin me identifiqué correctamente semanas después, me llamaron para ser profesora de eneagrama por primera vez. ¿Causalidad? Finalmente, tuve la certeza de que mi eneatipo es el 4 y mi subtipo el transmisor.

FICHA ENEATIPO 5: EL DISTANTE

Centro principal: mental
Virtud: generosidad
Pasión: avaricia
Fijación mental: la mezquindad. «Si alguien se me acerca, pretende algo de mí emocionalmente. Me protegeré de los incapaces por medio de los conocimientos. El mundo se confabula para restar mis recursos. Si soy generoso y no marco la distancia, corro el riesgo de que me dejen sin nada.»
Flechas: E7 y E8
Punto ciego: arrogancia

La máscara del E5 es mostrar al mundo sus altas capacidades, habitualmente en el campo intelectual, amurallando su gran sensibilidad detrás de la frialdad y la practicidad de los conocimientos. Establece una distancia emocional que lo protege de su miedo a que el mundo le reste, lo invada, le quite sus recursos. En ese sentido, su pasión es la avaricia, pues tiene tendencia a acumular ante la creencia de que alguien llegará para intentar quitárselo, aunque no es particularmente ambicioso. No sólo es una avaricia material, sino, sobre todo, de conocimientos, de ser sobresaliente en lo intelectual. Suele ser el especialista de los especialistas desde un temperamento introvertido. No necesita en exceso la aprobación de los demás. Es muy mental y lógico.

Su punto ciego es que en ocasiones puede parecer arrogante, pues está muy preparado y profundiza mucho en los conocimientos. Tiende a menospreciar o a ignorar las opiniones o el punto de vista de los otros.

Su virtud es la generosidad, la conexión con sus emociones y sentimientos. Se abre y confía en el mundo, da y comparte con los demás, con la seguridad de que la vida fluye en un constante intercambio.

Su comportamiento se equilibra y desequilibra en E8 y E7.

En situaciones de estrés excesivo, el E5 pierde el enfoque y se desequilibra en la dispersión y la hiperactividad del E7. Esto se debe a la frustración y el agotamiento de marcar siempre las distancias. A su vez, encuentra el equilibrio en el aplomo y la contundencia del E8, lo que disminuye su tendencia a la distancia emocional con los otros.

Testimonio

Talía Guerrero, vicepresidenta de la IEA y profesora acreditada.

1. ¿Te identificaste fácilmente con tu eneatipo 5?

En general, puedo decir que me resultó fácil identificarme con mi eneatipo. Pienso que ocurrió así principalmente porque el eneagrama es un sistema que entra en nuestra vida por medio de la comprensión intelectual. Es por ello que mi mente estaba muy atenta cuando escuché la explicación en ese primer taller.

La información que me resultó más útil para generar este primer contacto y esta identificación fue la narrativa del eneatipo 5, que surge de sus heridas, especialmente, la del rechazo y la invasión. También lo que Riso y Hudson llaman los mensajes «recibidos» y «perdidos» de la niñez. En mi caso, la frase «Tus problemas no me mueven o no son necesidades reales para mí» fue la que hizo resonar mis tres centros.

2. ¿Qué sentiste cuando conectaste con tu eneatipo?

Justo al oír esta frase sentí un dolor muy profundo, una sensación de comprensión desde una voz externa que no había experimentado antes en ningún proceso de terapia o autointrospección. Fue como una epifanía y percibí con claridad cómo esas emociones me conectaban con la niña que fui, con mi narrativa interna en la forma en que yo veía y percibía a mis padres.

Aun habiendo crecido en una familia sana y funcional en la que mis padres (E8 y E1) se hicieron cargo de todo y los tres hermanos fuimos criados en un ambiente muy propicio y amoroso, yo vivía con la constante sensación de que no se comprendían mis necesidades. Constantemente corroboraba que mis preferencias y mis motivaciones diferían mucho de lo que mi familia consideraba importante y prioritario. Esto me llevaba continuamente a la búsqueda de espacios de aislamiento y tenía la sensación de ser inadecuada.

3. ¿Te ha sido útil?

Ha sido todo un viaje, un maravilloso camino de descubrimiento. Yo reconozco el eneagrama como el habilitador más poderoso que he tenido en mi vida, porque no sólo me ha permitido conocerme a mí misma con profundidad, sino que también he podido generar una empatía real con las personas que están en mi vida, tanto en lo personal como en lo profesional.

Podría decir que identificar y navegar mi eneatipo 5, más que una meta fue simplemente el inicio de un proceso muy profundo de enamoramiento de la vida. Me ha hecho más humana y más compasiva, en primer lugar conmigo misma y, sobre todo, con las personas a las que más amo.

Pasar de recibir a transmitir el conocimiento del eneagrama desde lo intelectual y llevarlo a espacios de práctica basados en la contemplación y la meditación, ha potenciado mucho mi forma de operar en el mundo, menos desde el automático del ego y más desde la conciencia libre y desde el amor.

Ficha eneatipo 6: el contradictorio

Advertencia: en el eneatipo 6 puede haber comportamientos que tienen su origen en la ansiedad o el miedo y que pueden parecer de eneatipos diferentes. El miedo puede ser motor de huida o de ataque (lo veremos más en profundidad en el apartado de los subtipos). El ejemplo de este personaje tiene que ver con la huida.

Centro principal: mental

Virtud: coraje

Pasión: miedo

Fijación mental: la desconfianza. «El mundo es un lugar peligroso; tengo que estar muy alerta o sufriré las consecuencias. Mis miedos son mi escudo.»

Flechas: E3 y E9

Punto ciego: duda

La máscara del E6 pivota sobre el miedo. Es un eneatipo que, como veremos en los subtipos, puede tener comportamientos muy distintos, pues el miedo puede ser un motor de huida o de ataque. En todos los casos, es un eneatipo que tiene una ansiedad caracterológica, es decir, que tiene un radar constante para anticipar los peligros. El miedo es un rasgo necesario en todos los seres humanos gracias al cual sobrevivimos, pero en este eneatipo es estructural, pues está constantemente resolviendo situaciones futuras en su cabeza y preparándose para ellas. Su foco es la seguridad. Suele ser una persona leal que busca referencias en personas que ganan su confianza para aliviar sus miedos.

Su punto ciego es la duda, producto de la cantidad de variantes que maneja en su cabeza para cada situación y no es extraño que, una y otra vez, llegue a la «parálisis por el exceso de análisis».

Su virtud es el coraje. Cuando conectan con su ser, desarrollan una valentía para afrontar la imprevisibilidad de la vida, con la confianza de que en nuestra naturaleza disponemos de los recursos necesarios para afrontar lo que la vida nos depare, sin la necesidad de anticipar en la mente el acecho constante de peligros ante los que hay que acorazarse.

Su comportamiento se equilibra y desequilibra en el E9 y E3.

El E6, con el foco ansioso puesto en los peligros, puede inclinarse a lo mejor del E9, su confianza y serenidad, o anestesiar sus miedos por la obtención ansiosa del logro y el éxito del E3.

Testimonio

Susana de los Reyes, profesora de eneagrama acreditada por la IEA y directora del máster en *Coaching* y Psicología de la Escuela del Real Madrid (Universidad Europea de Madrid).

1. ¿Te identificaste fácilmente con tu eneatipo 6?

He observado en todos estos años que la identificación con el eneatipo es fácil y rápida, pero la identificación con TU eneatipo no lo es. La coincidencia de comportamientos en varios eneatipos puede llevar a grandes confusiones que, en ocasiones, perduran en el tiempo. Mi entorno me veía eneatipo 1, e incluso yo lo hacía, por ser trabajadora, bastante perfeccionista y con atención al detalle. Además, soy una persona comprometida y tengo un sentido elevado de servir y cuidar a los demás, lo que me ha dado más de un disgusto, sobre todo, cuando me canso de hacerlo.

Yo no sentía la emoción de la rabia en mí, más bien al contrario; siento miedo hasta de enfadarme, y eso fue lo que me llevó a darme cuenta de que el hecho de centrarme en que las cosas estén bien hechas venía de mi temor a lo que pudiera pasar si cometía errores.

2. ¿Qué sentiste cuando conectaste con tu eneatipo?

Sentí una profunda tristeza y también una gran liberación. Pasé unos días muy revuelta; era como estar viendo una película de mi vida a toda velocidad y comprendiendo aquello que me había acompañado en cada acción, en cada decisión y en cada relación.

Con la identificación de mi eneatipo, conecté con lo que realmente me llevaría a poder vivir de una forma mucho más certera. Ahora ya sabía cuáles eran los valores que me ponían en riesgo y cuáles me alineaban con mi motivación. Eso fue lo mejor, ya que podía moverme con mayor seguridad, con esa estabilidad que es un verdadero regalo para un E6.

3. ¿Te ha sido útil?

Absolutamente. Útil para entender y para entenderme; útil para atreverme y también para darles espacio a mis preocupaciones; útil para tomar decisiones y también para buscar ayuda y acompañarme de quien me ayude a tomarlas. Por último, me ha sido muy útil para responsabilizarme de lo que he hecho y de lo que no, de lo que he dejado y también de todo lo que he conseguido gracias a mi eneatipo, que ha sido muchísimo. ¡Ah!, y me ha resultado muy útil para introducir el humor en la maravillosa vida de los E6.

Ficha eneatipo 7: el hiperactivo

Centro principal: mental
Virtud: sobriedad
Pasión: gula
Fijación mental: la planificación. «Hay que estar en contacto con los placeres y probarlo todo. Sufrir es inútil. Tengo que mantenerme en acción. Si me paro, desapareceré.»
Flechas: E5 y E1
Punto ciego: incumplimiento

La máscara del E7 consiste en desconectar cualquier sensación de dolor o vacío mediante la estimulación hiperactiva e involucrarse en experiencias agradables que lo mantengan en constante movimiento.

Es ése el sentido al que se refiere la gula en este eneatipo: a la búsqueda incesante de actividades generalmente placenteras. Su cabeza está constantemente haciendo planes, disfrutando tanto o más de la rumiación que de su ejecución. Su energía es inmensa y el sesgo positivo es constante, lo cual le provoca, con cierta frecuencia, insensibilización o falta de empatía por el dolor de los otros. Su centro es la estimulación con tendencia narcisista, pero el dolor y el sufrimiento forman parte de la vida y, cuando es inevitable, todo el dolor negado aparece y suele arrollarlo como una ola gigante.

Su punto ciego es el incumplimiento. Al involucrarse en actividades y en compromisos más allá de sus posibilidades, es habitual que caiga en territorios de incumplimiento y, al ser una variable constante en su mundo relacional, el E7 deja de percibirlos como tales.

Su virtud es la sobriedad y su capacidad para distinguir lo necesario de lo innecesario, lo esencial de lo superfluo, la moderación respecto al exceso. Es capaz de canalizar las emociones sin narcotizarse con las pulsiones hiperactivas y de aceptar que el dolor forma parte de los procesos naturales de la vida.

Su comportamiento se equilibra y desequilibra en el E1 y E5.

Centrado en la estimulación hiperactiva, el E7, cuando se frustra al conectar con sus vacíos, se puede desequilibrar en el E1, con exceso de rigidez, crítica y perfeccionismo, y equilibrarse en la capacidad para profundizar y estar centrado del E5.

Testimonio

Pedro Espadas, profesor acreditado por la IEA y vicepresidente de la Asociación Española de Eneagrama. Pedro es licenciado en Derecho y en Ciencias Empresariales por la Universidad Pontificia de Comillas.

1. ¿Te identificaste fácilmente con tu eneatipo 7?

En mi caso, como fue muchos años antes de conocer el código ético de la IEA, me colocaron directamente la etiqueta y me explicaron los motivos por los que lo habían hecho. No me pareció ni bien ni mal, porque lo que me expusieron era tan obvio que no me descubría nada: todo me encajaba perfectamente. No hubo debate al respecto. Claro, me dio un poco de pudor que se me viera el plumero con tanta facilidad, pero enseguida surgieron los comentarios elogiosos y envidiosos y, sí, me pareció una suerte que me hubiese tocado una personalidad así. Como en ese momento no sabía que podía estar en el mundo sin ejercer de E7, tampoco presté mucha más atención a mi tipo. Me daba más morbo aprender sobre los demás.

2. ¿Qué sentiste cuando conectaste con tu eneatipo?

Entiendo que te refieres a la parte vulnerable que mi tipo protege, a mis miedos e inseguridades. La verdad es que fue un alivio poder abrazar la normalidad y tener algo que trabajar, porque llevaba tiempo pensando que el tipo 7 era un eneatipo sin chicha y que me estaba perdiendo algo que los demás vivían. Dicho así parece que fue un paseíto, pero, a la vez que estos pensamientos optimistas, también tenía la sensación de tener un agujero en el pecho, como si me hubieran arrancado el corazón energético. Me costó mucho procesar lo que estaba viviendo, ya que lo que había aprendido sobre mi tipo se me quedaba corto y no tenía asideras intelectuales a las que agarrarme para mantenerme a flote. ¡Aprendí muchísimo!

3. ¿Te ha sido útil?

Siempre digo que conocer el eneagrama me ayuda a dormir tranquilo: me reconcilio conmigo antes de dormir y me vacío de planes. Asumo que el mundo seguirá sin mí si no despierto, porque no soy el centro del universo, como mi E7 considera. Eso me trae mucha paz y suelo dormir profundamente y de un tirón. Por supuesto, también me ha ayudado a moderarme en mis relaciones. Intento no ser tan manipulador y tener en cuenta los deseos de los demás, no sólo los míos. Creo que he mejorado bastante en eso, aunque no conviene confiarse, je, je, je. También me ha ayudado a ser mejor actor, porque favorece que me separe de mis patrones para abrirme a otros. Y, por último, me ha ayudado a vivir haciendo algo que disfruto y me apasiona, que me hace sentir que aporto algo y que me da sentido. ¿Qué más podría pedirle?

Ficha eneatipo 8: el poderoso

Centro principal: visceral

Virtud: inocencia

Pasión: lujuria

Fijación mental: la venganza. «La vida es una selva y sólo los grandes depredadores sobreviven. La debilidad te convierte en presa. Tengo que ser poderoso y mantener un alto grado de intensidad y fuerza o me harán daño.»

Flechas: E5 y E2

Punto ciego: abuso

La máscara del E8 es la de una persona intensa que cumple el prototipo de tipo duro o mujer con carácter. Tienen una gran carga energética y su instinto es muy reactivo. Pueden estar muy tranquilos y en décimas de segundo activarse un auténtico terremoto combativo por tierra, mar y aire.

Son muy frontales y no suelen estar conectados ni con el miedo ni con la culpa. En nuestra sociedad, se los identifica con las características prototípicas del macho alfa. De hecho, las mujeres E8 suelen tener dificultades para mostrarse abiertamente, porque no encajan en los comportamientos esperables en el protocolo social. En general, y de manera más o menos explícita según el subtipo, tienden a la dominancia y a tener poder y ejercerlo sin complejos. En su ser hay una persona muy sensible e inocente que tuvo que amurallarse detrás de una fortaleza muy combativa.

Su punto ciego es el abuso, pues se cree merecedor de tener el poder y el control en todos los territorios, físicos y emocionales. Se mueven en la polaridad de «conmigo o contra mí».

Su virtud es la inocencia, desde una sensibilidad extrema y una vulnerabilidad consciente. La conexión con su virtud transforma al E8 en una persona magnánima y generosa, que utiliza su enorme capacidad energética para convertirse en un líder referente del bien con una gran empatía.

Su comportamiento se equilibra y desequilibra en el E2 y E5.

Cuando el E8, que se enfoca en el poder y el control, se descentra, puede inclinarse al aislamiento y la frialdad característicos del E5, y se equilibra con la acción generosa, empática y conectadora del E2.

Testimonio

Margarita Guerra Vázquez, presidenta de la Asociación Española de Eneagrama y miembro de la junta directiva de la IEA. Es profesora de eneagrama acreditada por la IEA y *coach* profesional. Margarita es licenciada en Derecho y máster en Derecho de las Telecomunicaciones y TIC.

1. ¿Te identificaste fácilmente con tu eneatipo 8?

Fue un proceso que me llevó un tiempo. No me costó descartar rápidamente algunos tipos que me resultaban totalmente ajenos. Después venía el siguiente paso: decidir cuál era el mío de entre los que me resultaban más familiares. Aquí empieza la diversión y, para mí, el verdadero primer regalo que nos trae el eneagrama: la exploración. Me veía identificada en los rasgos y las motivaciones de varios tipos: en la búsqueda de conexión con los demás del eneatipo 2; en el estilo directo, la búsqueda de justicia y la tendencia a estar al mando de las situaciones del eneatipo 8, y también, en parte, en la exigencia y autocrítica del eneatipo 1.

En este proceso, hay un factor que hay que tener en cuenta y que nos puede jugar en contra y es la tendencia a identificarnos con una imagen idealizada de lo que nos gustaría ser. En mi caso, esto inicialmente me llevó a identificarme con el eneatipo 2, tras la sugerencia de mis primeros profesores de eneagrama, y he de confesar que estaba encantada con la idea de ser una persona generosa, atenta y volcada en los demás. Sin embargo, a la vez, hay ciertas imágenes estereotipadas que nos producen rechazo, como me ocurrió con el eneatipo 8, sobre todo, cuando te lo describen prácticamente como un potencial mafioso y un abusón. ¿Quién quiere ser como Donald Trump o como el protagonista de *El Padrino*?

Todo ello me llevó a quedarme bastante cómodamente instalada en el eneatipo 2 durante una buena temporada, aunque he de reconocer que desempeñar el rol de persona buena y servicial, siempre volcada en los demás, me resultaba un tanto agotador, ya que soy bastante visceral y estoy muy conectada con la emoción de la ira, que es tanto mi motor como a veces mi perdición.

2. ¿Qué sentiste cuando conectaste con tu eneatipo?

Para mí no fue una experiencia agradable. Poco a poco, con el tiempo, fui siendo más consciente de que me estaba intentando calzar un zapato que no era de mi talla y comencé a tener conversaciones sobre mi tipo con otros profesores de eneagrama. De este modo, me di cuenta de que, más allá de las descripciones estereotipadas, mis motivaciones y mi forma de desenvolverme en el mundo son las propias del eneatipo 8. He de decir que no me resultó fácil: fue como una patada en el estómago reconocer las sombras de mi tipo y reconocerme en ellas. Sin embargo, a partir de entonces, comencé a recorrer un camino con mayor conciencia de quién y cómo soy y de «negociación» con mi E8 para evitar que me siguiera metiendo en los mismos problemas.

3. ¿Te ha sido útil?

¡Muchísimo! Identificarme con mi eneatipo cambió la forma de verme a mí misma y a los demás. Sólo podemos actuar respecto a aquello de lo que somos conscientes. Reconocerme en el E8 me permitió mejorar mucho mis relaciones familiares, laborales y sociales. También me ha permitido ver y comprender a las personas a otro nivel y ser consciente de que el eneagrama nos habla de nueve tipos que explican nueve formas de estar y de sufrir en el mundo; que todo el mundo tiene sus batallas y sus contradicciones internas y que cuando las personas son reactivas o se muestran retraídas en sus interacciones con los demás tiene mucho que ver con sus propios procesos internos de malestar. Ser consciente de esto me permitió sustituir en mis relaciones con los demás la ira por la compasión y el juicio por la curiosidad, lo que me brindó el regalo de poder conocer realmente a las personas.

Sin embargo, también he de decir que el trabajo comienza con la identificación y, a partir de ahí, es una labor diaria que requiere observación, voluntad y también compasión por uno mismo cuando te descubres cayendo de forma automática en los patrones de tu tipo. La identificación es sólo el principio de la aventura.

Ficha eneatipo 9: el pacificador

Centro principal: visceral

Virtud: diligencia

Pasión: pereza

Fijación mental: la indolencia. «Si me adapto y acompaño el deseo de los otros, me apreciarán y no tendré conflicto. Lo mejor es no buscarse complicaciones. Si soy diligente con mis deseos y con mi ser, me arriesgo a desaparecer en el conflicto.»

Flecha: E3 y E6

Punto ciego: procrastinación

La máscara del E9 se compone de un exceso de adaptabilidad y conlleva una renuncia a sus propios deseos y anhelos, puesto que antepone los del otro o los otros para evitar el conflicto.

Tienen un sesgo de justificar todas las situaciones y comportamientos para evitar entrar en conflicto y que haya un clima de paz y armonía. Paradójicamente, son personas con una gran fortaleza, pero la manifiestan con una agresividad pasiva, sin acción, ni en un sentido ni en el otro, evitando en todo momento una lucha abierta.

La pereza de mirar dentro de sí mismos los hace llegar a niveles extremos de desconexión interna, que sustituyen con la conexión que integra los deseos de los demás. Se le considera el auténtico ayudador del eneagrama (sobre todo, el subtipo social). En su ser hay una persona con una diligencia esencial para conectar consigo misma, y es una fuente de paz y armonía auténtica y no artificial mediante su máscara.

Su punto ciego es la procrastinación de sus propias necesidades, en el sentido de un olvido extraordinario de sí mismo en beneficio de centrarse en las necesidades de los demás. También la toma de conciencia de que el conflicto forma parte de las relaciones humanas y que a veces no afrontarlo a tiempo da lugar a un conflicto de gran alcance a destiempo.

Su virtud es la diligencia para ser y mostrarse al mundo, con su enorme potencial para aportar paz y armonía auténticas, sin miedo al conflicto y apartando los comportamientos extremos de renuncia para evitarlo.

Su comportamiento se equilibra y desequilibra en el E3 y E6.

Al centrarse en evitar el conflicto, el E9, cuando se descentra, puede tender al miedo y la ansiedad característicos del E6, y se equilibra con la acción proactiva y potenciadora del cumplimiento de objetivos del E3.

Testimonio

Adelaida Harrison, profesora acreditada por la IEA, escritora y cofundadora del Enneagram Coaching Center. Adelaida es *coach* profesional y máster en Educación Neurocognitiva y Estudio.

1. ¿Te identificaste fácilmente con tu eneatipo 9?

¡Sí! Fue la primera personalidad que nos presentaron y no paré de reírme en toda la clase. Me enamoré del eneagrama inmediatamente porque me preguntaba: «¿Cómo es posible que esta mujer sepa más de mí que mi esposo?».

Lo mejor fue que al terminar la clase le dije a Andrea, mi primera maestra: «Fíjate que me parece que soy un E9, pero no estoy enfadada y tampoco soy perezosa». Como mi subtipo es social, soy mucho más activa que el 9 que describen los libros, pero la pereza mueve mi vida.[7] Lo que sí me ocurrió es que tardé mucho en identificar mi subtipo, porque me identificaba con todos.

2. ¿Qué sentiste cuando conectaste con tu eneatipo?

Creo que tardé varios años en tomar conciencia de lo que significa el E9, del gran enfado que reprimimos, y tardé aún más en conectar con el dolor tan profundo de no haber sido vistos. Lo primero con lo que conecté fue con la pereza. Me di cuenta de que siento una contracción en el estómago cuando siento pereza, que me mueve a olvidar el asunto para recobrar la paz.

3. ¿Te ha sido útil?

Es una herramienta que cambió mi vida, por ello me dedico a enseñarlo. Me transformó de manera amable y paulatina y aún hoy sigo descubriendo cosas muy profundas de mí gracias al eneagrama.

Algo que me sirvió mucho es entender que nos quedamos callados y no ponemos límites porque sentimos que no merecemos. Aprender a trabajar mi eneatipo desde la raíz me ha servido en mi trabajo personal, pero más aún para poder lograr cambios radicales con las personas a las que acompaño.

7. Esta reflexión de Adelaida puede parecer contradictoria pero no lo es. El concepto «pereza» como pasión del E9 está relacionado con la indolencia para conectar con los propios deseos, anhelos y sentimientos desde la creencia de que así evita el conflicto. No se refiere al tópico habitual de persona vaga o perezosa. De hecho, los E9 suelen ser personas activas e incluso en algunos casos *workaholic*, sobre todo, el E9 social.

6

Identidad instintiva: instinto de conservación, social y sexual-transmisor

> Has de poner los ojos en quien eres, procurando conocerte a ti mismo, que es el más difícil conocimiento que puede imaginarse.
>
> Don Quijote de la Mancha a Sancho antes de que lo nombraran gobernador de la isla Barataria

Conocer nuestra identidad instintiva y combinarla con nuestro eneatipo nos ofrece un mapa formidable de nuestro comportamiento y, por ende, del de los demás.

Si descodificar nuestro eneatipo no es fácil, hacerlo con el de los demás lo es aún menos. El eneatipo nos conecta con nuestras motivaciones más estructurales y desenmascara el código fuente de nuestra personalidad. Su mayor dificultad estriba en que un mismo comportamiento externo puede obedecer a cada uno de los nueve patrones de personalidad, pero debe integrar otros ingredientes, además de las circunstancias concretas de cada persona, para que se confirme un eneatipo u otro. En cualquier caso, los eneatipos nos ofrecen una autopista de información que en sí misma es un tesoro, al margen de ser más o menos certeros en las identificaciones.

Integrar en nuestra manera de vivir y de relacionarnos el hecho de que detrás del personaje (ego) hay una esencia que está protegida y amurallada nos ofrece una mirada compasiva hacia nosotros mismos y, por supuesto, hacia los demás seres humanos. Por ejemplo, cuando somos capaces de ver que detrás de un posible comportamiento agresivo de un eneatipo 8 hay un ser humano que protege su vulnerabilidad o detrás de un vanidoso eneatipo 3 hay una persona que busca nuestro cariño por medio de la reivindicación de sus logros, la perspectiva cambia por completo. Por supuesto, en la relación con nosotros mismos, cuando somos capaces de ver, desde la conciencia, por dónde nos lleva nuestro personaje, podemos adoptar medidas para que no nos devore.

Pero ¿a qué nos referimos cuando hablamos de **identidad instintiva** y su relación con el eneatipo?

Hasta este momento, he vivido en dieciséis casas y he dado unas diez señales de compra sin haber comprado finalmente. Unas veces he podido recuperar la señal y otras no. Pues bien, mi identidad instintiva me ha dado muchas claves en relación con este comportamiento nómada y otros muchos compulsivos que he tenido en mi vida. Espero que al final de este capítulo tú también lo comprendas.

Los instintos son un territorio común entre los animales y los seres humanos. Mientras que la parte más evolucionada de nuestro cerebro, el neocórtex, nos diferencia como seres racionales y posibilita nuestra posición dominante entre los seres vivos del planeta Tierra, nuestros instintos nos colocan en desventaja. Esto se debe a que los instintos de los animales suelen responder de manera proporcionada y equilibrada a las exigencias del entorno, mientras que los de los seres humanos quedan sesgados durante la primera etapa de nuestra vida, la niñez, por las experiencias que vivimos al interactuar en un medio cultural rebosante de creencias, lo cual crea nuestra identidad instintiva.

Son tres los instintos que conjugamos con el eneagrama:

- Conservación o supervivencia
- Social
- Sexual o transmisor

En la niñez construimos un mecanismo inconsciente que da más importancia a un instinto que a otro, de tal modo que nuestra respuesta instintiva, en vez de ser como la de los animales, proporcionada y adecuada al estímulo externo, queda sesgada por nuestras creencias y experiencias, lo que marca de manera relevante nuestros comportamientos, nuestras relaciones con los demás y sus consecuencias. Así nace la identidad instintiva.

Definamos a continuación estos tres instintos:

- **Instinto de conservación**. Tiene que ver con la supervivencia, el autocuidado, la salud, el hogar, los recursos... y actúa como motor para mantener la vida. Se centra en componentes eminentemente prácticos como el dinero, la consistencia, la estabilidad y la seguridad. También se enfoca en el mantenimiento de las tradiciones, en la creación y el seguimiento de procesos y rutinas y en el cumplimiento de las reglas como elementos de apoyo.
- **Instinto social**. Se enfoca en «la manada» y en el lugar que ocupamos dentro de ella, cómo nos relacionamos y cómo se relacionan en el grupo («Si yo cuido de la manada, la manada cuidará de mí»). Prioriza las relaciones sociales como fuente de seguridad. Para ello se centra en saber quién es quién en los grupos, cuál es la posición y el papel que desempeña cada persona, de qué manera se establecen las relaciones y cuáles son las dinámicas en los distintos grupos de los que formamos parte: familia, amigos, trabajo, etcétera.
- **Instinto sexual o transmisor**. Aclaro que, a efectos del eneagrama, añadimos el concepto *transmisor* al de *sexual*, acuñado por el autor norteamericano experto en eneagrama empresarial Mario Sikora, pues tiene un sentido más amplio que el de sexualidad, aunque también lo contiene. Se refiere a la necesidad de dejar huella e impactar en nuestro paso por la vida. Claro está que su máxima expresión está en la sexualidad, pero también puede ser escribir un libro, dirigir una película o hacer un regalo maravilloso a la persona amada. El centro es la necesidad de transmitir, llegar al otro, atraer, seducir, ser elegido, persuadir y, en definitiva, influir.

Identidad instintiva

La identidad instintiva se refiere a cómo una persona se identifica o relaciona con su instinto dominante, es decir, el instinto que tiene mayor influencia en su personalidad y su comportamiento. Esta identidad instintiva afecta a la forma de ver el mundo de la persona y a su toma de decisiones.

El instinto ciego es el instinto que menos atención recibe de los tres o aquél del que una persona tiende a ser menos consciente; muchas veces se pueden descuidar o pasar por alto las necesidades asociadas al instinto ciego. La identidad instintiva también puede estar relacionada con el instinto ciego, ya que puede influir en cómo una persona se percibe a sí misma en relación con las necesidades de su instinto dominante en contraposición a su instinto ciego.

En el libro vamos a desarrollar la identidad instintiva centrándonos en la relación del instinto dominante de una persona con el eneatipo. A partir de esa combinación distinguiremos tres formatos distintos que, desde un mismo motor, generan tres comportamientos externos diferentes, a los que denominaremos subtipos.

Para que tú, amigo lector, comprendas esta idea, voy a compartir contigo un ejemplo real.

Haber vivido en dieciséis casas y el hecho de haber dado unas diez señales para comprar un inmueble, de las que después me arrepentí, y otras decisiones de mi vida en esa línea delatan claramente cuál es mi instinto dominante: el sexual o transmisor. Esto no es bueno ni malo en sí mismo, ya que a veces me ha traído grandes satisfacciones y disfrutes. Lo malo es no ser consciente de ello y que se te pueda llevar por delante.

En mi caso, ocurrió en una etapa de mi vida en la que mi «objeto de deseo» —en el que se enfoca de una manera extrema la energía de la persona que tiene este instinto dominante— fueron las inversiones en Bolsa. La obsesión por conseguirlo estuvo a punto de arruinarme. Hace ya muchos años de esto y por aquel entonces no conocía el eneagrama de la personalidad ni cómo se activa mi instinto dominante hasta secuestrarme gran parte de las neuronas del cerebro para conseguir el objetivo.

Por otro lado, mi instinto ciego es el de conservación, lo cual también a veces me ha llevado a pasar temporadas muy complicadas por agotamiento nervioso, porque he estado mucho tiempo desconectado de las necesidades del cuerpo y sólo me he dedicado a conseguir mis objetos de deseo, sobre todo, en el campo profesional.

El instinto que manejo más equilibradamente es el social, con una consecuencia muy positiva: mi gasto de energía es mucho menor que cuando me activo en los territorios de los otros dos instintos.

Tengo un buen amigo cuyo instinto dominante es el de conservación. A veces es magnífico tenerlo cerca, pues se acuerda de las medicinas que tienes que tomar o de reservar en la zona más confortable del restaurante. Otras estar con él es un agobio; por ejemplo, cuando te está recordando varios días antes de un viaje que hay que estar en el aeropuerto con dos horas de antelación y te lo dice diez veces o te insiste en la necesidad de hacerte un chequeo médico de todo el cuerpo porque compartes con él que tienes un simple dolor de garganta.

Una aclaración importante respecto al instinto social es que no necesariamente implica ser sociable, aunque suele coincidir. Un buen ejemplo es mi mujer. Ella siempre se enfoca en la manada, en el grupo social, ya sea la familia o el equipo de pádel, pero su temperamento tiende a la introversión hasta que se siente confiada y ha calibrado bien quién es quién en los respectivos grupos.

Por tanto, aunque tengamos un instinto dominante, a diferencia del eneatipo, que es fijo, las situaciones de la vida pueden activar uno u otro de manera exagerada sin que sea el dominante. Por ejemplo, cuando nos comunican una enfermedad grave, se activará al máximo nuestro instinto de conservación. También cuando una mujer se queda embarazada: el instinto de conservación se dispara y provoca el conocido fenómeno de preparación del nido para asegurarse el máximo confort y la máxima seguridad en el entorno para la llegada del bebé.

En la etapa inicial de una relación de pareja estamos muy conectados con nuestro instinto sexual o transmisor; buscamos fusionarnos con el otro. O, si nos hacen un homenaje importante, lo más probable es que nuestro instinto social tome el mando y se centre en nuestro papel en el grupo. Sin embargo, en la normalidad de la vida, nuestra identidad instintiva sesgará nuestros comportamientos, con un instinto dominante u otro.

El trabajo que debe hacer uno mismo radica en intentar equilibrar nuestros tres instintos principales y dar, igual que los animales, una respuesta instintiva proporcionada a la situación que estamos viviendo. Para ello, primero hay que tomar conciencia de cuál es nuestra identidad instintiva.

La combinación del eneatipo con la identidad instintiva nos dará un mapa formidable de nuestros comportamientos y muchas de las respuestas a la pregunta «¿cómo somos?», así como pistas acerca del «¿cómo son?». En los capítulos posteriores buscaremos su aplicación práctica en áreas muy importantes de nuestra vida, como la familia, la pareja, el dinero o nuestra profesión.

Las personas que comparten eneatipo pueden tener comportamientos diferentes en función de cuál sea su nivel de desarrollo y, sobre todo, de cuál sea su nivel de conciencia sobre cómo funciona su personaje en la vida, su eneatipo.

El ego, como el agua, siempre encuentra hueco y aparece cuando menos lo esperamos. Cierto es que resulta muy útil para algunas cuestiones y, aunque su intención es protegernos de nuestras inseguridades, en la mayoría de las ocasiones nos quita calidad de vida y agota nuestras energías inútilmente.

Un factor diferencial del comportamiento en personas con un mismo eneatipo es también su instinto dominante. Aunque su arquitectura interna sea la misma —referida a las características de cada eneatipo—, su comportamiento externo puede ser muy diferente según si domina el instinto de conservación, el social o el sexual-transmisor.

Te propongo que hagas una reflexión sobre cuál es tu instinto dominante. Al contrario que el eneatipo —cuya identificación suele ser más compleja, pues hay que bucear en las motivaciones internas, a veces muy enterradas—, descubrir nuestro instinto dominante y el de los demás suele ser sencillo. Sólo hay que investigar sobre la letra y la música de los comportamientos externos.

Descripción de los eneatipos con su instinto dominante

Eneatipo 1

Recordemos que su pasión es la ira (generalmente contenida) y su virtud, la serenidad. Su mirada hacia el mundo está polarizada: es perfecto o es imperfecto. Son viscerales.

Conservación: «los perfectos» (impolutos)

Desde una sensación íntima de imperfección, se centran en perfeccionarse a sí mismos, buscando la excelencia en sus comportamientos. Tienen una nube de preocupación constante con cierto sesgo pesimista de que algo va a salir mal (se puede confundir con el eneatipo 6). Son personas extremadamente responsables y autoexigentes.

De los tres subtipos del E1, el conservador es el que más contiene la ira y el que más esfuerzos hace por ser flexible y adaptable, dentro de la rigidez y la tensión tan características de este eneatipo.

Son muy adoctrinadores respecto a los valores relacionados con el buen hacer; son ejemplo vivo de sus discursos y muy activos luchando por sus convicciones morales. Como buen conservador, el E1 es muy terrenal a la hora de esforzarse para cubrir sus necesidades. Se puede llegar a obsesionar por la salud, el dinero, el trabajo, los recursos, el cuidado del hogar..., siempre con un barniz muy marcado de ser impoluto en sus comportamientos, lo que lo lleva frecuentemente a la ansiedad propia, y también ajena, por contagio.

Social: «los perfeccionistas inadaptados»

Es el más inflexible de los tres subtipos. Tiene en la cabeza un marco de cómo deben ser y funcionar las cosas, y siempre se relaciona con los demás desde un sentido moralista y ético y desde esa estructura fija. Sus intentos de adaptarse a otros parámetros suelen ser impostados, ante el convencimiento íntimo de que sus reglas son las únicas aplicables, por lo que tiende al aislamiento.

Se esfuerzan por dar una imagen «aristocrática» y altiva desde donde marcar la distancia con los demás, tratando de ser un ejemplo de perfección. Imponen mucho respeto. Se enfocan en lo social, en cómo deberían ser las cosas en el ámbito colectivo (reglas, normas, valores... frente al grupo). Esto los lleva a interesarse menos por las cuestiones individuales. Se reprimen mucho tanto al expresar sus emociones como al mostrar sus instintos.

Sexual o transmisor: «los vehementes perfeccionadores»

Es el eneatipo 1 que menos E1 parece. Aunque comparte su estructura y sus motivaciones internas con los otros dos subtipos, su instinto sexual o transmisor dominante lo conduce a un comportamiento externo diferente.

No contienen tanto la ira; son más explosivos y muy vehementes. A pesar de que tienen la rigidez propia del E1, su ansiedad se manifiesta más en el cuerpo y los movimientos, ya que son muy impulsivos.

Se enfocan en perfeccionar a los demás, centrándose en su objeto de deseo, en las relaciones íntimas, en el cara a cara, en el que son apasionados e idealizadores. Su forma de querer se basa en aleccionar al otro, en buscar la perfección en su afán obsesivo por mejorarlo. Su temperamento enérgico —y a veces colérico— puede llevar a la confusión, pues es parecido externamente al «envoltorio» del eneatipo 8, a lo que se añade que, además, es muy controlador.

Por un lado, se muestran al mundo como referentes de la moralidad y el buen hacer (típico de los E1), con el consecuente desborde de sus instintos y, por otro, no es extraño que terminen llevando una doble vida que representa ambas caras de la misma moneda.

Eneatipo 2

Recordemos que su pasión es el orgullo y su virtud, la humildad. Su mirada hacia el mundo va de la máxima conexión a la desconexión. Son emocionales.

Conservación: «el príncipe» (privilegio)

Es el subtipo que más reconoce sus necesidades y acepta la ayuda de los demás, aunque no pide ayuda, sino que la espera del otro. Admite no ejercer siempre el rol de imprescindible y de proveedor para los demás y acepta de buen grado que lo provean. Se enfoca en recibir la «atención privilegiada» desde la estrategia relacional de un niño que lo merece todo y busca, con una imagen de aparente fragilidad y con mucho encanto, la protección, el amor y el cuidado. Esto lo hace ser muy dependiente, pero siempre desde su condición de privilegio. Aunque es el E2 al que menos se le percibe el orgullo cuando acepta de buen grado la ayuda de los demás, sí que intenta ocupar el rol de imprescindible, pues también es detallista y ayudador.

El amor es el epicentro de su mundo relacional: «Me quieren, me aceptan, me miman». Pero ¡atención!: si percibe rechazo o ingratitud, su temperamento puede resultar muy explosivo, como el de un niño, con sus enfados tan emocionales y egocéntricos.

Social: «el rey» (ambición)

El orgullo, su pasión, lo lleva a ser una persona destacada, valorada socialmente y con poder. Aun siendo un tipo emocional, es el subtipo más analítico y estratégico de los tres.

Tiene una gran ambición por ocupar un rol destacado en sus relaciones sociales. Le fascina el poder y es muy líder, aunque no es extraño que lo ejerza de manera delegada, es decir, que sea el poder detrás del poder.

Es muy seductor y tiene una enorme capacidad para tejer redes de influencia. Se centra en ser imprescindible para el grupo social ocupando el rol de gran proveedor de necesidades ajenas («Yo sé lo que necesitan»), sobre todo, respecto a las personas que considera destacadas. Por el contrario, acepta mal la ayuda explícita («Yo no necesito nada, estoy sobrado»). Paradójicamente, en un enfado, puede llegar a echar en cara que nadie se haya dado cuenta de sus necesidades, en contraste con su ayuda constante a otros.

Podría confundirse fácilmente con un E3 social, pero, a diferencia de éste, el E2 social no busca en la mirada del otro la valoración del logro y el éxito, ya que se siente poco valioso, sino el reconocimiento de su condición de persona privilegiada y elegida. Además, el E2 social es menos adaptable y más temperamental que el E3 social.

Sexual o transmisor: «el emperador» (conquistador)

Son extremadamente seductores y la atención de su conquista no suele dirigirse a grupos, sino a personas concretas a las que consideran merecedoras de su atención.

Este subtipo suele identificarse más con el rol femenino de *femme fatale*. En el caso de los hombres, en tanto que se masculinizan las características, puede confundirse fácilmente con un E8 por su agresividad, su aparente invencibilidad y su energía desbordante.

Su prioridad en las relaciones es atravesar las barreras de la intimidad, por lo que pueden llegar a ser muy invasivos y manipuladores. Difícilmente aceptan un «no» como respuesta. Su prioridad es la pareja, aunque, paradójicamente, su necesidad compulsiva de conquistar, salvo excepciones, trae como consecuencia que sus relaciones no sean de larga duración.

Son muy emocionales, pasionales y se mueven en el binomio del «todo o nada». Se enfocan al máximo en sus objetos de deseo, que pueden no ser sólo personas, sino también objetivos profesionales o aficiones.

No aceptan bien los límites y les encanta ir a contracorriente.

Eneatipo 3

Recordemos que su pasión es la vanidad y su virtud, la autenticidad. Su mirada hacia el mundo se centra en la búsqueda de reconocimiento en la mirada del otro: destacar o no destacar. Son emocionales.

Conservación: «el seguro» (exitoso)

De los tres subtipos del E3, éste es el que menos lo parece externamente, porque es muy difícil de identificar. Esto se debe a que, aunque su pasión es la vanidad, la enfocan en buscar la valoración de los demás por sus logros y objetivos, generalmente en el universo de lo material («Soy lo que tengo») y no en ser el centro de atención.

Son introvertidos y tienen una apariencia más rígida que los otros dos subtipos, lo que hace que puedan confundirse con un E1. Sin embargo, a diferencia de éstos, se centran, como los E3, en estar muy atentos a las miradas ajenas y al reconocimiento por lo que hacen, por su productividad.

Son muy productivos y pueden ser *workaholic* en su empeño por encontrar seguridad en su vida, sobre todo, en el aspecto material. Son especialistas en sobrevivir y también pueden ser muy protectores del bienestar de las personas de su entorno.

Es un subtipo emocional, pero, paradójicamente, es un experto en contener sus emociones, hasta el punto de olvidarse de sus propias necesidades en favor de conseguir sus objetivos, siempre centrándose en la búsqueda de la seguridad material.

Social: «el prestigioso»

Este subtipo enmarca las características generales mediante las cuales se suele explicar el marco comportamental del E3 en las formaciones de eneagrama, lo que deriva en una dificultad para integrar los otros dos subtipos. Es algo que ocurre en todos los eneatipos cuando descendemos a la concreción de los subtipos, aunque, en el caso del E3 y el E6, sucede de manera más acusada.

El subtipo social del E3 es el más sensible de los tres a la imagen de prestigio y éxito y la busca con empeño. Al contrario que el subtipo en el que domina el instinto de conservación, es sencillo de identificar por su constante exposición para tener éxito y ser el centro de atención. Es muy camaleónico y, para conseguirlo, adaptará su comportamiento a lo que las circunstancias exijan. Con un E3 social es habitual la sospecha de «no puede ser todo tan bueno». Son excelentes en el campo del marketing, muy competitivos e incansables en el trabajo.

Pueden llegar a mostrar un fuerte temperamento si peligra su rol exitoso, pero habitualmente son personas que exhiben su mejor cara con carisma y seducción. Desarrollan un radar especial para captar a los grupos de personas relevantes e integrarse en ellos.

Sexual o transmisor: «el atractivo» (hechizante)

Este subtipo enmarca el comportamiento de la estética del felino. A diferencia de ellos, tienen conciencia de su belleza y necesitan hechizar a los demás con su atractivo. También comparten con el felino un temperamento desconfiado, pues son muy tímidos, con una fragilidad hechizante.

Necesitan percibir el deseo del otro, pero, a la vez, mantenerse a distancia de la acción que implica ese deseo. Suelen centrarse en la pareja o en la búsqueda de ésta y, cuando la consolidan, muestran sus aspectos más dulces y amorosos, como los gatos cuando se arrullan, y se vuelven muy dependientes.

Suelen ser personas que desarrollan un gran *sex appeal*, con un aura de dulzura, aunque, en contraste, pueden volverse muy frías y distantes.

Son muy exhibicionistas y extremadamente vulnerables a la crítica y a la opinión de los demás y se enfocan en impactar con su atractivo y enamorar. Es el E3 más emocional.

Eneatipo 4

Recordemos que su pasión es la envidia, y su virtud, la ecuanimidad. Sus esfuerzos van dirigidos a marcar sus diferencias y singularidades respecto a los demás. Son emocionales.

Conservación: «el tenaz» (sufrido)

A este subtipo de E4 lo impulsa el mismo motor que a los otros dos subtipos: la envidia en su comparación con los demás. Sin embargo, su comportamiento externo es muy diferente: busca sentirse especial desde una actitud de resistencia al sufrimiento, mostrando externamente una gran fortaleza para resistir; de ahí, su fama de tenaz.

Su lamento es pasivo, con una actitud de resignación y aceptación frente a los avatares de la vida. No es como los otros subtipos, que son más expresivos en su sufrimiento. Es muy trabajador, resistente y resiliente. Se muestra al mundo reprimiendo su habitual tristeza interior («Soy especial porque resisto»).

Suele cuidar su imagen y darle un toque diferente con pequeños detalles. En su interior se siente un incomprendido y considera que el mundo no valora sus esfuerzos, aunque raramente exterioriza esos sentimientos. Puede llegar incluso a sesgarlos en positivo reprimiéndose y trasladando una imagen de serena aceptación de sus «sacrificios», lo que lo hace parecer, en ocasiones, masoquista. Su temperamento es profundo y emotivo.

Social: «el vergonzoso» (sufridor)

Este subtipo es el prototipo que se utiliza para explicar al E4. Tiene una profunda sensación de no estar nunca a la altura de las circunstancias y hace de ello un «mantra de sufrimiento» en su búsqueda constante por marcar las diferencias con el mundo. Se avergüenza de ser como es y lo manifiesta. Además, paradójicamente, desde ese rol se puede convertir en la referencia de los grupos sociales con los que se relaciona.

Las personas de este subtipo son muy nostálgicas y románticas. Hipersensibles a las críticas, pueden flagelarse públicamente, pero no admiten fácilmente las correcciones o los reproches externos. Se sienten muy bien, reforzadas en su máscara, cuando se las compadece.

Tienen una enorme capacidad empática con el dolor ajeno, los energiza conectar con personas que sufren y suelen convertirse en referentes en situaciones complicadas en la vida de los demás.

Es el subtipo más emocional. No siente rubor por llorar y compartir su sufrimiento, lo que le puede llegar a servir de vía para manipular a los demás. Es el subtipo que más se queja.

Sexual o transmisor: «el competidor» (insufrible)

Este subtipo es, en mi opinión, uno de los que tienen injustamente la peor fama del eneagrama, pues, como todos los demás, esconde una carencia defendida mediante una máscara o personaje. Sí que es cierto que en este caso la máscara puede hacer sufrir en exceso cuando el personaje está muy activado, en la misma medida que ellos mismos sufren con sus intensidades.

El término *competidor* no lo es en el sentido en que lo puede ser el E3 por el éxito o el E8 por el poder y el control, sino por señalar su «ser especial y diferente» de manera histriónica y con mucha intensidad en el momento en que se le activa la envidia comparativa propia del E4.

Tienen una enorme potencia y pueden confundirse fácilmente en lo externo con un E8 por su agresividad. Están muy orientados a la acción y tienen una constante sensación de sufrimiento que compensan provocando el sufrimiento de los demás. Al contrario del subtipo en el que domina el instinto de conservación, entierran su vergüenza y son expansivos para reclamar lo que es suyo y creen que les pertenece por su condición de ser «diferentes».

Eneatipo 5

Recordemos que su pasión es la avaricia, y su virtud, la generosidad. Sus esfuerzos van dirigidos a marcar la distancia con los demás para evitar que le resten. Son mentales.

Existe una gran dificultad para distinguir los subtipos del E5, debido a que su comportamiento externo suele ser neutro.

Conservación: «el solitario» (amurallado)

Tiende a buscar un espacio vital, incluso físico, donde sentirse protegido y sin el riesgo que implica la cercanía emocional o física con los demás.

Es tímido, introvertido, analítico, perspicaz, intelectual y, sobre todo, está muy centrado en los temas terrenales relacionados con la conservación y la supervivencia. Hace gala de su austeridad y su contención por los excesos y placeres de la vida. Es el subtipo que más se aísla y no es fácil de conocer.

Señala muy bien los límites, pero sin rebatir ni oponerse, sino con un lenguaje no verbal y una energía distante con los que marca su territorio. Vive las relaciones humanas en su imaginación. Sus diatribas le agobian y se genera un mundo mental al margen del real. Tiende a acumular no sólo bienes materiales, sino también conocimientos, que comparte con cuentagotas.

Dado que este eneatipo, con su carácter austero y solitario, puede tener una relación opuesta y extrema con el dinero, podría ser muy rico o un falso pobre.

Social: «el especialista» (elitista)

Es el subtipo más intelectual y relacional del grupo de los E5, dentro del temperamento tendente a la introversión característico de este eneatipo.

Centra su foco en acumular conocimientos. Su forma de relacionarse con el mundo es por medio de la intelectualización de todo lo que le rodea, lo que suele permitirle tener un rol destacado como «experto». Quiere llegar al fondo de las cosas, entenderlas e investigarlas y su pantalla frente al mundo radica en sus especializaciones, que le permiten esa distancia emocional y física tan necesaria para el E5. No es extraño que en el entorno se le considere un sabelotodo con fama, a veces, incluso de pedante.

Es social, pero esta sociabilidad se enmarca en un vínculo con grupos de su interés a partir de lo intelectual. En ese sentido refiero el concepto *elitista*, es decir, para pertenecer a su grupo de relación hay que pasar unos filtros que no están al alcance de cualquiera.

Está siempre inmerso en la búsqueda para encontrar ese conocimiento escondido que lo conduzca a la felicidad.

Sexual o transmisor: «confianza» (en exclusividad)

Es el subtipo del E5 más emocional y extrovertido, dentro del temperamento frío característico de este eneatipo. En términos coloquiales diríamos que es «el romántico» de los E5. Se centra en encontrar a una persona única, merecedora de su amor y en la que pueda depositar toda su confianza desde la exclusividad de la relación.

Es el menos tipo 5 de los E5 y puede incluso confundirse con un E4. Se mueve entre la polaridad de su desconfianza natural y el deseo de encontrar a una persona que rompa esas barreras y con la que pueda llegar a las cotas máximas de intimidad.

Como todos los sexuales o transmisores, su especialidad es la relación de tú a tú, pero, en este caso, no pasa a la acción fácilmente, sino que se mueve en la dualidad acercamiento-separación, es decir, que hay más imaginación que realidad, ya que muchos de sus acercamientos sólo ocurren en su mente, pero no en el mundo físico.

Es el subtipo que menos se acoraza en lo intelectual, aunque siempre responde a las características centrales del E5 en lo relativo a valorar mucho el conocimiento y ser experto en lo suyo.

Como buen E5, sueña con vivir en un mundo personal y paralelo, pero, a diferencia de los otros subtipos del E5, su ideal es hacerlo con una pareja que merezca su plena confianza (en exclusiva) y con la que disfrutar de la máxima intimidad. Para ello se acercará en algunos momentos para conectar con ella y volverá a desconectar para regresar a su mundo propio el resto del tiempo.

Eneatipo 6

Recordemos que su pasión es el miedo, y su virtud, el coraje. Sus esfuerzos van dirigidos a anticiparse a los peligros y riesgos que rondan en su cabeza. Son mentales. Al contrario que en el eneatipo 5, los subtipos del E6 tienen un comportamiento externo muy distinto entre sí, con diferentes respuestas al miedo.

Conservación: «el acogedor» (afable)

El subtipo en el que domina el instinto de conservación canaliza la sensación de miedo característica del E6 con una actitud acogedora y cariñosa: «Así los demás no me atacarán ni me harán daño».

Le da muchas vueltas a todo y planifica cada detalle, dirigido por su preocupación ante posibles peligros. Está muy conectado con sus miedos y no los disimula. Suele tener planes a, b, c, d... y navega en la duda.

Es muy receptivo a las muestras de apoyo y cariño. Es muy responsable y también leal, aunque es un tipo de lealtad condicionada a que lo protejan. Puede resultar una persona con doble cara si las circunstancias se ponen peligrosas o las personas no son merecedoras de su confianza, según su criterio. Es un subtipo que valora mucho el hogar y, como buen «conservador», cuida todo lo relacionado con su confort, sus recursos y, por supuesto, su salud.

Su virtud es el coraje y, cuando conecta con él, puede ser muy resiliente. Paradójicamente, lo es y mucho, a pesar de tener tendencia a ser aprensivo cuando el peligro difuso deja de estar en su imaginación y se manifiesta como un hecho concreto y cierto.

Social: «el cumplidor del deber» (en la jerarquía)

Desde su sensación de miedo, busca la seguridad de ocupar un espacio en las jerarquías o en estructuras muy bien definidas. La vida, por tanto, se resume en que «Si cumplo las reglas dentro de un sistema de autoridad, estaré seguro». Paradójicamente, desde ese rol dentro de un sistema puede parecer una persona muy segura y confundirse incluso con el E1, pues tiene un comportamiento rígido con una energía muy tensionada para cumplir y hacer cumplir las reglas.

Encuentra su seguridad integrándose en grupos con jerarquías muy claras: el ejército, la policía o el funcionariado pueden ser buenos ejemplos. En el caso de que sea un grupo social no estructurado, no estará muy cómodo e intentará reorganizarlo para que las reglas y los límites estén muy claros.

Tienden a idealizar a los que mandan, pero, si no obtienen su respeto y su confianza, se pueden volver muy ambivalentes y conflictivos y son fuente y origen de revoluciones para renovar la autoridad y los liderazgos, siempre con el objetivo de organizar un ecosistema fiable y seguro de normas y reglas. Cuando este subtipo percibe una amenaza, puede pasar del comportamiento más «fóbico», sumiso y cumplidor de las reglas al comportamiento opuesto, más «contrafóbico», y pasar al ataque con todas las armas a su alcance.

Sexual o transmisor: «el valiente» (ansioso)

Este subtipo representa la otra cara del miedo, que puede resumirse en la frase «la mejor defensa es el ataque». Se puede confundir por su agresividad con los E8, pero su ansiedad en la acción delata sus diferencias. El E8 actúa con más aplomo y suele estar desconectado de sus miedos, ignorándolos por completo. El motor del miedo del E6 sexual enfocado a la acción es demoledor. El miedo es la base del comportamiento de muchos héroes y este subtipo representa bien este axioma.

Mejor si uno se puede apartar de ellos, porque pueden arrasarte. Su miedo (y su acción) se relaja si creen que los demás los temen o respetan. En ese caso, muestran su faceta más agradable y conciliadora.

Hacen gala de su supuesta fuerza y pueden ser muy cuidadosos con su aspecto físico y su cuerpo para intimidar, en un intento de que los demás no se den cuenta de sus miedos. Les produce una sensación de profunda debilidad imaginar que los otros perciban que, en realidad, sus acciones están motivadas por el miedo. No es extraño que este subtipo se dedique a actividades de alto riesgo, ya que necesitan dosis altas de adrenalina para anestesiar sus miedos.

Para mayor claridad, y dada la dificultad para identificar a este subtipo como E6, se exponen dos ejemplos:

- Un personaje femenino conocido que presenta las características principales de este subtipo es Carrie en la serie de televisión *Homeland* (2011), interpretada por Claire Danes.
- Un personaje masculino conocido que tiene las características principales de este subtipo es Rambo en la película *Acorralado* (1982), interpretado por Sylvester Stallone.

Eneatipo 7

Recordemos que su pasión es la gula y su virtud es la sobriedad. Los esfuerzos de su ego van dirigidos a estar constantemente estimulados y tienden al hedonismo. Son mentales.

Conservación: «el tejedor de redes» (prácticas)

Como buen E7, el subtipo en el que domina el instinto de conservación es sociable, pero su sociabilidad tiene como objetivo tejer redes de relaciones que tengan una utilidad o un fin práctico.

Su conservación dominante está centrada en sacar partido y rentabilidad a sus recursos por medio de las alianzas. Esto no es óbice para que haga gala de la principal característica del E7, su hiperactividad, pero con un aura de mayor frialdad y pragmatismo que los otros subtipos, aunque también es muy magnético.

Tiene una habilidad natural para aprovechar las oportunidades y buen olfato para los negocios. Como en el caso de los otros subtipos del E7, su hiperactividad lo puede llevar fácilmente al incumplimiento de límites y acuerdos para lograr los objetivos estimulantes que se plantea, e incluso a traspasar los lindes del engaño al otro en casos de baja conciencia. Es un gran vendedor.

Se puede confundir con cierta facilidad con un E3. Son muy independientes y expresan la gula exprimiendo al máximo la vida.

Las crisis existenciales los pueden conectar con su virtud, la sobriedad, y pueden dar un giro radical a su vida.

Social: «el activo» (al servicio del grupo)

Es el subtipo que más contiene la gula, ya que la canaliza y expande enfocándose en el bienestar del grupo. Pueden llegar al sacrificio extremo en su afán por vivir experiencias nuevas y estimulantes por el bien común. Pueden ser personas muy altruistas.

Tiene ansiedad por ser reconocido en el grupo por sus renuncias en favor de los demás. Es muy entusiasta, algo muy típico del E7, pero se trata de un entusiasmo centrado en las causas utópicas, idealistas y de valores que conecten con el grupo social al que pertenece desde el sacrificio.

Es un generador constante de planes sociales, de encuentros, de ideas y de aventuras compartidas. Muy divertido, con sesgo positivo de vivir la vida y siempre con un plan alternativo por si falla el principal. La cuestión es no parar. Si para, se conecta con su vacío interior. La gula lo lleva a la sensación de que siempre hay un plan alternativo mejor al que se está haciendo. Disfruta de las planificaciones más que del plan en sí mismo.

Es muy rebatidor y, a pesar de ser social, remarca su autonomía dentro de los grupos y siente contradicciones. Por un lado, necesita pertenecer a un grupo y «servirlo» y, por otro, esto le resta independencia de acción.

Hay un consenso generalizado entre los especialistas en eneagrama que ponen a san Francisco de Asís como ejemplo de este subtipo. A mí me cuesta trabajo poner a un santo como ejemplo de las características del ego. Aun así, creo que había que subrayar el dato.

Sexual o transmisor: «el idealista» (sugestionado/ sugestionador)

Este subtipo del E7 es uno de los que mejor fama tienen del eneagrama en un primer análisis. Es amoroso, encantador, idealista, soñador. Vive la vida siempre enfocado en el lado positivo. Es muy carismático y convincente, pues su persuasión nace de su gran imaginación. Una vez que se profundiza en el eneagrama se llega a la conclusión de que es una careta, como la de los otros eneatipos y subtipos, una defensa para no ver las decepciones de la vida y sus miserias ni contactar con ellas.

Es un excelente explorador y muy charlatán. Tiene una gran capacidad para sugestionar a los demás, sobre todo, en el tú a tú. Es, también, muy sugestionable, pues se enamora fácilmente de los planes y de las personas con un entusiasmo desbordante.

Como los otros subtipos del E7 tiende al incumplimiento por desbordamiento de actividades y, en este caso, con cierto peligro, pues tiene una imaginación muy poderosa y es capaz de llegar a creerse sus propias fabulaciones mentales. Su relación con los compromisos es muy ambivalente, dependiendo de si están o no entre sus prioridades, y cambia fácilmente de objetivos. Como buen sexual, se centrará intensamente en su objeto de deseo en cada momento y perderá de vista a todos y todo, por lo que puede resultar el que se centra de forma más egoísta en lo que le interesa en cada momento, en comparación con los demás subtipos del E7.

Como curiosidad, hago constar que un personaje de ficción que el psiquiatra Claudio Naranjo identificó con este subtipo es el gato con botas, por su listeza y charlatanería.

Eneatipo 8

Recordemos que su pasión es la lujuria y su virtud es la ingenuidad. Su ego se enfoca en tener fortaleza y control. Son viscerales.

Conservación: «el poderoso» (egoísta)

La forma de ego que despliega este subtipo tiene como objetivo satisfacer sus necesidades sin disimulo ni complejos, a veces desde el exceso y la intensidad.

Son muy territoriales y se los compara con un oso: tranquilo en su cueva, pero temible cuando sale a cazar. Las personas con este subtipo de E8 suelen ser poco habladoras; son más de hechos que de palabras. Tienden a la introversión, no por timidez, sino por economizar su energía para usarla en lo que realmente les interesa. Son muy directos en la comunicación y pueden ser bruscos; no conceden gestos gratuitos a la galería.

Les da máxima prioridad a su «cueva», su hogar, y a los suyos: es hiperprotector. Le da una gran importancia a la lealtad y será un gran protector de quienes sean leales. Su psiquismo oscila en un movimiento binario: en este mundo, eres el depredador o eres el depredado. Así funcionan las reglas de la vida.

Tienen que tener lo que quieren y desean de modo inmediato, ya que son impacientes y toleran muy poco la frustración. Son muy resistentes al dolor y muy poco dados a sentir compasión. Es el más vengativo de los subtipos del E8, ya que considerará que la persona a quien dirigen su ira sin duda lo merece.

Rechazan visceralmente los comportamientos débiles o ambiguos y respetan al que va de frente, aunque ello pueda implicar entrar en conflicto. Están muy desconectados del sentimiento de culpa, pues sus emociones están bastante inhibidas en general, ya que consideran que mostrarlas los debilita. Son auténticos gladiadores frente a las dificultades de la vida.

Social: «el poderoso» (cómplice)

A primera vista, este subtipo del E8 podría no parecer un E8, ya que es un protector con una fuerte orientación a las personas y al grupo. Esto puede hacer que a veces se confunda con un E2. Sin embargo, los E8 sociales no tienen la empatía ni la habilidad natural para conectar con los demás y se centran más en la protección de los miembros de sus grupos, de una forma a veces brusca y muy directa.

Es el más estratega y servicial de los subtipos. Le importa su lugar en el grupo y tiende a convertirse en líder; para ello, puede ser más manipulador y seductor que los otros dos subtipos de E8. Ostenta el poder para la protección y la defensa que ejerce de su grupo social y distingue «quién está conmigo y quién está contra mí», sin medias tintas.

Su motor es ser una persona influyente y fuerte como líder de su grupo y puede llegar a ser incluso muy cálido y amigable. Pero ¡cuidado!, porque detrás de ese comportamiento, se encuentra un auténtico luchador, si llega a entrar en acción. Hay que tener cuidado especialmente con lo que considera injusticias hacia su persona o hacia alguien de su grupo social o entorno protegido.

En sus relaciones espera la máxima lealtad y, si con su comportamiento alguien hace que se sienta traicionado, pasará de mostrarse cálido y acogedor a ser frío y confrontador, y aprovechará, si se presenta la ocasión, para llevar a cabo una venganza que, a su entender, «restaure el equilibrio» de las cosas.

Como diría el psiquiatra Claudio Naranjo, la lujuria, pasión central del E8, está dirigida a «solidarizarse con los oprimidos desde una posición de venganza».

Sexual o transmisor: «el poderoso» (posesivo)

Este subtipo se considera el «malote» del eneagrama: rebelde, muy seductor, arrollador y extremadamente controlador y posesivo con sus objetos de deseo, en especial, con su pareja.

Su afición principal es el conflicto, la pelea, la caza y, sobre todo, ser el punto de referencia absoluto de las relaciones centrales de su vida. Para ellos es muy importante que los respeten, y no dudarán en romper reglas y convenciones sociales para lograr los objetivos que se proponen e irán a por ellos de forma intensa.

Pueden ser muy carismáticos y embaucadores y, a su vez, volverse personas muy agresivas si ven amenazado su poder y su control sobre las situaciones y áreas importantes de su vida. Como los otros subtipos del E8, exigen lealtad, en este caso, de modo extremo y superlativo. Se da una paradoja en este subtipo, ya que necesitan una pareja con personalidad fuerte, pero sólo para sentirse más poderosos y manejar de pleno todos los terrenos de su vida.

En la fase de seducción pueden mostrar sus facetas más emocionales y sensibles. Una vez que cazan la pieza, aparecerán sus otras características de forma extrema. Muestran cariño a los suyos, pero a veces son tan directos dando sus opiniones que pueden tener un impacto excesivo en las personas. En el trabajo serán también muy directos, perseguirán los objetivos que se marcan de forma intensa y rotunda y dejarán a un lado cualquier implicación emocional.

Su vida es de una intensidad plena, especialmente, en su relación de pareja, y tienen una actitud extremadamente celosa y controladora que los hace estar pendientes de cada detalle o matiz del que pudiera derivarse una infidelidad o un engaño.

Podría confundirse *a priori* con el comportamiento externo de un E4 sexual o un E6 sexual.

Un personaje conocido que presenta las características principales de este subtipo es el de Christian Grey en la película *Cincuenta sombras de Grey* (2015), interpretado por Jamie Dornan.

Eneatipo 9

Recordemos que su pasión es la pereza y su virtud es la diligencia. Su ego se enfoca en evitar a toda costa el conflicto, para lo cual desconecta de sus deseos y anhelos. Son viscerales.

Conservación: «el pacificador» (gruñón)

El E9 con el instinto de conservación dominante es un subtipo contradictorio, pues sus formas, en apariencia, a veces no son muy pacificadoras, aunque sí lo es su fondo. Un ejemplo que habitualmente se utiliza es la figura de Sancho Panza: gruñón, bonachón y muy pendiente de cubrir sus necesidades básicas, sin importarle en absoluto las cuestiones filosóficas o profundas de los avatares de la vida, a la vez que fiel compañero, noble y confiable.

La pereza para conectar consigo mismo, como en los otros subtipos del E9, es central en su máscara, y la «autopista» para esa desconexión son los excesos al alimentarse, dormir, ver la televisión, coleccionar cosas, cocinar u otras actividades rutinarias que le permitan desconectarse de sí mismo y del mundo. En su vida, la comodidad y el confort adquieren una gran importancia. Su mal humor eventual puede hacer que lo confundamos con un E8, aunque esta confusión es efímera, pues en principio no le interesa el poder ni el control, sólo quiere que lo dejen tranquilo.

Su máscara los protege de la conexión con la sensación íntima de no ser valiosos y suplen su vacío con placeres, aficiones y pasatiempos que los narcotizan y los ayudan a tapar su ira. No les importa demasiado la soledad; es más, necesitan su propio espacio en el que poder aislarse de todo y de todos de vez en cuando.

Pueden llegar a ser extremadamente cabezotas y obstinados. En sus relaciones personales y de amistad, serán fieles y leales compañeros y cuidarán de las necesidades de quienes les importan.

«En su simpleza y sencillez está la complejidad de su máscara», tal y como apunta Claudio Naranjo.

Social: «el pacificador» (ayudador)

Este subtipo del E9, junto con el E7 social, son los verdaderos ayudadores del eneagrama, a pesar de que la fama de «ayudador», ya descrita en otra parte del libro, la tiene el E2, por la confusión en las primeras formaciones de Claudio Naranjo.

Canalizan el olvido de sí mismos y la pereza para mirar en su interior y conectar con su ira estando atentos para cubrir las necesidades de los otros, del grupo. Es un subtipo que a veces no parece E9, pues es muy hiperactivo y *workaholic*.

Lo denominan el «falso lento», pues parece que va a un ritmo bajo, pero en realidad suele estar inmerso en muchas actividades, casi siempre relacionadas con servir al grupo. Como buen social, presta mucha atención a los grupos y se esfuerza por mantener el apego con éstos. Con su buena actitud, considerada y servicial, se gana el derecho a pertenecer a ellos. Desarrolla esta actitud tanto con la familia, estando pendiente de todo y de todos, como con sus amigos y en el trabajo, donde habitualmente busca grupos y organizaciones con los que poder sentirse identificado y a los que pertenecer.

Muestra contradicciones respecto a su imagen. Por un lado, quiere ser visto y reconocido, pero también le asusta por su aversión al conflicto. Por otro, lo desea y se frustra en silencio cuando no lo es.

Es un subtipo que se sacrifica mucho por los demás. Puede parecer un 4 con el instinto dominante de conservación, pero no lo demuestra abiertamente. Tiene un talante resignado, todo por mantener la paz y tener una participación activa de ayuda en un grupo social.

Son excelentes mediadores y poseen una gran capacidad para ponerse en el lugar del otro y comprender sus circunstancias y necesidades. Paradójicamente, no es extraño que terminen siendo líderes. En política es frecuente observar este comportamiento (Rajoy, Zapatero, Mandela...), porque en sus carreras de ascenso no «huelen a peligro» y suelen ser las soluciones de consenso en los conflictos de liderazgo.

Sexual o transmisor: «el pacificador» (exclusivo)

Como los otros subtipos del E9, se olvidan de sí mismos, pero, en este caso, fusionándose con los deseos del otro, generalmente, su pareja. No se trata de ser especial o importante para la otra persona: el objetivo es la fusión total, ver y vivir en el mundo con la mirada del otro. Detrás de esos deseos de fusión, busca el cuidado, la guía, la protección de otro ser humano. Con actitud sumisa y apariencia de «mosquitas muertas», se transformarán en agresivos y exigentes si se ven defraudados en relación con sus expectativas («Yo me fusiono contigo y tus deseos, pero debo tener tu atención»).

Su energía propia es baja y su tensión es mínima; parece incluso de movimientos robotizados y obvia sus deseos y sus necesidades. No obstante, se adapta a la energía de su pareja y se enfoca completamente en complacer los deseos de ésta o de un amigo íntimo. Suelen idealizar a sus parejas y no ver sus defectos hasta que ya es demasiado tarde.

Se centra mucho en su aspecto físico, en ser deseable. Es una persona cariñosa y sensible que puede tener frecuentes ataques de celos, reivindicadores de la atención de su objeto de deseo, con el que se fusiona.

En definitiva, el E9 sexual o transmisor, como los otros E9, siente desidia y pereza a profundizar en sí mismo y a conectar con sus deseos y proyecta en la otra persona su vacío y su falta de autoestima. Hará de los anhelos, los gustos y las necesidades de su pareja los suyos propios.

Contratipos

La identificación del eneatipo de cada persona es un tema complejo. No nos cansaremos de repetirlo, ya que un gran número de libros y formaciones se quedan ancladas superficialmente en los estereotipos de los nueve eneatipos. Esto provoca un grave perjuicio cuando se proporcionan argumentos falaces e inmerecidos a la injusta fama de que el campo de conocimiento del eneagrama se concentra en nueve números estereotipados, lo cual lo convierte en un «etiquetado a la carta» o en la adjudicación de un dorsal.

> **Quizá los contratipos sean una de las pruebas más fiables para comprender la profundidad y la complejidad de este campo de conocimiento.**

A estas alturas del libro, hemos tomado contacto con la estructura base de los nueve eneatipos en sus combinaciones con los tres instintos, que se dividen en 27 subtipos en función de cuál sea su instinto dominante.

A lo anterior se le suma otro factor diferenciador que está en el origen de muchas identificaciones erróneas. En cada uno de los nueve eneatipos el comportamiento externo de uno de los tres subtipos, aun teniendo la estructura motivacional idéntica que comparten en la base del eneatipo, va contra la pasión dominante característica de cada eneatipo. Esto se debe a que se produce una tensión entre el eneatipo, que va en una dirección, y el instinto dominante, que va en la opuesta.

Recordemos que cada eneatipo tiene tres variantes en función de cada uno de los tres instintos (conservación, social y sexual-transmisor) y una de ellas es dominante y otra ciega. Por tanto, en cada eneatipo, encontramos tres posibilidades de instinto dominante y, en cada uno de los tres subtipos, hay uno que no parece del mismo eneatipo. Éste se denomina «contratipo», por su oposición a la pasión dominante del tipo correspondiente, aunque no por ello deje de tenerla. Sus esfuerzos se dirigen a intentar enterrarla y, por este motivo, la identificación suele ser más compleja.

Comenzaré con el **eneatipo 6** para un mejor entendimiento, ya que en mi opinión es el que mejor ejemplifica el término *contratipo* del eneagrama:

- Pasión dominante del eneatipo 6: **miedo**
- Contratipo del E6: **subtipo sexual-transmisor**

Su comportamiento va contra el miedo. Funciona de manera reactiva frente al miedo y es por ello que, inicialmente, en la identificación no suelen reconocerse en este eneatipo, que se describe como «el miedoso» en muchas formaciones y muchos libros, debido a que tiene el miedo negado. Por supuesto, desde la posición de observador, es todavía más complejo.

Es muy fácil confundir al eneatipo 6 sexual-transmisor, en su comportamiento externo, con un eneatipo 8 por su agresividad, pero, a diferencia de aquéllos, el comportamiento de «echado para adelante» del E6 sexual-transmisor delata una ansiedad nerviosa e hiperactiva, en contraposición con el aplomo del E8.

Continuamos con el **eneatipo 1**:

- Pasión dominante del eneatipo 1: **ira (contenida)**
- Contratipo del E1: **subtipo sexual-transmisor**

Su comportamiento es más explosivo que el de los otros dos subtipos (conservación y social), pues contiene menos la ira y su visceralidad está a flor de piel. A primera vista, no parece que le preocupe demasiado la perfección, pero no es así. Dispone de la misma base que los otros dos subtipos y cuenta con un crítico interno feroz, pero proyecta su ira hacia fuera, le importan menos las formas y es más decidido e intenso.

También podría ser fácil confundir a un E1 sexual-transmisor con un E8 por la expresión de su visceralidad.

A continuación, el **eneatipo 2**:

- Pasión dominante del eneatipo 2: **orgullo**
- Contratipo del E2: **subtipo conservación**

Su comportamiento es, en apariencia, menos orgulloso. Muestran más sus necesidades desde una posición de privilegio (buscando el rol del niño o la niña), al contrario que los otros dos subtipos, a los que les cuesta mucho pedir y reconocer ante terceros sus necesidades y deseos por orgullo («A mí me sobra todo»).

El subtipo conservación del E2 podría confundirse con un E4.

Seguimos con el **eneatipo 3**:

- Pasión dominante del eneatipo 3: **vanidad**
- Contratipo del E3: **subtipo conservación**

Es un caso parecido al E6, ya que las diferencias de comportamiento del contratipo son muy notables. Es la vanidad de no tener vanidad. Les importa, y mucho, el reconocimiento, pero se lo niegan, lo contienen y suelen pasar desapercibidos. Se centran en el hacer y el tener, buscando seguridad. No buscan el elogio ni colocarse bajo la luz de los focos, sino que creen que sus resultados excelentes ya hablan por sí mismos.

Pueden confundirse fácilmente con el subtipo conservación del E1, o incluso con el subtipo conservación del E6.

A continuación, veamos el **eneatipo 4**:

- Pasión dominante del eneatipo 4: **envidia**
- Contratipo del E4: **subtipo conservación**

En este caso, van en contra de su pasión, con un comportamiento estoico, resistente y tenaz que no demuestra la envidia prototípica de los E4. La esconden y proyectan con una imagen sacrificada y resiliente, desde la base nostálgica y egocéntrica del E4. El psiquiatra Claudio Naranjo distinguía a este subtipo (contratipo) como «el sufrido», a diferencia del social (sufridor) o el sexual-transmisor (insufrible).

Podría confundirse en determinados contextos con el subtipo conservación del E6.

Veamos ahora el **eneatipo 5**:

- Pasión dominante del eneatipo 5: **avaricia**
- Contratipo del E5: **subtipo sexual-transmisor**

De la misma manera que en el E6 las diferencias entre los tres subtipos son muy marcadas, en el E5 ocurre todo lo contrario y las diferencias son menos marcadas. Quizá el contratipo del E5, el dominante sexual-transmisor, es algo más emocional que los otros dos y puede ser más intenso y vehemente al exponer sus ideas. Para ello, evitan menos el conflicto si es preciso, aunque tras una discusión tenderán de nuevo a mantener la distancia habitual y caracterológica del E5.

Sigamos con el **eneatipo 7**:

- Pasión dominante del eneatipo 7: **gula**
- Contratipo del E7: **subtipo social**

Este subtipo enmascara su pasión, la gula, con un espíritu de sacrificio por el grupo y, sin perder del todo el entusiasmo y la hiperactividad propias del E7, son personas más preocupadas en mostrar una imagen de bondad y solidaridad que ocultan de manera hábil el sentido práctico propio del E7. Como buenos sociales, su orientación al grupo y a las personas hace que sean más cálidos en el trato y tiendan a tener más en cuenta a los demás que las personas de los otros dos subtipos del E7.

Se pueden confundir fácilmente con el E2 y, sobre todo, con el E9 social.

Veamos a continuación el **eneatipo 8**:

- Pasión dominante del eneatipo 8: **lujuria**
- Contratipo del E8: **subtipo social**

De los tres subtipos del E8, éste es el que será más considerado y tenderá a tener más en cuenta a los demás, con lo cual se convertirá en el protector en los grupos. Aunque su energía es intensa y son muy directos en su comunicación, producen menos temor en los demás que los otros E8. Son los menos agresivos, sin perder tampoco la típica imagen de fortaleza y aplomo tan característica de este eneatipo, pero con un barniz más afable y social, dentro de lo sociable que puede ser un E8.

Se puede confundir fácilmente con un E2 social.

Por último, veamos el **eneatipo 9**:

- Pasión dominante del eneatipo 9: **pereza**
- Contratipo del E9: **subtipo social**

Su pasión es la pereza (sobre todo, de sí mismos), aunque es el subtipo social el que más actividad tiene. Pueden ser muy activos y *workaholic* por momentos, sobre todo, si se trata de ayudar a los demás. Al igual que a los otros dos subtipos, les cuesta mucho conectar con sus necesidades, pero, en este caso, son menos pasivos y se distraen de sí mismos con la actividad.

Se podrían confundir con un E2 social, con un E7 social e incluso, si están en una fase de mucha actividad, con un E3.

CUADRO RESUMEN

Emocionales
Contratipo E2: subtipo conservación
Contratipo E3: subtipo conservación
Contratipo E4: subtipo conservación

Mentales
Contratipo E5: subtipo sexual
Contratipo E6: subtipo sexual
Contratipo E7: subtipo social

Viscerales
Contratipo E8: subtipo social
Contratipo E9: subtipo social
Contratipo E1: subtipo sexual

7

La máscara y la muerte

> Las decisiones importantes de nuestra vida hay que consultarlas con nuestra muerte.
>
> Proverbio hindú

El encaje de cualquier campo de conocimiento en nuestra vida exige un marco fiable desde donde se proyecten las propuestas. De este modo, evitaremos, en lo posible, que las generalizaciones, los relativismos o la dispersión de los conceptos lo conviertan en un constructo meramente intelectual sin aplicabilidad.

En los siguientes capítulos se exponen conocimientos estructurales del eneagrama enfocados en la pareja, la familia, el trabajo y el dinero. Pero ¿cuál es el punto de partida, el marco, la base desde donde vamos a desarrollarlos?

El eneagrama es una herramienta potente que puede utilizarse con fines muy diversos, no todos loables: por ejemplo, para manejar el ego de la otra persona, manipulándola, o para ser un trepa profesional o un estafador, entre otras múltiples posibilidades. Recuerdo que un excelente profesor advirtió en una conferencia de la dificultad de aplicar formaciones de eneagrama en las empresas, dado que la exigencia de beneficios y la competencia suelen apoyarse en la creencia central de que los trabajadores «disfrazados de su personaje» son más productivos. Por este motivo, se tiende a generar escenarios relacionales que multiplican el «yo superficial» en perjuicio de la conexión con el ser esencial que todos llevamos dentro.

El eneagrama bien utilizado en la vida profesional puede ayudarnos a mejorar nuestras relaciones laborales y evitar que sigamos atrapados en la trampa de repetir patrones en el desarrollo de nuestros trabajos, que nos traen innumerables dolores de cabeza en el día a día.

En la historia de la filosofía y del mundo de las ideas, hay un personaje universal y referente histórico, René Descartes, en cuyas teorías nos apoyaremos para avanzar con solidez. Descartes, filósofo y matemático del siglo XVII, planteó una filosofía basada en la búsqueda de certezas absolutas como punto de partida sobre el que sostener la construcción del conocimiento. Su famosa frase *Cogito, ergo sum* («Pienso, luego existo») es un punto de inflexión en la historia del pensamiento.

La certeza absoluta de la muerte es un punto de partida intrigante para reflexionar sobre la dualidad entre la persona y el personaje en la vida. La muerte, como destino ineludible de todos los seres humanos, nos recuerda la transitoriedad de la existencia física y la eventual disolución de la identidad personal.

Desde esta perspectiva, la dualidad entre la persona y el personaje puede ser considerada en términos de cómo vivimos nuestra vida. La «persona» se refiere a nuestra identidad esencial, nuestra verdadera naturaleza, mientras que el «personaje» representa los roles y las máscaras que asumimos en la sociedad y en nuestras interacciones cotidianas.

La muerte, como verdad absoluta, nos desafía a reflexionar sobre si vivimos auténticamente, como la persona que somos, en nuestro núcleo, o si estamos atrapados en interpretaciones y actos que conforman el personaje que presentamos al mundo, nuestro relato del yo.

¿Cómo nos gustaría que nos recordasen después de la muerte? ¿Hemos vivido de acuerdo con nuestros valores y nuestra autenticidad o hemos actuado de manera superficial por presiones y exigencias externas?

Según Frank Ostaseski, maestro budista pionero en el cuidado de los enfermos terminales y cofundador del Zen Hospice Project[8] para cuidados paliativos, cuando una persona está al borde de la muerte le preocupan dos cuestiones: «¿Soy amado?» y «¿Amé bien?».

En su libro *Las cinco invitaciones*, conecta con el núcleo del eneagrama: «Aprendemos muy pronto en la vida a ocultar lo indeseable. Empezamos a moldearnos en la infancia porque queremos que nuestros padres nos quieran y porque nuestra supervivencia depende de ellos. Desde muy temprano en nuestra vida se nos condiciona a actuar de cierto modo. Este patrón de adaptación, de buscar la aprobación y evitar la reprobación, continúa a lo largo de nuestra vida. Con el paso de los años, esos patrones se arraigan tanto en nosotros que dan origen a un sentido de identidad personal».

La reflexión sobre la dicotomía entre la persona y el personaje a la luz de la muerte puede inspirarnos para vivir una vida más plena. Este marco no es contradictorio ni opuesto a las ideas religiosas o no religiosas de cada lector. De hecho, el ateo, el agnóstico y el creyente conviven en un mismo territorio, el de vivir una vida y, al margen de los rituales, las costumbres y las creencias, tienen en común dar sentido a ese espacio de tiempo que nos pertenece. Al final, nos quedarán los trazos que hayamos pintado en el cuadro de nuestra vida; será nuestro triunfo de existir, de ser y de haber sido sobre la nada.

No debemos dejar en manos de nuestro «yo superficial» la respuesta a la pregunta: «¿Quién soy?». Nuestra máscara puede sernos útil en muchas ocasiones, pero es necesario evitar que lleve el timón de nuestra vida. Conocerse uno mismo es el antídoto.

El adagio «Conócete a ti mismo» tiene su origen en la antigua Grecia y estaba inscrito en el templo de Apolo en Delfos. Su significado es profundo y atemporal, ya que insta a las personas a explorar y comprender su propia naturaleza, sus conocimientos, sus limitaciones y sus deseos.

En la filosofía griega, este adagio estaba asociado con la idea de que el conocimiento de uno mismo es esencial para alcanzar la sabiduría y la virtud. La creencia tenía como base que aquéllos que se conocen a sí mismos están mejor equipados para tomar decisiones informadas y vivir una vida más plena y auténtica.

8. Más información en <https://zencaregiving.org>.

A lo largo de la historia, muchas figuras filosóficas y literarias han abordado este tema: desde Sócrates, quien lo mencionó en sus diálogos, hasta filósofos modernos como Sigmund Freud y Carl Jung, quienes exploraron la psicología y la importancia de comprender el yo. En este contexto, el eneagrama propone autopistas de conocimiento y autoconocimiento por las que transitar y deja libertad total para que cada persona disfrute de su propio proceso.

A veces, a los acontecimientos importantes de nuestra vida los precede una llamada de teléfono.

Aquel jueves de octubre estaba en una comida muy animada con un grupo de amigos. La llamada era de Marcelo, otro gran amigo.

—Roberto, ¿qué tienes que hacer esta tarde?

—Tengo varias reuniones, ¿por qué?

—Luis me acaba de llamar. Le han dado un mes de vida. Entra en la fase final.

Me levanté de la mesa. Alberto acababa de contar un chiste que había provocado la carcajada general y casi no podía oír la voz de Marcelo.

—Me ha pedido que te llame. Quiere charlar contigo y que lo acompañes en una meditación.

—Por supuesto, Marcelo. Anulo todo. Dile que dentro de un par de horas estoy en su casa.

Luis era un buen amigo, un empresario de mucho éxito y rondaba los sesenta años. Meses atrás le habían diagnosticado un cáncer de pulmón al que se había enfrentado con su habitual espíritu de lucha. El tiempo y el durísimo tratamiento de quimioterapia habían deteriorado su físico y su resistencia. Había perdido muchos kilos y todo el pelo.

Me abrió la puerta su mujer y me acompañó al jardín del moderno chalé que tenían en la lujosa urbanización de La Moraleja. Luis estaba tumbado en una hamaca junto a la piscina con el cuerpo relajado, las piernas semiabiertas y el brazo, caído sobre la cara, tapándole los ojos.

—Hola, Roberto —me saludó, sin quitar el brazo de los ojos y señalándome con la otra mano una silla que estaba a su lado.

Me senté. Estaba delgadísimo, la piel le colgaba de los brazos. Sentí miedo, un nudo en la garganta y presión en la boca del estómago.

—Déjanos solos, por favor, Elisa —le pidió a su mujer.

Me vino a la cabeza una escena de las últimas Navidades. Nos encontramos por casualidad en un restaurante. Él celebraba la cena de su empresa rodeado de sus más de cincuenta empleados. Era la imagen del éxito y un buen ejemplo de una historia al más puro estilo estadounidense. Con unos inicios muy humildes, había conseguido el éxito empresarial a todos los niveles; me lo había contado ya varias veces. Nos dimos un abrazo al vernos y en los postres me incorporé a brindar con ellos por el año que estaba a punto de empezar.

Cambiamos de sitio en el jardín, el sol nos molestaba. Nos sentamos en una mesa rodeados de palmeras y rosas muy rojas.

—Te quiero pedir dos cosas, Roberto —me dijo—. Un rato de meditación juntos, porque soy incapaz de meditar solo, y que le des esta carta a mi mujer y a mis hijos cuando ya no esté.

Meditamos durante quince minutos y rompió a llorar como un niño. Interrumpimos la meditación. Nos dimos un gran abrazo y me dijo que se sentía muy aliviado. Llevaba tiempo sin poder llorar, no le salían las lágrimas, y por fin había conseguido quitarse la presión del pecho. Estaba en paz. Me pidió que leyéramos juntos la carta.

«Querida Elisa, amados hijos:

Os quiero pedir perdón. He vivido gran parte de mi tiempo buscando la aprobación, el éxito y la validación externa y en estos momentos puedo ver claro el sentido de la vida y el umbral de lo desconocido.

Quiero que sepáis que lo que más valoro es la conexión que compartimos como familia. Me arrepiento de no haber estado más presente en vuestra vida y de no haber dado más importancia a los momentos simples y hermosos que compartimos por perseguir logros que tal vez no eran realmente importantes.

Sois mi mayor tesoro y, aunque mi búsqueda de éxito a menudo me llevó lejos, siempre regresé junto a vosotros. Fuisteis mi punto de referencia. Por favor, encontrad en vuestro corazón la fuerza para ser vosotros mismos, para amaros y apoyaros mutuamente, sin importar las expectativas externas.

Mientras enfrento el final de mi viaje, quiero que sepáis que mi amor hacia vosotros es inmenso y eterno.»

—¿Por qué yo, Luis?

—Porque tú entiendes bien la carta.

—Eres una gran persona, Luis. Gracias por confiar en mí. Esta carta aporta sentido a mi vida.

Nos despedimos con otro gran abrazo. Ya no sentíamos las barreras del miedo. Éramos dos seres humanos que, desde el sentimiento, habíamos conectado con un hecho natural de la vida: la muerte. Luis me ayudó mucho más a mí que yo a él, pues, cuando desnudó su personaje, yo desnudé el mío. Fue una gran lección.

El eneatipo de Luis era el E3. Su «yo superficial» le había sido muy útil para conseguir muchas cosas en la vida, éxitos y reconocimientos, pero también, en demasiados momentos y de manera desproporcionada, se había apoderado de él, haciéndole perder la perspectiva y la conexión con su esencia. La cercanía del final le hizo tomar conciencia y, de alguna manera, se reconcilió con su destino. La toma de conciencia desde nuestro yo esencial conduce a la paz interior, desmonta la trampa de nuestro ego y nos libera.

Si volvemos a las características centrales del E3, su pasión (la vanidad) distorsiona su cualidad esencial (la autenticidad), y su ego construye la creencia central de que «sólo si muestro una imagen de éxito me van a querer y a aceptar».

La historia de Luis es real, aunque por respeto he omitido cualquier detalle concreto y he utilizado nombres ficticios. Llevamos a cabo la meditación. Sí, él lloró, pero la carta no existió como tal, sino que es un resumen de nuestra conversación. En su lugar estuvo hablándome más de una hora de las circunstancias de su vida y de algunos hechos de los que se arrepentía, especialmente, de las muchas cosas importantes que se había perdido por su búsqueda compulsiva del éxito. Es cierto que lloré mientras lo escuchaba.

El día del funeral sólo me permití decirle a su familia que Luis me dijo aquel día que habían sido el sentido de su vida y que les diera el mensaje de que vivieran su vida sin estar tan expuestos al reconocimiento de los demás.

Soy consciente de que no me entendieron. No era el día, ni tampoco pretendía que lo hicieran; era yo el que necesitaba expresarlo. Quizá la idea de escribir este libro empezó a coger forma en aquel tanatorio de la M-30 de Madrid, gracias a la llamada de Marcelo.

Hay más cartas, querido lector, además de la carta del eneatipo 3. Elige la que no te gustaría escribir; estás a tiempo.

Carta del eneatipo 1

Hoy escribo esta carta en los últimos momentos de mi vida. Como eneatipo 1, siempre he buscado la perfección y la rectitud en todo lo que hago.

A lo largo de mi vida, he luchado con mi constante autoexigencia. Siempre he querido hacer lo correcto, seguir las reglas y ser un ejemplo para los demás. Ahora me doy cuenta de lo exigente y crítico que he sido a veces con mis seres queridos en mi búsqueda para que me hicieran sentirme orgulloso de ellos. Ojalá hubiese disfrutado más de los pequeños momentos del día a día y me hubiese permitido más a menudo despeinarme y disfrutar con ellos.

Ante la cercanía de la muerte, reflexiono sobre las oportunidades perdidas, las veces en las que quizá fui demasiado duro conmigo mismo o con los demás. He aprendido que la perfección es inalcanzable y que la vida está llena de imperfecciones y desafíos. ¡Cuánto daño me ha hecho la palabra *debería*!

La vida es un viaje lleno de lecciones y cada uno de nosotros es imperfecto a su manera. Apreciad cada momento, valorad vuestras relaciones y seguid luchando por lo que creéis que es correcto, pero aceptando con fluidez las imperfecciones de la vida.

Carta del eneatipo 2

Hoy escribo estas palabras mientras reflexiono sobre el fin de mi vida como eneatipo 2. Siempre he buscado estar presente para los demás, brindando apoyo y amor de todas las formas posibles para sentirme una buena persona.

Como eneatipo 2, a menudo entregué mucho de mí a los demás, a veces incluso a expensas de mis propias necesidades. He aprendido que el amor y el cuidado hacia los demás son fundamentales en la vida, pero también me doy cuenta ahora de la importancia de cuidarme a mí mismo.

A lo largo de los años puede que haya sobrepasado mis límites en nombre del servicio y el altruismo. En este momento de reflexión, reconozco que siempre traté de ganar afecto y validación con mis acciones y a veces me olvidé de valorar mi propio ser por lo que era en lugar de por lo que hacía.

En el día de hoy, me doy cuenta de que el amor verdadero comienza desde dentro y se irradia hacia fuera.

Carta del eneatipo 4

Hoy escribo estas palabras como eneatipo 4. A lo largo de mi vida he buscado la autenticidad y la profundidad en todo lo que he hecho, pero también sé que a veces mis emociones y mi necesidad de diferenciarme me han llevado por caminos difíciles.

Lamento profundamente las veces en las que me sumergí en la melancolía y la tristeza por no encontrar mi lugar en el mundo y compararme constantemente con los demás. En retrospectiva, desearía haber compartido más abiertamente mis pensamientos y sentimientos en lugar de mantenerlos tan guardados en el corazón, buscando diferenciarme con una singularidad artificial. Ojalá me hubiera dado cuenta antes de que la vida es un regalo maravilloso, hecho de momentos únicos, especiales e irrepetibles que tenemos que aprovechar.

En mi partida, mi deseo es que recordéis los momentos de belleza y profundidad que compartimos, pero también que entendáis que mis luchas internas a veces nublaban mi capacidad de conexión.

Carta del eneatipo 5

Hoy escribo estas palabras como eneatipo 5. A lo largo de mi vida he buscado comprender el mundo de manera exhaustiva, pero también me he refugiado en mi propia soledad y reticencia a compartir mis pensamientos y conocimientos.

Lamento sinceramente las veces en las que me alejé o me cerré emocionalmente. Pudo haber dado la impresión de que no me importaba o que me era indiferente lo que estaba pasando. Mi necesidad de proteger mi espacio mental me hizo a veces inaccesible y eso fue un error. Ojalá hubiera sabido estar más presente en los pequeños momentos de la vida de mis seres queridos en lugar de pasar tanto tiempo concentrado en lo que sucedía dentro de mi cabeza.

He comprendido que el conocimiento y la sabiduría deben compartirse y que la conexión emocional con los demás es fundamental. Lamento no haber dado más de mí mismo y haber sido más expresivo en mis sentimientos hacia vosotros.

Carta del eneatipo 6

Hoy me siento impulsado a escribir esta carta como eneatipo 6. Siempre he vivido con una preocupación constante por la seguridad y preparándome para lo peor y esto ha influido en muchas de mis acciones y decisiones a lo largo de mi vida. Para vivir, he vivido sin vivir.

A menudo he cuestionado y dudado de las circunstancias y las intenciones de los demás, en busca de certezas en un mundo incierto. Esto me ha llevado, en ocasiones, a ser cauteloso y desconfiado, incluso cuando no era necesario. Ojalá me hubiera permitido confiar más en muchas de las personas maravillosas con las que me he encontrado en este viaje, disfrutando sin angustiarme de lo que cada día la vida nos regala.

Me doy cuenta de que mi necesidad de seguridad me ha desconectado de la belleza de la vida. Mi intención era proteger y cuidar, aunque a veces lo hiciera de manera excesiva. Qué absurdo ha sido vivir con el peso constante de la preocupación cuando sus caminos son totalmente impredecibles.

Carta del eneatipo 7

Hoy escribo esta carta desde un lugar de profunda reflexión como eneatipo 7. Siempre he buscado la emoción, la variedad y la felicidad en la vida, pero evitando el dolor a toda costa.

He eludido enfrentar momentos difíciles o lidiar con emociones incómodas. En un deseo constante de evitar la tristeza o el aburrimiento, he bloqueado también una gran parte de mí, al no hacer frente a las realidades de la vida y permitirme sentir todas las emociones, incluso las dolorosas. Ahora me doy cuenta de lo ausente que he estado muchas veces en la vida de mis seres queridos, en mi afán de evitar situaciones incómodas o potencialmente dolorosas. Ojalá me hubiera atrevido antes a abrazar todo lo que la vida nos trae, tanto las risas como las lágrimas, pues todo forma parte de este mágico viaje.

Mi necesidad de estar constantemente estimulado me ha impedido el sosiego y la serenidad para disfrutar de aspectos de la vida y de las personas que necesitan la profundidad, la atención y la aceptación de que no todo es movimiento y diversión; que la conexión verdadera y el disfrute de la vida requieren primero la conexión con uno mismo y su realidad emocional.

Carta del eneatipo 8

Durante gran parte de mi vida como eneatipo 8 he buscado el control y la fortaleza, a menudo mostrando una fachada de seguridad y dominio, incluso cuando en mi interior me sentía vulnerable.

Al final de mis días, comprendo que mi necesidad de controlar las situaciones, ostentar el poder y protegerme a mí mismo a veces me ha llevado a ser demasiado dominante y a esparcir a mi alrededor una distancia provocada por el temor y el desmedido respeto a mis reacciones.

Ahora, desde la perspectiva del final, sé que la verdadera fortaleza radica en la vulnerabilidad y la comprensión de uno mismo y de los demás. Ojalá me hubiera permitido conectar más con los míos desde el corazón y sin escudos protectores, dándole más importancia a expresar amor que a hacerlos fuertes.

Es altísimo el precio que he pagado por la obsesión de tener el poder y el control. He ocultado y bloqueado mi vulnerabilidad y la ingenuidad que siento dentro de mí; me he perdido muchas cosas y relaciones muy importantes en mi vida por mi obsesión por proteger mi vulnerabilidad.

Carta del eneatipo 9

Hoy escribo estas palabras desde un lugar de profunda reflexión como eneatipo 9. Siempre he buscado la paz y la armonía y he evitado los conflictos en la vida, a menudo sacrificando mis propias necesidades y deseos para mantener la tranquilidad.

A lo largo de mi vida, he eludido hacer frente a situaciones difíciles o expresar abiertamente mis opiniones, en mi deseo constante de fusionarme con otras personas y formar parte de algo más grande e importante que yo mismo, evitando a toda costa entrar en conflicto. Esto me ha llevado a ser demasiado complaciente y a evitar tomar decisiones importantes.

En estos momentos, puedo ver claramente que he renunciado a ser yo mismo y he desconectado de mis deseos y anhelos para mantener una paz artificial; que el conflicto forma parte de la vida y que, gestionado de manera adecuada, también es una oportunidad para crecer y ser uno mismo.

En mi vida perdí la conexión con mi voz y me olvidé de expresar mis necesidades y deseos. Pagué un alto precio por «no ser» para «ser para el otro» y tener una paz artificial renunciando a mí mismo. Ojalá me hubiera atrevido a escucharme más y a hacerme oír, lo cual habría generado una relación más plena con las personas de mi vida a quienes quiero y que me quieren.

Mi propuesta, querido lector, radica en no esperar al momento final para escribir nuestras cartas. Al fin y al cabo, tal y como dice Frank Ostaseski, «las formas en que hemos definido nuestro yo, las identidades que hemos asumido durante tanto tiempo, son despojadas poco a poco por la enfermedad y la vejez».

De alguna manera, cada día, cuando nos vamos a dormir, morimos y, cuando amanece, volvemos a nacer. El territorio común es un espacio de tiempo al que llamamos vida que merece la pena vivirse con sentido.

Te propongo escribir una carta de vez en cuando, sólo para ti. Una carta honesta y sincera, con atención en el momento presente, en la que confrontes tu esencia y la careta o personaje con la ayuda del campo de conocimiento del eneagrama.

No pretendo con esto establecer un marco utópico en el que por medio del campo del conocimiento del eneagrama se llegue a un nirvana terrenal. En el mundo convivimos más de ocho mil millones de personas, de las que una gran parte soporta condiciones muy difíciles. En Occidente, en comparación con otras áreas, tenemos unas condiciones privilegiadas y, aun así, las tasas de incidencia del estrés, la ansiedad y la depresión son demoledoras. En España, en concreto, de acuerdo con los datos del Instituto Nacional de Estadística, a mediados de 2020 había 2,1 millones de personas con un cuadro depresivo, lo que representa el 5,25 por ciento de la población mayor de quince años en todo el país. Se estima que la depresión afecta al 4,7 por ciento de los hombres y al 7 por ciento de las mujeres.

Asimismo, el consumo de ansiolíticos sedantes e hipnóticos se incrementó en 2021 a 91 dosis diarias por cada mil habitantes, lo que supone un incremento del 4,5 por ciento con respecto al año anterior y de casi el 10 por ciento con respecto a hace una década, según la Agencia Española de Medicamentos y Productos Sanitarios.

Los datos siguen disparados al alza y, en mi opinión, en la base de esta pirámide tan inquietante, está la desconexión que nuestra sociedad potencia entre nuestro ser esencial y el personaje que representamos. La exigencia de vivir hacia el exterior y cumplir los cánones de «felicidad enlatada», que tienen más que ver con el consumo compulsivo y con una falsa imagen de felicidad, nos aleja de vivir una vida con sentido, lo cual resulta en una existencia desconectada de nuestra esencia y esclavizada por nuestro personaje.

A continuación, vamos a aterrizar en la aplicabilidad de las bases del eneagrama de la personalidad en cuatro grandes temas de la vida que, de un modo u otro, forman el esqueleto de la convivencia humana y sus relaciones: **la vida profesional, la pareja, la familia y el dinero**.

Para empezar la navegación por estos territorios centrales, compartamos el mensaje de este maravilloso poema de Portia Nelson, mencionado en *El libro tibetano de la vida y de la muerte* de Sogyal Rimpoché como punto de partida. Al final de nuestra existencia en la Tierra, ¿cuánto tiempo hemos dedicado a la vida profesional, la pareja, la familia y el dinero? ¿Hemos vivido con conciencia? ¿Hasta dónde nos ha llevado nuestro personaje?

> **1. Bajo por la calle.**
> Hay un enorme hoyo en la acera.
> Me caigo dentro,
> estoy perdida..., impotente.
> No es mi responsabilidad.
> Tardo una eternidad en salir de allí.
> **2. Bajo por la misma calle.**
> Hay un enorme hoyo en la acera.
> Hago como que no lo veo.
> Vuelvo a caer dentro.
> No puedo creer que esté en ese mismo lugar.
> Pero NO es mi responsabilidad.
> Todavía me lleva mucho tiempo salir de allí.
> **3. Bajo por la misma calle.**
> Hay un enorme hoyo en la acera.
> Veo que está allí.
> Caigo en él de todos modos. Es un hábito.
> Tengo los ojos abiertos.
> Sé dónde estoy.
> Es MI responsabilidad.
> Salgo inmediatamente de allí.
> **4. Bajo por la misma calle.**
> Hay un enorme hoyo en la acera.
> Paso por el lado.
> **5. Bajo por OTRA calle.**

No podemos evitar caer en los agujeros de la vida. Todos caemos en ellos una y otra vez. La cuestión es tomar conciencia de cómo somos y de cuáles son nuestros mecanismos de comportamiento. También debemos cuestionarnos el motivo por el que a lo largo de la vida nos van ocurriendo hechos y circunstancias parecidos, cuando sólo nosotros permanecemos en el escenario, mientras que los personajes que nos rodean —y a los que, paradójicamente, hemos ido echando la culpa una y otra vez de nuestras caídas— van cambiando.

Como decía el poeta Edward Estlin Cummings, «hace falta valor para crecer y convertirte en quien realmente eres». Por ello debemos hacernos las siguientes preguntas:

- ¿Quiénes hemos sido en la vida profesional, con nuestras parejas, con nuestra familia y en relación con el dinero?
- ¿Quiénes somos realmente?
- ¿Cuáles son nuestros patrones de comportamiento?
- ¿Dónde queda ese niño que fuimos en esencia?
- ¿Cómo podemos evitar caer una y otra vez en el mismo agujero?

> Cuando dejas de actuar en automático, te vuelves consciente; cuando te vuelves consciente, puedes actuar sobre ti mismo; cuando actúas sobre ti mismo, puedes cambiar tu vida.
>
> Gerardo Schmedling Torres, pedagogo

Continuemos el camino.

8

Eneagrama y vida profesional

> Lo que me reconforta es darme cuenta de que ahora puedo aceptar este lado oscuro como el lado dominante de mi personalidad. Aceptándolo, lo haré trabajar para mí.
>
> SAMUEL BECKETT, dramaturgo

Siempre me he preguntado si aquel curso de sofrología (un tipo de meditación), impartido por el psiquiatra y neurólogo Alfonso Caycedo, me salvó la vida. En un primer momento, no lo pensé así, pues creí que me había desequilibrado. Sin embargo, aunque quizá esta experiencia trascienda las fronteras de mi intimidad, valdrá la pena si un solo lector se beneficia de ella.

Sucedió hace aproximadamente veinte años, cuando rondaba los cuarenta. Me encontraba en lo que yo creía que era uno de los mejores momentos de mi vida. Me había casado muy joven y en circunstancias difíciles, en medio de mis estudios de Derecho y con un bebé deseado pero concebido por dos enamorados inconscientes. Salimos adelante con un gran esfuerzo. Pasamos por tiempos de nevera vacía, trabajando y estudiando los siete días de la semana. Cuando finalicé la carrera, comencé una vida vertiginosa con el único objetivo, primero, de asegurar nuestra supervivencia y, después, de encontrar la prosperidad. Ahora sé que durante esos años mi personaje o «yo superficial» tomó el control y mi esencia quedó sepultada. Estaba atrapado en la competición de la vida, un terreno donde nuestro personaje encuentra el lugar perfecto para desplegar sus redes protectoras al máximo para alcanzar objetivos materiales. Y es que hay amores que pueden matar.

Por fin vivíamos en una buena casa, en un barrio prestigioso. Mis hijos asistían a colegios excelentes y disfrutábamos de una calidad de vida que compensaba con creces los duros años pasados. Sin embargo, había un problema: me había desconectado de mi esencia y no lo sabía.

Cuando estamos atrapados en el papel del personaje, sometemos al cuerpo a una tensión máxima, lo que nos desconecta de muchas sensaciones, incluso las más básicas. Reprimimos nuestras emociones, e incluso nuestras sensaciones físicas, para que no nos impidan seguir adelante a buen ritmo. Recuerdo reuniones extensas y de gran concentración en las que al final tenía la sensación de que la vejiga me iba a explotar, aunque no había sido consciente en ningún momento de la necesidad de ir al baño. Esto ilustra cómo nuestro personaje puede concentrarse en objetivos externos y desconectarnos de los internos. Si podemos bloquear una necesidad tan básica, ¿qué decir de otros sentimientos o emociones menos urgentes?

Un día, mientras leía una revista de psicología, vi un anuncio de un curso de sofrología. Era en Barcelona (yo vivía en Madrid) y se impartía un fin de semana al mes. Me inscribí; viajaba los viernes y regresaba en avión los domingos. Estaba entusiasmado con el curso. Practicaba en casa todos los días y notaba efectos muy estimulantes. Al mismo tiempo, me sentía extraño, más sensible y empático. Sin embargo, durante uno de los fines de semana del curso, todo cambió.

Durante un almuerzo con mis compañeros, una chica compartió sus graves problemas de sueño y el tratamiento al que estaba siendo sometida en un centro especializado. Al principio parecía una historia más de las que se cuentan y se oyen en este tipo de cursos, pero para mí fue el inicio de un calvario.

Esa misma noche, al regresar a casa, no pude dormir, cosa que se prolongó durante casi un mes en el que apenas lograba descansar más de una hora al día. Perdí once kilos en un mes y medio y mi estado de ánimo cayó en una espiral de agotamiento y depresión. Le prohibí a mi esposa que compartiera esto con nadie (mi personaje luchaba por mantener el control). Me empeñé en resolver la situación por mí mismo y estuve a punto de fracasar en el intento. Finalmente, ya que yo me negaba a que nadie conociera mi situación, mi esposa llamó a mi hermano, quien me convenció para que fuera a ver a un neurólogo.

El resumen es que estuve un año bajo tratamiento, seis meses con medicación y otros seis para reducirla gradualmente. Mi cuerpo volvió a la normalidad, pero mi mente quedó marcada por una profunda sensación de vulnerabilidad. No entendía lo que me había ocurrido, justo cuando creía que mi vida era un ejemplo de bienestar y éxito. Una vez curado, mi personaje me permitió buscar la ayuda de un psiquiatra, con la creencia absurda de que «ya no lo necesitaba, pero podría ser útil para el futuro».

Tuve la fortuna de encontrarme con un sabio terapeuta, Raúl Nehama. Pasé dos años acudiendo a su consulta todas las semanas. Comprendí que aquel curso de sofrología no sólo no había trastornado mi vida, sino que, de hecho, quizá me la había salvado: había permitido que mi personaje se apoderara de mí hasta el punto de desconectarme por completo de mi esencia y de los objetivos fundamentales. Había reemplazado el amor hacia mí mismo por la adicción al reconocimiento externo por mis logros.

La compañera que compartió su experiencia en el curso me activó el cuerpo para que somatizara y conectara con el profundo agotamiento que había estado sintiendo debido a la presión ejercida por mi personaje. Es posible que, si no hubiera sido por esa compañera de clase, algo más grave en mi organismo hubiera fallado tarde o temprano.

Gracias al eneagrama tomé conciencia de mi personaje. También comprendí que me acompañaría toda la vida y que no era posible, ni quizá conveniente, intentar desmontarlo por completo. No obstante, mi terapeuta me enseñó a trabajar con él siempre en conexión con mi esencia, sin dejar de lado las cosas verdaderamente importantes en la vida.

¿Por qué resulta tan complicado armonizar la vida profesional con las cualidades esenciales de las personas?

Hace miles de años los seres humanos llegamos a un mundo en el que era necesario trabajar para sobrevivir cada día, en un sentido literal, buscando comida y techo. En aquel entonces no existían subsidios, ni salarios mínimos vitales, ni derecho al paro. Durante la prehistoria, los seres humanos primitivos dependían de la caza, la recolección y la fabricación de herramientas simples de piedra, hueso y madera. El trabajo estaba dividido por géneros: los hombres se dedicaban principalmente a la caza, mientras que las mujeres cuidaban de los niños y se encargaban de la recolección. A medida que las sociedades avanzaron hacia la agricultura y la civilización, la naturaleza del trabajo y la división de éste se volvieron más complejas y dieron lugar a diversas formas de organización laboral.

Aproximadamente en el año 10000 a. C., la transición de la caza y la recolección a la agricultura y la domesticación de animales marcó un nuevo paradigma. Los seres humanos comenzaron a asentarse en lugares fijos y el dominio sobre cabras, vacas y ovejas no sólo les proporcionaba alimentos, sino también productos como cuero y lana, entre otros. Surgieron pueblos y aldeas que eventualmente se convirtieron en el germen de las nuevas ciudades. Comenzaron a aparecer trabajos especializados y la estructura relacional se volvió más intrincada. Algunos se especializaron en la siembra y la cosecha, mientras que otros se centraron en la cría de animales o la construcción. Esta especialización condujo a la aparición de artesanos y comerciantes y sentó las bases para futuras estructuras económicas y sociales. La agricultura permitió la producción de excedentes alimentarios, lo que, a su vez, dio lugar al comercio y a la acumulación de riqueza.

Las relaciones humanas dejaron de estar basadas en la pura supervivencia y evolucionaron desde la simpleza de sobrevivir («¿De qué me alimento hoy y cuál es mi techo?») a la complejidad de convivir y ser más productivo para prever el futuro («Si tengo más que el otro, mi familia estará mejor preparada para el futuro»). Del miedo básico a no encontrar alimento o cueva cada día pasamos al miedo a no tener recursos a medio y largo plazo; de una cooperación entre humanos para cazar o trashumar se derivó la importancia de las relaciones sociales para ocupar un rol productivo y de poder que permitiera acumular con alianzas, prestaciones y contraprestaciones. Quizá éste fue el germen de nuestro «yo superficial».

Para cazar no era necesario impostar con un personaje. Desde que las relaciones humanas fueron claves para la supervivencia —la capacidad para seducir al otro, la aceptación social, saber acumular recursos, tener la capacidad de anticiparse a los peligros, destacar como referente en el grupo, ser considerado especial, ostentar el poder, manipular, proveer para ser proveído...—, los seres humanos nos vimos en la necesidad de apoyarnos en un personaje que potenciara estas características para seguir sobreviviendo. Las «actividades profesionales» dejaron de ser una consecuencia de nuestras necesidades básicas del día a día y se convirtieron en la principal fuente de seguridad para cubrir las vulnerabilidades físicas y psíquicas como punto de partida.

Las principales civilizaciones que iban surgiendo no hicieron sino favorecer un marco para la potenciación del ego y del personaje. Durante muchos siglos, la incertidumbre de los seres humanos sobre la muerte se resolvía con vidas muy influenciadas y condicionadas por las creencias sobre el más allá. En las culturas egipcia, mesopotámica, romana, la Edad Media y hasta la Revolución Industrial del siglo XVIII, el sentido de la vida estaba muy vinculado a la «otra vida» y, por lo tanto, existía un condicionante muy poderoso basado en el miedo a las consecuencias que podían derivarse de enfadar al dios o los dioses, según la época de la historia.

Las cualidades esenciales de los seres humanos quedaron sesgadas por criterios subjetivos. La cuestión no era ser bondadoso, sino lo que cada marco de creencias, según la sociedad, consideraba que era bueno. Por ejemplo, en la antigua Roma, una persona bondadosa era quien mataba a más cristianos, o en el antiguo Egipto lo era quien sometía a más esclavos para hacer monumentos a los faraones, que eran dioses de carne y hueso.

En los casi mil años que duró la Edad Media nos sobran ejemplos de cualidades esenciales sesgadas por las creencias que te garantizaban un pase directo al paraíso. Los pactos entre los papas, los Borgia y las luchas territoriales y fronterizas encarnizadas en toda Europa son un buen botón de muestra, por no profundizar sobre lo que significaba ser una persona buena en el marco de la temida Inquisición. En definitiva, a lo largo de la historia, los seres humanos, por unas circunstancias u otras, hemos lidiado con la necesidad de construir un personaje que nos proteja de nuestra vulnerabilidad, haciendo creer a los otros un relato del yo a través de un «yo superficial», contextualizado en las creencias culturales y religiosas dominantes de cada época.

En las sociedades modernas, el enfoque del personaje tiende a ser más hedonista, como si la muerte no fuera una realidad inevitable, lo que, en mi opinión, multiplica los efectos negativos de nuestro personaje y la desconexión con nuestro ser esencial y sus cualidades innatas.

Nacemos en una especie de pizarra en blanco con predisposiciones genéticas y, durante los primeros años de vida, nuestras cualidades esenciales y auténticas se ven influenciadas por el contexto histórico y las creencias de las personas que nos rodean. Por medio de sus narrativas, construimos el marco en el que seremos aceptados y queridos en el mundo en el que nos toca vivir. Así es como se forma nuestro eneatipo y se establecen las bases de nuestro «yo superficial».

En la actualidad, para ser buenas personas ya no tenemos que recurrir a la violencia o la conquista territorial, como ocurría en el pasado. Desde la perspectiva del eneagrama, nacemos con una virtud que a menudo se distorsiona durante nuestra infancia. Esto da lugar a la creación de un personaje centrado en lo que llamamos nuestra pasión principal. Este proceso es especialmente evidente en el ámbito profesional, en el que nuestro personaje puede destacar en situaciones competitivas. Tendemos a creer —erróneamente— que alcanzaremos la virtud por medio de nuestra pasión.

«Conectaré con mi virtud si...»:

- **E1.** «... hago las cosas perfectas» (falsa serenidad): ira
- **E2.** «... soy imprescindible» (falsa humildad): orgullo
- **E3.** «... reconocen mis logros» (falsa autenticidad): vanidad

- **E4.** «... soy diferente» (falsa ecuanimidad): envidia
- **E5.** «... acumulo» (falsa generosidad): avaricia
- **E6.** «... me anticipo al peligro» (falso coraje): miedo
- **E7.** «... no conecto con el dolor» (falsa sobriedad): gula
- **E8.** «... no conecto con la vulnerabilidad» (falsa inocencia): lujuria
- **E9.** «... no conecto con el conflicto» (falsa diligencia): pereza

En esencia, nacemos con nuestras virtudes intactas: serenidad, humildad, autenticidad, ecuanimidad, generosidad, coraje, sobriedad, inocencia y diligencia. Sin embargo, contaminamos nuestra esencia con las creencias del ego, que se construye en la infancia y nos hace creer que nuestras carencias deben compensarse y ocultarse para competir y ser aceptados y amados por quienes nos rodean. Esto ocurre de maneras diferentes en cada cultura y sociedad.

En la sociedad actual, sin eufemismos, el eneatipo y sus herramientas competitivas desempeñan un papel importante en nuestras carreras profesionales. No obstante, es probable que al final de nuestra vida lamentemos haber dejado de lado nuestro ser esencial para cumplir los objetivos profesionales de nuestro «yo superficial».

¿Cómo podemos resolver este aparente callejón sin salida? ¿Son incompatibles la esencia y el personaje?

En el capítulo anterior exploramos la idea de que el hecho de enmarcar la muerte como el motor que da sentido a nuestra vida en el tiempo limitado que tenemos nos ayuda a no querer deshacernos por completo de nuestro personaje o máscara. Después de muchos años trabajando con personas altamente evolucionadas y conscientes, no he conocido un solo caso en el que el ego o el personaje se reduzca a cero. Estoy seguro de que, en la vida cotidiana y en las distancias cortas, las personas nos «humanizamos» y que el personaje que late en cada ser humano se hace más visible, como me recordó uno de mis maestros de meditación, un canadiense que pasó años cerca del dalái lama en el Tíbet: «Roberto, vivimos en un cuerpo». En esta misma línea se interpreta un famoso refrán hindú: «No es apropiado que el maestro viva a menos de dos campos de sus seguidores». O uno más occidentalizado: «Nadie es un gurú para su mayordomo».

La cuestión de desmontar por completo el personaje y reducir a cero los patrones del eneatipo es, en efecto, una perspectiva extrema. También puede no ser realista o práctica en la mayoría de los contextos de la vida moderna, especialmente, en el ámbito profesional, en el que la competición y las presiones son una realidad constante.

Las responsabilidades financieras, educativas y de subsistencia a menudo nos impulsan a comprometernos con nuestro «yo superficial». En lugar de eliminar por completo el personaje, mi propuesta se centra en la integración y el equilibrio entre el personaje y el «yo esencial». Se trata de utilizar la autoconciencia y el autoconocimiento para que el personaje esté al servicio de los valores y objetivos del yo esencial, en vez de dominar nuestra verdadera esencia o alejarnos de ella.

Por lo general, la vida profesional implica un contexto competitivo y la búsqueda de objetivos laborales. En este entorno es difícil eliminar por completo el personaje, ya que a menudo desempeña un papel funcional para lograr metas concretas. En cambio, se busca encontrar un equilibrio en el que el personaje esté alineado con los valores esenciales y no entre en conflicto con ellos.

En última instancia, cada persona encuentra su propio camino en este proceso de autodescubrimiento y equilibrio entre el personaje y la esencia y no existe un enfoque único que funcione para todos. Lo importante es cultivar la conciencia de cómo interactúan estos aspectos en nuestra vida y buscar la armonía que nos permita vivir de manera más auténtica y satisfactoria.

El personaje, el «yo superficial», nos resulta necesario para desenvolvernos en el mundo, especialmente, en el ámbito profesional, pero debemos conseguir que los rasgos y patrones propios de este personaje estén al servicio del yo esencial y no al revés. Para ello, debemos desarrollar nuestra capacidad de autodominio y autoliderazgo tomando conciencia de cuáles son nuestros patrones de pensamiento, emoción y acción. Para lograrlo, activaremos el observador interno para ser capaces de recibir *feedback* y aceptar la crítica sobre nuestra forma de actuar.

Asimismo, movilizaremos a nuestro observador externo para tomar conciencia de qué hacemos, cómo lo hacemos, cuál es el impacto que produce en nuestro entorno, cómo reaccionamos a las situaciones de estrés y de conflicto en el día a día, qué mecanismos de defensa se disparan de forma automática para proteger nuestra motivación principal, etcétera. De este modo, llegaremos a conocer a fondo nuestro personaje, entenderemos sus resortes automáticos y tendremos más capacidad para gestionarlos de una forma mucho más beneficiosa para nosotros y para nuestro entorno.

Desde el campo del eneagrama, la propuesta es la misma que la que nos planteaban los sabios griegos hace más de dos mil años: el autoconocimiento, saber cuáles son y cómo funcionan los mecanismos y los patrones de nuestro eneatipo. El objetivo se centra en evitar que la competición de la vida nos lleve a olvidarnos de cómo vivir, de quiénes somos realmente y también en evitar que contaminemos los objetivos de nuestro yo esencial por las adicciones del ego, que nos agotan la energía y distorsionan nuestros propósitos vitales, con lo cual desperdiciamos el único tesoro que de verdad nos pertenece: el tiempo.

En la vida profesional, estamos la mayor parte de nuestro tiempo en «modo hacer» y no en «modo ser». En el «modo hacer», nuestros patrones de personalidad se activan, mientras que en el «modo ser» se desactivan y conectamos con nuestro «yo esencial». Con la autoconciencia es posible que el «modo hacer» no desconecte automáticamente del «modo ser».

¿Cómo es nuestro patrón de personalidad en la vida profesional? ¿A qué obedecen los principales resortes automáticos de nuestro personaje? ¿De qué carencia nos queremos proteger?

En el siguiente capítulo abordaremos en profundidad los mecanismos y las características de nuestro eneatipo en el mundo profesional. Pero ¿cuál es su origen? ¿Somos niños y niñas con corbata y zapatos de tacón?

Las claves de los patrones de comportamiento de nuestro personaje en la vida profesional representan la respuesta exagerada a cómo nuestra esencia se distorsionó en la niñez con creencias y vivencias que conformaron nuestro relato del yo. La propuesta no trata de catalogar como buenas o malas esas herramientas relacionales y competitivas de nuestro eneatipo, sino de tomar conciencia de que el personaje profesional no somos nosotros, sino que es nuestra coraza, y así ponerlo al servicio de nuestro «yo esencial» y de sus objetivos vitales. Quizá así no nos ocurra como a las personas que se fueron sumando a la carrera hacia ningún sitio de Forrest Gump:

—¿Hacia dónde corres, Forrest?

—No sé hacia dónde corro ahora, simplemente sigo corriendo.

Disponemos de un dorsal en la carrera de la vida, en la que las reglas de nuestra actividad profesional y las herramientas competitivas de nuestro «yo superficial» tienen que ser un cordón umbilical conectado a nuestro yo esencial y a sus objetivos vitales, no un fin en sí mismo.

Del niño formal al profesional impecable (eneatipo 1)

Del perfil del eneatipo 1, comúnmente conocido como el «niño formal», que evoluciona hacia el «profesional impecable», emerge una narrativa marcada por el aprendizaje temprano de la responsabilidad y la importancia de la corrección en todas las situaciones, tanto en público como en privado.

Estos individuos aprenden desde una edad temprana a reprimir sus instintos, particularmente la ira y el enfado, al recibir el mensaje de que sólo serán aceptados y queridos si logran mantener un comportamiento ejemplar. Su fórmula para lidiar con un mundo exigente se basa en la búsqueda constante de la excelencia y la canalización de su energía hacia la representación de niños ejemplares. Sin embargo, esto a menudo se logra con la autoexigencia extrema y la crítica constante, especialmente, cuando sienten que no están a la altura de las expectativas.

En la misma línea, las personas con este eneatipo internalizan la creencia de que mostrar ira es un signo de maldad, lo que resulta en una imagen externa de rigidez y autocontrol. Como resultado, desarrollan una máscara superficial basada en la autoexigencia y la autocrítica, alejándose de su virtud innata: la serenidad. En el ámbito profesional, esto se traduce en ocultar sus inseguridades y sensaciones de imperfección detrás de un comportamiento impecable.

Su temor básico es el de ser culpables o no cumplir con las expectativas y, para combatir este temor, se obsesionan con el perfeccionismo. Esto puede dar lugar a profesionales altamente efectivos, productivos y obsesionados con el orden, pero también con una energía interna de tensión contenida y un lenguaje muy meticuloso.

Esta estructura de comportamiento, representada por su máscara, los desconecta de su esencia intrínseca: serenos, pacientes y flexibles. La toma de conciencia es el primer paso hacia la transformación. Utilizan las herramientas perfeccionadas en su «modo hacer» para servir a sus objetivos vitales en el «modo ser». Comprenden que los seres humanos son inherentemente imperfectos y aprenden a confiar en la vida tal como es, disfrutándola incluso con sus propias imperfecciones. La verdadera excelencia radica en aceptar tanto las imperfecciones de la vida como las propias.

Desafiar la creencia arraigada de que sólo la excelencia y el cumplimiento constante son dignos de amor y aceptación es un proceso complejo, debido a los mecanismos automáticos que se internalizaron en la infancia. El trabajo para evitar que el «yo superficial» suprima la esencia implica redefinir la noción de perfección y valorar la aceptación y el cariño de quienes forman parte de su vida, a pesar de sus imperfecciones y defectos. Esta toma de conciencia lleva a una retirada de la máscara y a un radar interno para reconocer las máscaras en los demás. Esto permite al E1 integrar con serenidad el mundo imperfecto que lo rodea y discernir los diferentes ecosistemas entre el «modo hacer» y el «modo ser».

Del niño amoroso al profesional imprescindible (eneatipo 2)

Las personas con eneatipo 2, conocidas como los «proveedores», desarrollan en la infancia la necesidad de complacer y servir a los demás como un medio para ganar amor y aceptación. A lo largo de su desarrollo, estos individuos perfeccionan estrategias que se centran en la manipulación del amor en lugar de experimentar el amor genuino.

Su identidad se cimenta en la creencia central de una jerarquía invisible que coloca a los que dan por encima de los que reciben. A pesar de que su virtud es la humildad, esta característica queda desplazada por un orgullo basado en la noción de saber lo que tú necesitas. Estos niños suelen ser tiernos y tímidos y aprenden a ocultar sus propias necesidades mientras son recompensados por sus actos de entrega y servicio.

Lamentablemente, la humildad genuina se transforma en una falsa humildad, y la necesidad de sentirse imprescindibles para los demás por medio de su capacidad para proveer se vuelve una adicción. En el ámbito profesional, estos individuos son muchas veces altamente valorados debido a su disposición constante para ayudar. Su máscara de proveedores se convierte en su carta de presentación, lo que les permite aplacar temporalmente su sensación interna de falta de amor y aceptación propia con el reconocimiento externo.

Por el contrario, la verdadera transformación comienza con la toma de conciencia. Para los E2, esto implica reconocer sus propias necesidades y sus propios deseos y desvincularse de la validación y la aceptación externas que provienen de ser considerados imprescindibles. Este proceso puede llevarlos a enfrentar un vacío y un miedo profundos, pero sus habilidades interpersonales, desarrolladas a lo largo de su vida, pueden ser una herramienta poderosa en este viaje de autodescubrimiento. Aprenden que el amor verdadero hacia los demás comienza por amarse a sí mismos y reconocer sus propias necesidades y deseos como legítimos.

En el «modo hacer», los E2 pueden alcanzar un alto nivel de éxito profesional aprovechando sus habilidades innatas de cuidado y servicio, pero en el «modo ser» deben enfocarse en cultivar un amor verdadero y genuino hacia sí mismos. Esto implica reconocer la humildad en el equilibrio entre dar y recibir y comprender que, para ofrecer amor auténtico a los demás, primero deben aprender a dárselo a sí mismos. En última instancia, el camino hacia la realización personal y la felicidad reside en descubrir y abrazar su propia valía y sus necesidades, sin depender en exceso de la aprobación externa.

Del niño brillante al profesional exitoso (eneatipo 3)

Los E3, conocidos como los «camaleónicos», desarrollan en la niñez la creencia fundamental de que el amor y la aceptación se obtienen principalmente mediante los logros y el éxito. Desde una edad muy temprana aprenden a adaptarse a diferentes situaciones para destacar y ganarse la admiración de quienes los rodean. Su sentido de valía personal se vincula estrechamente con los logros externos y evitan cuidadosamente cualquier experiencia de fracaso o desilusión.

A medida que crecen, estos individuos experimentan un cambio fundamental en su identidad. Su cualidad esencial, la auténtica valía, es reemplazada por una versión falsa de sí mismos. Esta falsa valía se basa en la vanidad de mostrar al mundo una imagen exitosa y se manifiesta en su habilidad para ser camaleónicos y adaptables en diversas situaciones. En el ámbito profesional, los E3 son reconocidos por su extrema productividad y su dedicación al trabajo y a menudo proyectan una imagen de personas para quienes todo marcha sobre ruedas, como si fueran un departamento de marketing viviente.

Sin embargo, detrás de esta fachada de éxito, se oculta un alto precio personal. Los E3 desarrollan un mecanismo automático de desconexión con sus propias emociones y sentimientos genuinos. Esto les permite adaptarse a las expectativas de su entorno y perseguir sus objetivos con determinación, pero a menudo se encuentran desconectados de su propia valía. Mantener esta fachada exitosa puede ser agotador y, en última instancia, insatisfactorio.

El verdadero desafío para los E3 está en encontrar un equilibrio entre su enfoque en el hacer y su capacidad para ser. Esto implica reconectar con sus emociones y sentimientos auténticos y aprender a proyectar esta autenticidad en los aspectos más significativos de su vida y sus relaciones más cercanas. Preguntarse quiénes son realmente puede ser un proceso complicado, ya que están acostumbrados a ser una proyección de las expectativas ajenas de éxito. No obstante, con respuestas sinceras y una conexión más profunda con sus emociones genuinas, pueden iniciar el viaje hacia su virtud: la autenticidad. Este viaje los lleva a redescubrir su valía personal más allá de los logros externos y a encontrar un sentido más profundo de satisfacción y plenitud en la vida.

Del niño diferente al profesional singular (eneatipo 4)

Los eneatipo 4, a menudo denominados los «especiales», vivieron una sensación profunda de abandono en la infancia, a veces desencadenada por experiencias tempranas que los hicieron sentir desamparados; otras, por situaciones familiares que los conectaron con una sensación de no pertenecer al grupo familiar, de tener carencias o diferencias que los separaban del resto. Desde muy jóvenes lidiaron con la carencia emocional y la sensación de no ser valorados por quienes los rodeaban. La semilla de su eneatipo se plantó cuando se les transmitió el mensaje de que la única forma de ganar amor y aceptación en el mundo sería destacando como diferentes y especiales.

Esta búsqueda de singularidad surge de una profunda melancolía y envidia, ya que estos individuos suelen desarrollar la creencia de que son personas mediocres en comparación con quienes aparentan tener una vida feliz y plena. La cualidad esencial de los E4, la originalidad, se ve eclipsada por una versión falsa de originalidad basada en la comparación constante con los demás. A menudo se preguntan: «Si soy tan especial, ¿por qué otros son felices y yo no?».

En su vida profesional, los E4 destacan por su habilidad para ofrecer una perspectiva diferente y única. Son conocidos por su creatividad y su originalidad, así como por su capacidad para explorar el dolor propio y ajeno. Sorprendentemente empáticos, encuentran energía y alimento en el sufrimiento de los demás, lo que los convierte en profesionales destacados en roles relacionados con el apoyo a personas que enfrentan situaciones difíciles, como pacientes terminales.

Sin embargo, este enfoque en ser especiales y su tendencia a marcar diferencias y a dramatizar las relaciones humanas se cobra un alto precio personal. Su motor interno, alimentado por la envidia comparativa, a menudo los mantiene en un estado de melancolía y sufrimiento constantes, ya que se comparan implacablemente con las referencias más destacadas en su entorno. A pesar de sus habilidades profesionales efectivas, su «modo hacer» muchas veces se nutre del egocentrismo.

Para avanzar en su desarrollo, los E4 deben aprender a equilibrar su «modo hacer» con su «modo de ser». Esto significa conectarse con su virtud de ecuanimidad y aprender a amarse a sí mismos tal como son, en lugar de esforzarse constantemente por parecer únicos y especiales ante los demás. La verdadera singularidad se encuentra en aceptarse a uno mismo en esencia y dejar de lado la búsqueda incesante de reconocimiento externo. Al abrazar esta autenticidad, los E4 pueden embarcarse en un viaje más genuino y explorar los grandes temas existenciales de su vida y las relaciones desde una perspectiva más equilibrada y plena.

Del niño desconectado al profesional distante (eneatipo 5)

Los E5, conocidos como los «expertos», aprendieron en la niñez a desconectar de sus sentimientos y a retirarse emocionalmente, ya sea porque crecieron en un entorno familiar donde se sintieron insignificantes, en el que sus necesidades no eran importantes o, por el contrario, en un ambiente asfixiante e invasivo que los obligó a refugiarse en un mundo intelectual y alejarse de las emociones. Descubrieron que su lugar en el mundo estaba en el papel de observadores, con lo cual se evitaban el sufrimiento emocional y construían su autoestima en función de su capacidad para comprender el mundo desde la mente, acumulando conocimiento y recursos, mientras ahorraban esfuerzos en las relaciones humanas.

No obstante, su virtud, la generosidad, se vio distorsionada por una creencia infantil arraigada en la necesidad de acumular, tanto en lo material como en lo intelectual. Recibieron el mensaje de sus figuras de referencia de que, si entregaban, se quedarían sin recursos, ya que éstos se percibían como limitados.

En su vida profesional, los E5 suelen destacar por sus notables capacidades intelectuales y suelen ocupar roles de expertos, en los que se muestran a menudo fríos y distantes. Pueden ganarse la reputación de ser altivos, puesto que marcan una clara frontera entre lo que ellos saben y los demás no.

El precio que pagan por sus altos estándares profesionales en el «modo hacer» es la desconexión con su gran sensibilidad emocional innata, ya que han desarrollado la habilidad de desconectar de sus propios sentimientos. Su «yo superficial» está impulsado constantemente por la búsqueda de acumulación y su pasión central es la avaricia. Esto les impide establecer vínculos humanos profundos y experimentar situaciones en las que el resultado no sea predecible y matemático.

Para crecer y desarrollarse plenamente, un E5 debe aprender a conectarse con su «modo ser» en relación con las personas y los objetivos esenciales de su vida. Esto implica comprender que sentir emociones y expresarlas no necesariamente conduce al sufrimiento. También aceptar que acumular recursos materiales y emocionales, junto con las personas a las que ama, es una forma de enriquecer la calidad de vida, incluso si esto implica un cierto grado de riesgo y posibilidad de equivocación. Asimismo, supone liberar su sensibilidad prodigiosa detrás de una imagen distante y sin emociones, con lo cual se permite conectar con el mundo emocional y vivir experiencias más auténticas y ricas en significado.

Del niño miedoso al profesional precavido (eneatipo 6)

Los individuos del eneatipo 6, conocidos como los «leales», tuvieron una infancia marcada por una alerta y una tensión constantes. A menudo estuvieron rodeados de figuras de referencia cuyas reacciones eran impredecibles o, a veces, desproporcionadas. Sintieron desde pequeños que la figura de protección no siempre estaba y/o ejercía su función protectora. En este ambiente, estos niños desarrollaron un radar preventivo excepcional que anticipaba y analizaba las conductas humanas para protegerse de los imprevisibles comportamientos que los rodeaban. Aprendieron a ver el mundo como un lugar lleno de peligros acechando en cada esquina y adoptaron una posición mental que los conectaba constantemente con las peores consecuencias posibles, y gastaron una cantidad significativa de energía en este proceso analítico.

Paradójicamente, su virtud, el coraje, se vio obstaculizada por un profundo miedo a la vida, ya que creían que, si no permanecían en un estado constante de alerta, un peligro inminente los desbordaría. Cuando el peligro se hace concreto y real, su coraje se manifiesta en todo su esplendor.

En el ámbito profesional, los E6 son conocidos por su fiabilidad y su capacidad para estructurar planes detallados, incluyendo planes B, C y D. Muchas veces ocupan el papel de «abogado del diablo», cuestionando y previniendo posibles amenazas y desafíos. También son notoriamente leales al líder, siempre y cuando lo respeten, ya que proyectan en él la seguridad que necesitan y están dispuestos a ofrecer todas sus estrategias para anticiparse a las amenazas empresariales.

Sin embargo, en su «modo hacer», los E6 pueden renunciar a disfrutar de la vida debido a su constante preocupación por los peligros y las amenazas potenciales. El miedo, que es el motor de su comportamiento y puede ser la fuente de muchos de sus logros profesionales, a menudo les impide conectarse con el placer de vivir el presente, ya que están constantemente preocupados por identificar riesgos potenciales. Estos profesionales viven proyectando y para ellos el presente es sólo un medio para garantizar un futuro libre de peligros y amenazas.

Cuando los E6 conectan con su «modo ser», desarrollan el coraje y lo aplican a sus objetivos esenciales. Aprenden a confiar en la vida y en sí mismos y comprenden que su personaje puede ser útil en ciertos contextos profesionales, pero perjudicial cuando impregna las relaciones humanas con una sospecha constante. Es importante destacar que, en algunos casos, el miedo puede convertirse en un motor para el ataque constante con el fin de desconectar de las emociones. En estos casos, los E6 pueden convertirse en profesionales muy agresivos que intentan con sus acciones conectar con su anhelo de seguridad.

Del niño hiperactivo al profesional estimulado (eneatipo 7)

Desde su niñez, los E7 experimentaron un mundo lleno de oportunidades y emociones positivas. De niños percibieron que no siempre obtendrían la sensación de bienestar, consuelo y satisfacción de sus figuras materna y paterna, por lo que desarrollaron habilidades y comportamientos dirigidos a crear sus propias experiencias satisfactorias y positivas que les proporcionasen bienestar.

Aprendieron a ser personas felices y entusiastas, centradas en el lado positivo de las cosas, lo que los llevó a negar constantemente cualquier sentimiento negativo o doloroso. Cuando se enfrentaban a momentos de tristeza o pensamientos depresivos, reaccionaban llenando sus agendas con experiencias emocionantes y manteniendo relaciones superficiales para evitar confrontar esas emociones más difíciles.

Si bien esta actitud puede parecer saludable en la superficie, los E7 a menudo viven en una constante negación de la realidad completa de la vida, incluyendo las decepciones y las tristezas que todos enfrentamos en algún momento. Su búsqueda interminable de emociones y experiencias en ocasiones puede llevarlos a evitar hacer frente a las emociones negativas, lo que puede acumularse con el tiempo y llevar a un colapso emocional.

En el ámbito profesional, los E7 son conocidos por su energía y su entusiasmo contagiosos en el «modo hacer». Son emprendedores natos, siempre dispuestos a asumir nuevos desafíos y proyectos. Además, son excelentes comunicadores y tienen una gran capacidad para persuadir y motivar a los demás. Esto los hace destacar en roles de liderazgo, especialmente, en áreas que requieren expansión, como el marketing y las ventas.

Por el contrario, en su búsqueda constante de experiencias emocionantes y su afán por evitar las emociones más difíciles, los

E7 pueden perder la conexión con su autenticidad y profundidad emocional. El proceso de crecimiento para un E7 y la conexión con el «modo ser» implican aprender a aceptar y manejar las emociones negativas, reconocer que son una parte natural de la vida y que también tienen valor. Aprender a encontrar la alegría en momentos de tranquilidad y reflexión en lugar de sólo en la emoción constante es un paso importante hacia la madurez emocional, la plenitud y la conexión auténtica con las personas significativas de su vida.

Del niño vulnerable al profesional poderoso (eneatipo 8)

Los E8 vivieron una infancia en la que inconscientemente aprendieron que el mundo era un lugar en el que debían ser fuertes y dominantes y esconder su vulnerabilidad para protegerse y obtener lo que necesitaban. Con frecuencia crecieron en un entorno en el que no podían contar con la figura de protección para sentirse seguros y a salvo, y asumieron que ese rol en la familia debían ocuparlo ellos convirtiéndose en los fuertes y protectores. Muchas veces sus figuras de referencia ponían en valor la asertividad y la fortaleza como forma de relacionarse con los demás para ser respetados. Esto les generó un profundo deseo de control y una necesidad de evitar cualquier signo de debilidad o vulnerabilidad ante el temor básico de no ser amados y aceptados.

Su virtud, la inocencia, se vio eclipsada por un fuerte deseo de control y poder. Los E8 sienten que deben ser dueños de la situación y están dispuestos a asumir el liderazgo para evitar que los dominen o controlen otros. Esta necesidad de control puede llevar a comportamientos dominantes y confrontativos.

En el ámbito profesional, los E8 son conocidos por su determinación y su capacidad para tomar decisiones firmes en el «modo hacer». Son líderes naturales y no tienen miedo de asumir la responsabilidad y la autoridad. Pueden destacar en roles de liderazgo ejecutivo, gerencia o cualquier posición que requiera tomar decisiones difíciles y mantenerse firmes en sus convicciones. Sin embargo, a veces, su deseo de control puede llevar a un enfoque excesivo y una tendencia a dominar a los demás. Su «yo superficial» es muy autoritario e intimidante.

El crecimiento y la conexión con el «modo ser» para un E8 implica aprender a equilibrar su necesidad de control con la aceptación de la vulnerabilidad y la apertura a la posibilidad de que no siempre tienen que ser los líderes dominantes. También reconocer que la verdadera fortaleza implica asimismo la capacidad de ser compasivo y tejer relaciones con las personas importantes de su vida, dejando así fluir su inocencia y conectar con su vulnerabilidad.

Del niño invisible al profesional del consenso (eneatipo 9)

Los E9 vivieron una infancia en la que se sintieron invisibles para sus figuras de referencia y aprendieron que expresar deseos u opiniones generaba conflicto y ponía en peligro su aceptación y su pertenencia en la familia. Esto generó en ellos una fuerte necesidad de evitar cualquier confrontación o tensión para mantener la paz y los vínculos con el núcleo familiar.

Su virtud, la diligencia, a menudo se vio eclipsada por un deseo excesivo de evitar el conflicto y mantenerse en un estado de comodidad. Los E9 pueden ser vistos como personas que tienden a desconectarse de sus propios deseos y necesidades para evitar la confrontación con otros. A menudo sacrifican sus propias opiniones y deseos para lograr la armonía en sus relaciones y poder mantener los vínculos de pertenencia con la familia, con amigos, con un equipo o con una organización.

En el ámbito profesional, los E9 son conocidos por su habilidad para mediar y encontrar soluciones pacíficas en el «modo hacer». Se les da bien trabajar en equipo y tienen una fuerte capacidad de empatía. Pueden ser excelentes en roles que requieren la resolución de conflictos y la creación de un ambiente de trabajo armonioso. No obstante, a veces, su deseo de evitar el conflicto puede llevar a la procrastinación y la falta de asertividad. Pueden tener dificultades para tomar decisiones firmes y establecer límites.

El crecimiento para un E9 en el «modo ser» implica aprender a conectarse con sus propios deseos y necesidades, así como a expresar sus opiniones de manera asertiva sin temor a la confrontación. Supone tomar conciencia de que en las relaciones importantes de la vida no merece la pena que te quieran y valoren por lo que no eres, sino por lo que eres, aunque a veces conlleve la confrontación y el conflicto. Implica reconocer que la verdadera paz no siempre significa evitar el conflicto, sino encontrar formas saludables de abordarlo y resolverlo desde la conexión con uno mismo y no a costa de la desconexión.

En el siguiente capítulo desarrollaremos con mayor detalle las características de cada eneatipo en el ámbito profesional, sus compatibilidades y sus estilos de liderazgo.

9

Los nueve eneatipos en el trabajo

> El trabajo es la clave para la realización personal y el éxito en la vida.
>
> CONFUCIO, filósofo

La implantación de procesos formativos y experienciales de eneagrama en las empresas está en pleno desarrollo. Por regla general, la vía de entrada no suele ser la habitual, es decir, por medio de los departamentos de recursos humanos. En muchas ocasiones, se debe a la falta de información y a la dificultad de distinguir el heno de la paja, entre otras cosas. Esto hace que las compañías no terminen de atreverse a implantar este modelo por el riesgo de salirse de la autopista de lo convencional y conocido, sobre todo, en España.

Quizá hay dos motivos centrales. El primero, la no existencia de un método científico incontestable para la identificación del eneatipo, lo cual concede todo el poder al identificado (empleado) y no al identificador (empresa). En segundo lugar, al ser un campo de conocimiento basado en la profundización en uno mismo, puede dar lugar a la toma de conciencia en los trabajadores, lo que en muchas ocasiones les puede hacer replantearse cuestiones claves en su vida que pueden no ir exactamente en la línea de la máxima productividad y dedicación ciega que persiguen muchas empresas.

Generalmente, el modelo basado en eneagrama se implanta mediante profesionales o ejecutivos con poder que lo han experimentado por sí mismos individualmente en otros ámbitos, conectados con la profundidad y la efectividad a medio y largo plazo. Esto les ha ayudado a tener la valentía de generar proyectos en sus compañías para la mejora de la calidad de vida y las relaciones entre sus trabajadores, lo que reporta excelentes resultados para sus ecosistemas profesionales.

En el ámbito internacional, son muchas las empresas que lo tienen incorporado en sus procesos: Avon, Best Buy, Daimler-Mitsubishi, Toyota, Google, Disney, LeasePlan y un largo etcétera. En países como Estados Unidos, el eneagrama se utiliza en las organizaciones para trabajar aspectos como la mejora de las relaciones en el trabajo y los resultados obtenidos, la comunicación, las formas de dar *feedback*, la gestión de los conflictos, el cambio de cultura, la toma de decisiones, los equipos o los estilos de liderazgo, entre otros.

En España, una de las empresas pioneras en el uso del eneagrama fue Prodware Group, principal socio de Microsoft en Europa, de la mano de su responsable, José María Sánchez Santa Cecilia, CEO de Prodware Spain y vicepresidente ejecutivo de Prodware, quien comparte la siguiente reflexión:

> Desde que, hace unos años, el comité de dirección de Prodware en España se formó en el eneagrama de la personalidad, algo cambió en nuestra forma de dirigir. Con su conocimiento, encontramos una excelente nueva perspectiva para la gestión y el desarrollo de las personas.
>
> Nuestro mundo es el del conocimiento, la tecnología y su adecuación a las empresas, pero nuestras «máquinas» son las personas, que componen el llamado talento de la organización. Por ello, la multiperspectiva que propone el estudio, el conocimiento y, sobre todo, la aplicación del eneagrama nos ayudó en la gestión directiva, la interpersonal y la adquisición del talento correcto.
>
> Tiempo después, decidimos formar a los directivos intermedios, dado que lo considerábamos una herramienta excelente, tanto de autoconocimiento como de acompañamiento en el desarrollo personal de los componentes de los equipos. Sin duda, fue un éxito rotundo y, años después, aparece continuamente en nuestras conversaciones, diría que de una manera esencial. Desde ahí construimos

argumentos y llevamos a cabo la siempre difícil labor de entender y gestionar a personas muy distintas.

Tenemos un tipo de personalidad base que conforma el eje central de la estructura de nuestro ego, pero, por otro lado, también desarrollamos roles en diferentes áreas de nuestra vida. Aunque nuestro tipo de personalidad es el mismo, lo cierto es que no nos comportamos igual cuando estamos entre amigos, en familia, en nuestras relaciones de pareja o cuando estamos en el trabajo.

Cuando desarrollamos la actividad con la que nos ganamos la vida, estamos tocando cuestiones relativas a la supervivencia y a nuestro papel en la sociedad. Por este motivo, se trata de un ámbito de nuestra vida en el que tendemos a estar más en tensión y en alerta y en el que nuestro ego despliega más sus mecanismos automáticos para que podamos cumplir con nuestros objetivos, lo que acentúa los rasgos principales de nuestro tipo.

Margarita Guerra, presidenta de la Asociación Española de Eneagrama, nos describe a continuación las características principales de cada uno de los eneatipos en el trabajo.

El eneatipo 1 en el trabajo

La fijación principal del E1, la lente a través de la cual observará el mundo para distinguir qué es lo positivo y lo negativo y decidir a qué acercarse y de qué alejarse, será la dicotomía «es perfecto/es imperfecto».

Se volcarán en la actividad que los lleve a sentirse más perfectos y en la que puedan perfeccionar lo que hay a su alrededor. Se alejarán de todo aquello que los pueda conectar con el sentimiento de hacer las cosas de forma defectuosa o equivocada.

En su actividad profesional, el E1 desplegará todo su sistema de creencias, dirigido a detectar las imperfecciones que lo rodean y corregirlas. Se identifica con frases como las siguientes: «Sólo hay dos formas de hacer las cosas: están bien hechas o están mal hechas»; «Todo es mejorable con voluntad y trabajo»; «Es importante tener unos ideales claros y aplicarlos»; «Tengo una visión clara de lo que es correcto y lo que no y mi misión es enmendar lo que no lo es, aunque para ello tenga que ser duro», y «Mi misión en la vida es contribuir a mejorar las cosas».

Las personas con este tipo de personalidad tienden a ser responsables y cumplidoras en el trabajo. Les dan mucha importancia a los detalles y siguen altos estándares de calidad. Suelen tener una idea muy clara de cómo hay que hacer las cosas y pueden mostrarse muy rígidos y reacios a aceptar otros puntos de vista. Tienen niveles altos de autoexigencia y se emplean a fondo en sus tareas, lo que los lleva a ser muy sensibles a las críticas y muy exigentes también con los demás. Tienen una inclinación importante a mejorar lo que tienen alrededor y comparan constantemente la realidad con su idea de cómo deberían ser las cosas. Esto los puede llevar inconscientemente a ser muy críticos, aunque ellos creen estar haciendo observaciones objetivas para mejorar.

La pasión de este eneatipo es la ira reprimida o frustración. Esta ira que sienten ante lo que no es correcto y adecuado muchas veces se manifiesta en forma de crítica desde el juicio, y marcan la pauta de lo que está bien y lo que está mal con bastante severidad.

En el fondo, los E1 buscan que los acepten sin críticas ni reservas, pero, paradójicamente, su actitud juzgadora puede hacer que los demás se alejen y tomen distancia para no sufrirlas ellos mismos. A esto se añade que su propio espíritu autocrítico hace que fácilmente se tomen las valoraciones de los otros como críticas.

El eneatipo 2 en el trabajo

La fijación principal del E2, la lente a través de la cual observará el mundo para distinguir qué es lo positivo y lo negativo y decidir a qué acercarse y de qué alejarse, será la dicotomía «me nutrirá/no me nutrirá».

Se volcarán en aquellas actividades que les hagan sentirse útiles y apreciados por los demás y se alejarán de todo aquello que les haga sentirse inútiles o impotentes.

En el trabajo, el E2 desplegará todo su sistema de creencias, dirigido a convertirse en una pieza clave e indispensable para los otros, anticipándose a sus necesidades, de manera que pueda tejer relaciones en las que juegue el papel de proveedor de las necesidades ajenas. De este modo, generará agradecimiento y deuda en los demás. Se identifica con frases como las siguientes: «Tengo un talento natural para saber lo que cada uno necesita en cada momento»; «Hay que anticiparse a las necesidades y cubrirlas cuanto antes»; «Ser generoso y atento es lo que hace bueno a un ser humano»; «Anteponer tus necesidades a las de los demás es un comportamiento egoísta y dañino»; «Hago que las cosas funcionen, ya que tengo en cuenta a todo el mundo y doy a cada uno la atención que precisa», y «La mejor manera de ser valioso profesionalmente es convertirse en imprescindible».

Las personas con este tipo de personalidad tienden a centrarse en las relaciones con los demás, suelen disfrutar de trabajar con otras personas y están pendientes de sus necesidades ofreciéndoles apoyo.

Mantienen, por lo general, una visión optimista de las cosas. Buscan conectar con sus compañeros de trabajo y hacerse imprescindibles. Se anticipan tanto a las necesidades de los demás que pueden resultar invasivos y poco respetuosos con los límites de la privacidad ajena. Aunque aparentemente no necesitan nada y siempre ofrecen su ayuda, en el fondo se nutren de las relaciones y de obtener el reconocimiento y la validación de los demás y no encajan nada bien que su ayuda se dé por sentada o que intenten aprovecharse de su buena disposición.

En el fondo, los E2 buscan sentirse apreciados y cuidados y quieren encontrar un entorno en el que poder ocuparse de sus propias necesidades y deseos, pero, paradójicamente, tienden a desconectar o ignorar sus propias necesidades frente a sus compañeros y gastan su energía en complacer a los demás para que les agradezcan lo que hacen y los valoren.

El eneatipo 3 en el trabajo

La fijación principal del E3, la lente a través de la cual observará el mundo para distinguir qué es lo positivo y lo negativo y decidir a qué acercarse y de qué alejarse, tendrá como base la dicotomía «me hace destacar/no me hace destacar».

Se volcarán en todo aquello en lo que puedan ser buenos y sobresalir y que les proporcionará la admiración de los demás. Se alejarán de todo aquello en lo que sientan que no puedan ser buenos y destacar, evitando así sentirse uno más. Las personas con este tipo de personalidad tienden a enfocarse en conseguir objetivos y lograr el éxito en todo lo que hacen.

En el trabajo, el E3 desplegará todo su sistema de creencias, dirigido a tener el mayor éxito posible en el desempeño de su función. Se convertirá así en una persona valiosa y eficaz a ojos de los demás. Se identifica con frases como las siguientes: «Hay que ser el mejor en lo que se hace»; «Lo importante es tener objetivos claros y alcanzarlos»; «La imagen y la reputación son el mayor valor para un profesional»; «Es esencial saber adaptarse a las circunstancias para lograr lo que uno se propone»; «En el mundo profesional, las relaciones personales son un medio para lograr un fin»; «No me asusta el trabajo duro si es necesario para lograr mis metas», y «Nuestros logros nos definen».

Pueden ser trabajadores incansables y les importa estar bien considerados en su trabajo. En los entornos laborales pueden ser muy competitivos y otorgan una gran importancia a su imagen profesional. Se esfuerzan mucho en ser los números uno en lo que hacen y la simple posibilidad de fracasar en una labor hace que redoblen sus esfuerzos por reconducir la situación y lograr una imagen de éxito. Disponen de una gran capacidad de adaptación al entorno para conseguir sus metas y lo más importante para ellos es su imagen y su reputación como buenos profesionales.

En el fondo, los E3 buscan y desean ser valorados por lo que son y no únicamente por lo que hacen. Sin embargo, su esfuerzo por dar siempre una buena imagen y sus cambios y adaptaciones constantes al entorno para lograr sus metas pueden hacer que los demás los perciban como artificiales o poco auténticos.

El eneatipo 4 en el trabajo

La fijación principal del E4, la lente a través de la cual observará el mundo para distinguir qué es lo positivo y lo negativo y decidir a qué acercarse y de qué alejarse, será la dicotomía «es extraordinario/es ordinario».

Se volcarán en todo aquello en lo que puedan sentirse únicos y especiales y aportar algo singular con su labor y evitarán todo lo que pueda conectarlos con lo ordinario y corriente.

Las personas con este tipo de personalidad tienden a centrarse en hacer las cosas de una manera única. Buscan hacer su trabajo de un modo que exprese su personalidad, de una forma creativa y original.

En el trabajo, el E4 desplegará todo su sistema de creencias, dirigido a hacer las cosas a su manera y con su toque personal de originalidad y significado. En la empresa, será una persona que aportará una visión única y diferente, con un alto grado de sensibilidad estética. Se identifica con frases como las siguientes: «El resultado de mi trabajo debe reflejar mi visión del mundo»; «Los pequeños detalles pueden dar mensajes con mucho significado»; «También en el trabajo es importante establecer relaciones humanas profundas»; «La originalidad y la creatividad es la máxima expresión de la personalidad»; «No me vale hacer las cosas de cualquier manera, ya que el resultado de mi trabajo habla de mí»; «No siempre consigo que los demás comprendan mi visión de las cosas», y «La pasión por lo que hacemos es una parte esencial del trabajo».

Suelen establecer relaciones personales profundas y en el desarrollo de su labor están constantemente conectados con sus emociones y sensaciones interiores, que utilizan para expresar su creatividad.

Son personas intuitivas y exigentes con su trabajo. Ponen mucho de ellos mismos en todo lo que hacen y son muy sensibles a los sentimientos de rechazo. Se esfuerzan mucho por hacer las cosas con un sentido profundo y único, de forma diferente a los demás, lo cual a menudo los lleva a ser vistos como los que siempre van a contracorriente y se salen de los patrones constantemente en vez de como únicos y especiales.

En el fondo, los E4 buscan crear conexiones profundas y duraderas con los demás, ser aceptados y comprendidos como son, pero, paradójicamente, su comportamiento ensimismado y centrado en ellos mismos y, en algunos casos, sus intensas expresiones emocionales hacen que las personas se distancien de ellos. Además, son muy sensibles a la crítica y al rechazo, lo que provoca que sean ellos mismos los que, a menudo y de antemano, se aíslen del resto ante el riesgo de sentirse rechazados. Esto puede llevarlos a ser beligerantes con los demás en el caso del E4 sexual-transmisor.

El eneatipo 5 en el trabajo

La fijación principal del E5, la lente a través de la cual observará el mundo para distinguir qué es lo positivo y lo negativo y decidir a qué acercarse y de qué alejarse, será la dicotomía «me renta/no me renta».

Se volcarán en actividades que puedan llegar a dominar desde el conocimiento, las dirigirán con relativa facilidad como expertos y evitarán todo lo que los saque de su zona de confort y les requiera un gasto energético importante, especialmente, si implica el manejo de emociones propias y ajenas.

Las personas con este tipo de personalidad tienden a enfocarse en acumular conocimientos y convertirse en expertos en la actividad que desarrollan. Suelen ser excelentes analistas y afrontan los temas con una gran objetividad.

En el entorno profesional, el E5 desplegará todo su sistema de creencias, dirigido a convertirse en experto en su trabajo, acumulando toda la información posible y midiendo sus fuerzas a la hora de relacionarse con las demás personas en su labor. Esto se debe a que le resulta agotador tener que administrar situaciones con una alta carga emocional. Se identifica con frases como las siguientes: «Lo más importante es ser un experto en lo que haces»; «El conocimiento es la clave para el éxito profesional»; «El trabajo requiere análisis y objetividad para conseguir resultados»; «Las relaciones en el entorno laboral deben girar en torno al trabajo»; «Los sentimientos y las pasiones en el trabajo enturbian la capacidad de tomar buenas decisiones», y «La innovación es fruto de la observación y de los conocimientos».

Les cuesta conectar emocionalmente con sus compañeros y, por tanto, se sienten más cómodos con relaciones menos profundas y más construidas exclusivamente en torno al trabajo.

Son celosos a la hora de compartir la información que poseen y agradecen que se mantenga la discreción en los entornos laborales. Se esfuerzan por ser buenos en su trabajo y aportar valor con lo que hacen. Combinan y analizan la información desde diferentes perspectivas, lo que genera que puedan ser muy innovadores en su labor.

En el fondo, los E5 buscan experimentar la vida con plenitud y lograr conexiones genuinas con otras personas, pero, paradójicamente, su tendencia a mantener la distancia emocional con los demás, incluso desconectando de sus propias emociones, los lleva a ser percibidos por sus compañeros como personas frías, distantes y poco accesibles en lo personal.

El eneatipo 6 en el trabajo

La fijación principal del E6, la lente a través de la cual observará el mundo para distinguir qué es lo positivo y lo negativo y decidir a qué acercarse y de qué alejarse, tendrá como base la dicotomía «es seguro/es inseguro».

Buscará actividades y entornos de trabajo en los que pueda sentirse seguro y estable, como parte de estructuras y organizaciones que puedan proporcionarle un entorno en el que desarrollarse profesionalmente.

Las personas con este tipo de personalidad tienden a centrarse en que el entorno sea seguro y confiable, con reglas y procedimientos claros. Suelen anticiparse a las situaciones y a los posibles riesgos con una planificación detallada y, la mayoría de las veces, poco optimista. En el trabajo, el E6 desplegará todo su sistema de creencias, dirigido a desarrollar una actividad en la que puedan aportar sintiéndose seguros y parte de una estructura con reglas y principios definidos.

En cambio, el subtipo E6 sexual o transmisor puede asumir mayores riesgos en su desempeño profesional, aunque siempre esté vigilante a los riesgos y posibles problemas que pudieran surgir. Se identifica con frases como las siguientes: «La previsión y el análisis son claves para un buen desempeño»; «Soy una persona leal y comprometida con mis tareas y funciones»; «Siempre hay que estar preparado para lo que pueda llegar»; «Por desgracia, no puedes confiar en las intenciones de la gente; es mejor estar prevenido»; «El trabajo constante y responsable es la mejor manera de convertirse en indispensable», y «Tengo una habilidad especial para medir y evaluar los riesgos y anticiparme a ellos».

Cuando forman parte de un equipo, son personas leales y dignas de confianza, aunque siempre están alerta e, inconscientemente, sospechan que los demás puedan no cumplir con su cometido o tener segundas intenciones.

En el fondo, los E6 tratan de encontrar la confianza en ellos mismos y formar parte de entornos laborales seguros y fiables. No obstante, tienden a proyectar en los demás sus propias sospechas y preocupaciones, que muchas veces expresan en forma de queja, lo que, paradójicamente, puede provocar en los demás preocupación y desconfianza hacia ellos.

El eneatipo 7 en el trabajo

La fijación principal del E7, la lente a través de la cual observará el mundo para distinguir qué es lo positivo y lo negativo y decidir a qué acercarse y de qué alejarse, será la dicotomía «es estimulante/es aburrido».

Se volcarán en actividades estimulantes para ellos, en las que puedan usar su creatividad y su enfoque positivo, y evitarán caer en rutinas tediosas que los desconecten del disfrute.

Las personas con este tipo de personalidad tienden a enfocarse en sentirse estimulados con la labor que desempeñan. Pueden ser muy creativos, suelen ser pensadores rápidos y enérgicos y les gusta aportar ideas casi siempre novedosas.

En el trabajo, el E7 desplegará todo su sistema de creencias, dirigido a centrarse en actividades excitantes desde el punto de vista intelectual, buscando formas nuevas y diferentes de hacer las cosas, con un enfoque optimista y vital, desde la convicción de que nadie mejor que ellos sabe hacer que las cosas sean divertidas y estimulantes. Se identifica con frases como las siguientes: «La vida es demasiado corta para centrarse en la parte más dolorosa»; «Las nuevas ideas son las que hacen que las cosas mejoren»; «Todo tiene siempre un lado positivo, aunque la gente no siempre lo vea»; «Soy bueno dando soluciones nuevas y creativas a problemas antiguos»; «Aportar enfoques nuevos y refrescantes es la mejor forma de mejorar las cosas», y «A veces hay que romper las reglas para conseguir cosas nuevas».

Disfrutan trabajando a un ritmo rápido y muchas veces les cuesta darse cuenta del impacto de lo que hacen en los demás. Buscan la variedad, huyen de las rutinas y no prestan mucha atención a las normas ni a los procedimientos establecidos.

En el fondo, los E7 quieren sentirse satisfechos y apreciados por su labor; sin embargo, les cuesta mucho llegar hasta el final con una tarea sin distraerse con otras. Esto los lleva a no terminar de sentirse nunca satisfechos y a que los demás los vean como personas poco serias y formales en el trabajo.

El eneatipo 8 en el trabajo

La fijación principal del E8, la lente a través de la cual observará el mundo para distinguir qué es lo positivo y lo negativo y decidir a qué acercarse y de qué alejarse, será la dicotomía «me puede/no me puede».

Se volcarán en actividades en las que sientan que tienen un papel relevante, puedan controlar la situación y producir un impacto y evitarán actividades en las que se sientan insignificantes o poco relevantes.

Las personas con este tipo de personalidad suelen centrarse en controlar y sacar adelante las tareas que les encomiendan, lo que sirve de impulso a los equipos de los que forman parte, ya que les gusta hacer que las cosas ocurran.

El E8 desplegará en el trabajo todo su sistema de creencias, dirigido a producir un impacto, y cambiará lo que crea que hay que cambiar. Organizará el trabajo en su entorno, tendrá en cuenta objetivos importantes e impulsará con fuerza la obtención de resultados, ya sea individualmente o en equipo, todo ello con un estilo muy directo y asertivo. Muchas veces lo hará falto de empatía con las personas de su entorno, que se pueden llegar a sentir muy incómodas. Se identifica con frases como las siguientes: «Las cosas se demuestran con hechos, no con buenas palabras»; «Proponerse un resultado y ponerse manos a la obra es la mejor manera de conseguirlo»; «Lo mejor es ser claro y directo con las cosas, para evitar malentendidos»; «La queja no resuelve nada; si no te gusta algo, cámbialo»; «Si tú no decides lo que quieres y vas a por ello, otra persona lo hará por ti»; «Valoro a las personas honestas y que van de frente», y «No soporto las injusticias y no temo enfrentarme a ellas».

Tienen un estilo muy directo en su relación con los demás, a veces demasiado, y pueden resultar intimidantes. Tienden a ser controladores y son muy impacientes a la hora de llevar las cosas a la práctica, lo que puede hacerles adolecer de falta de un análisis previo suficiente, puesto que pasan a la acción sin pensarlo dos veces.

Suelen tener una visión amplia de las situaciones y ponen más atención en lo macro que en lo micro. Pueden perder de vista a las personas en el desarrollo de su trabajo, ya que, cuando están concentrados en lo que hacen, no les funciona la empatía, lo que provoca que sus compañeros los perciban como bruscos o demasiado directos.

En el fondo, los E8 quieren ser aceptados como son y contar con el apoyo en su entorno laboral para no tener que proteger sus vulnerabilidades. Pese a ello, paradójicamente, su forma de actuar fuerte e independiente puede hacer que los demás no perciban estas necesidades de apoyo y pertenencia y se alejen de ellos por instinto de autoprotección.

El eneatipo 9 en el trabajo

La fijación principal del E9, la lente a través de la cual observará el mundo para distinguir qué es lo positivo y lo negativo y decidir a qué acercarse y de qué alejarse, será la dicotomía «me acerca/me separa».

Se volcarán en actividades que les permitan sentir pertenencia y apego a un grupo u organización, formar parte de algo más grande que ellos mismos, y evitarán situaciones y conductas que puedan poner en riesgo esa pertenencia.

Las personas con este tipo de personalidad suelen enfocarse en mantener la paz y la armonía a su alrededor. Son conscientes de que viven en entornos cambiantes y se esfuerzan en mantener el equilibrio en torno a ellos para sentirse calmados. Dan prioridad a mantener la paz y la armonía con lo que los rodea, lo cual a menudo les dificulta expresar sus necesidades y opiniones.

En el trabajo, el E9 desplegará todo su sistema de creencias, dirigido a mantener un clima armonioso y tranquilo en el que las voces de todo el mundo puedan ser escuchadas, así como desarrollar un trabajo que le permita aportar bienestar o mejora al servicio de los valores superiores de una función profesional o de una organización. Se identifica con frases como las siguientes: «A la hora de tomar decisiones, hay que escuchar a los demás y tener en cuenta todos los intereses implicados»; «La confrontación no es la solución a los problemas»; «Es importante tener en cuenta el impacto de las decisiones en las personas», y «En las organizaciones las personas trabajan al servicio de un bien superior».

En su relación con los demás, suelen ser amables y colaboradores y tienen una gran capacidad para ponerse en el lugar del otro y acercar puntos de vista. Los desestabiliza el conflicto, por lo que tenderán a evitar estas situaciones a toda costa y a ser poco o nada asertivos.

En el fondo, los E9 buscan que los valoren por su labor y que sus compañeros los tomen en serio, pero, paradójicamente, su actitud de sobreadaptarse siempre a los demás y no expresar lo que realmente quieren hace que muchas veces no los tengan en cuenta.

Las relaciones en el mundo profesional

Una parte muy importante de nuestra vida se desenvuelve en el entorno profesional. Trabajamos en contacto y en relación con otras personas, a veces en equipo, a veces de forma más independiente, con otros compañeros, clientes o proveedores, pero siempre vinculados a los demás.

En el apartado anterior hemos visto lo diferentes que podemos ser a la hora de afrontar nuestra actividad profesional. Tenemos intereses y prioridades muy distintos unos de otros, por lo que no es de extrañar que con frecuencia en estas relaciones surjan dificultades y muchas veces conflictos.

Sabemos que nos relacionamos mejor con unas personas que con otras a la hora de trabajar y no nos resulta difícil señalar comportamientos, actitudes e intenciones en los demás que causan estos problemas («La forma en que se comporta Pepe en el trabajo», o «Aquello que hace siempre Juan y que me molesta tanto»).

Hasta aquí todo bien. Pero, claro, en este punto de nuestro viaje, ya sabemos que la cosa no va sólo de mirar hacia fuera y señalar lo que hacen los demás. Ya sabemos que es importante observarnos, mirar hacia dentro, ya que es igualmente cierto que nuestros propios comportamientos y actitudes, más o menos conscientes, están contribuyendo también a que surjan estas dificultades con los demás.

Ser conscientes de nuestro tipo de personalidad puede ayudarnos a relacionarnos mejor en el trabajo, conocer qué aspectos de nosotros nos pueden generar problemas con los demás y cuáles nos pueden facilitar relacionarnos con otras personas y así ganar una mayor conciencia y un mayor control de nuestra forma de relacionarnos.

En el anexo al final del libro se incluyen fichas resumen acerca de cómo se relaciona en el trabajo cada uno de los nueve eneatipos con todos los demás. Todo ello parte del ingente y amplísimo trabajo de campo desarrollado en Estados Unidos por la doctora en Psicología Ginger Lapid-Bogda, *coach* y consultora especialista en eneagrama desde hace más de cuarenta años, en cuyo método Margarita Guerra está certificada.

Estilos de liderazgo

La capacidad de liderazgo es una de las cualidades más apreciadas y buscadas hoy en día en las organizaciones. Nadie sabe realmente qué es lo que hace excelente a un líder, ya que ciertas cualidades pueden ser la clave del éxito en un entorno y, sin embargo, no ser las adecuadas en otro.

En lo que sí existe un consenso es en la importancia del desarrollo de la inteligencia emocional (EQ, *emotional quotient*, por sus siglas en inglés) para lograr un liderazgo efectivo, por encima incluso de la importancia de contar con un nivel de inteligencia racional alta (IQ, *intelligence quotient*, por sus siglas en inglés) y de contar con experiencia en la actividad. Esta inteligencia emocional del líder, según el psicólogo y periodista Daniel Goleman, incluye tanto la inteligencia intrapersonal y la capacidad de conocerse y gestionarse a uno mismo, como la inteligencia interpersonal por otro, es decir, la habilidad que nos permite interactuar de forma efectiva con los demás.

El eneagrama se convierte así en una herramienta útil para alcanzar el autoconocimiento y la capacidad de autogestión necesarios para ser un líder efectivo. Esto permite a los líderes entender mejor su forma de pensar, sentir y actuar, ya que son más conscientes de las fortalezas en las que podrán apoyarse a la hora de liderar equipos y de las áreas de mejora que han de vigilar y gestionar para evitar desviarse de un estilo de liderazgo efectivo.

- **El líder tipo 1.** Los líderes E1 suelen ser personas responsables, honestas, confiables, trabajadoras y éticas. Algunos de ellos lideran con el ejemplo, mientras que otros buscan mejorar las cosas y asumen el liderazgo para que los demás hagan las cosas mejor y, de este modo, corregir los problemas. Cuando el E1 se encarga de dirigir un equipo más o menos numeroso tiende a adoptar un estilo de liderazgo que tiene como base establecer políticas y procedimientos claros para alcanzar objetivos específicos y llevar al equipo a lograr altos estándares de calidad en su trabajo. Se enfocan en los detalles y su motivación central es lograr la excelencia en lo que hacen.

FORTALEZAS	ÁREAS DE MEJORA
Liderar con el ejemplo	Falta de conciencia de su frustración o resentimiento
Responsabilidad y compromiso	Autoexigencia
Búsqueda de la perfección	Falta de flexibilidad y espontaneidad
Capacidad de organización	Excesivo control
Honestidad	Dificultad para delegar
Orientación a la calidad	Demasiado críticos y detallistas
Capacidad de sacrificio	Desmotivadores para el equipo, por centrarse excesivamente en lo que está mal

- **El líder tipo 2**. Los líderes E2 suelen ser personas empáticas, preocupadas por el aspecto más humano de las organizaciones y sensibles a las necesidades y los sentimientos de las personas. Como líderes, son poderosos y competentes y se muestran como personas muy amables y cálidas o atractivas y estimulantes. Cuando el E2 se encarga de dirigir un equipo más o menos numeroso lo hace poniendo su atención en las personas, pero sin perder de vista la productividad, al servicio de las necesidades de la organización. Se enfocará en lograr los objetivos y dirigir los equipos, dando apoyo a las personas, cuidando las relaciones y empoderando a quienes sean de su agrado.

FORTALEZAS	ÁREAS DE MEJORA
Capacidad para establecer relaciones	Poco directo. Dificultad para decir «no» y ser asertivo
Empatía	Excesiva dependencia de la valoración de los demás
Orientación hacia los demás	Falta de conciencia de sus propias necesidades
Responsabilidad y compromiso	Creerse en la sobreabundancia para dar

... / ...

.../...

FORTALEZAS	ÁREAS DE MEJORA
Iniciativa	Desconecta de las críticas
Optimismo	No reconoce sus carencias
Generosidad	Se resiente si su contribución no se agradece o no se corresponde

- **El líder tipo 3**. Los líderes E3 suelen ser personas que disfrutan de la condición de jefe y de los beneficios asociados a su posición, en especial, de la posibilidad de tener voz y mando en las organizaciones. Se enfocan en lograr objetivos de un modo muy práctico y suelen ser para ello muy competitivos. Son muy sensibles al reconocimiento de su trabajo, que tratarán de alcanzar con los resultados. Pueden ser personas muy carismáticas y competitivas. Cuando el E3 se encarga de dirigir un equipo más o menos numeroso se enfoca en alinearlo con los objetivos que hay que conseguir, sin permitirse distracciones ni poner la energía en ninguna otra cosa. Esto hace que sea necesario trabajar duro y dejar de lado las emociones para lograr las metas.

FORTALEZAS	ÁREAS DE MEJORA
Orientado a resultados	Exceso de competitividad
Enérgico y optimista	Desconexión de las emociones propias y ajenas
Actitud de superación	Impaciencia
Competitivo y pragmático	Sobrevalorar el éxito y la imagen de éxito
Práctico y eficiente	Transmitir más autenticidad y confianza
Gran capacidad de adaptación	Muy sensible al reconocimiento y a la falta de él
Sabe leer bien a su audiencia	Excesiva identificación con su imagen

- **El líder tipo 4**. Los líderes E4 suelen ser personas orientadas a las emociones, que ponen pasión en su trabajo y tratan de crear un entorno donde se puedan producir expresiones auténticas y resultados extraordinarios. En las organizaciones pueden ser líderes inspiradores y visionarios, que tenderán a combinar su temperamento idealista y creativo con su deseo de traducir su visión a la realidad y producir resultados que destaquen por su calidad y originalidad. Cuando el E4 se encarga de dirigir un equipo más o menos numeroso, lidera centrándose en su visión y en la idea que quiere plasmar y tratando de establecer relaciones profundas y significativas con las personas con las que trabaja.

FORTALEZAS	ÁREAS DE MEJORA
Conciencia de sí mismo y de sus propias emociones	Excesiva identificación con sus emociones
Creatividad y originalidad	Cambios fuertes de humor
Pasión y dedicación al trabajo	Muy sensibles a la crítica
Orientado a la calidad	Actitud autocompasiva/ dramática
Sensible, profundo e intuitivo	Excesiva necesidad de validación externa
Visionarios e inspiradores	Muy exigentes
Orientados a las personas	Ensimismamiento y falta de escucha

- **El líder tipo 5**. Los líderes E5 suelen ser personas analíticas y concienzudas en su labor. Recabarán toda la información y todos los datos posibles sobre su área para convertirse en expertos en la materia. Suelen centrarse en la innovación, lo que aporta a las organizaciones un análisis, una estructura y un enfoque intelectual que permitirán una mejor comprensión de la realidad compleja. Cuando el E5 se encarga de dirigir un equipo más o menos numeroso lidera analizando cuáles son las tareas que hay que llevar a cabo para asignarlas lo más eficientemente posible a los miembros del equipo en función de sus perfiles y recabando datos e información para su toma de decisiones. Ejercerá un tipo de liderazgo muy enfocado en la tarea y mantendrá la distancia emocional con los miembros del equipo.

FORTALEZAS	ÁREAS DE MEJORA
Capacidad de análisis y planificación	Dificultad para conectar con las personas
Capacidad de sistematización y concentración	No compartir información
Autocontrol emocional	Desconexión emocional
Curioso y perceptivo	Excesiva independencia y autosuficiencia
Objetividad y visión estratégica	Exceso de planificación y falta de acción
Capacidad de obtención y gestión de información	Falta de visión global (exceso de concentración en la tarea)
Mentalidad innovadora	Introvertidos o poco comunicativos

- **El líder tipo 6**. Los líderes E6 suelen ser personas orientadas a identificar posibles riesgos y amenazas, anticiparse a los problemas y analizar las situaciones planificando los diversos escenarios. Ante la existencia de una posible amenaza pueden tener estilos muy distintos: desde un talante amable y cálido, tratando de ponerse ellos y a los suyos a salvo, hasta un talante cumplidor con las normas y con el trabajo para ganar una posición segura, pasando por una actitud confrontadora y rebelde para afrontar las amenazas.

  Cuando el E6 se encarga de dirigir un equipo más o menos numeroso lidera proporcionando a sus miembros una mezcla de apoyo leal, pensamiento estratégico y evaluador y, en ocasiones, valor y coraje para afrontar los retos del trabajo, aunque siempre atento a lo que pueda salir mal.

FORTALEZAS	ÁREAS DE MEJORA
Leal y comprometido	Tendencia a desconfiar de los demás
Capacidad de anticiparse a los problemas y prever soluciones	Dificultad para aceptar la ambigüedad y adaptarse a los cambios
Capacidad analítica	Exceso de análisis
Capacidad de organización y estructura	Duda en la toma de decisiones
Valor ante el peligro real	Extremadamente vigilante y desconfiado
Generadores de alternativas y escenarios	Tendencia a preocuparse en exceso
Pensamiento estratégico	Visión pesimista del futuro (ponerse en lo peor)

- **El líder tipo 7**. Los líderes E7 suelen ser personas orientadas a la generación de nuevas ideas y posibilidades. Tienen mentes analíticas, son buenos generando conexiones creativas e innovadoras y tratan de evitar las tareas rutinarias o repetitivas. Pueden tener un idealismo muy contagioso e inspiran a sus equipos con su energía y optimismo. Cuando el E7 se encarga de dirigir un equipo más o menos numeroso lidera centrándose en las ideas y en los proyectos e infundiendo entusiasmo en las personas con su visión, si bien tiende a evitar establecer relaciones personales más profundas. Esto se debe a que están más cómodos cuando interactúan con los miembros de su equipo de un modo más superficial, que no implique expresiones emocionales. Pueden ser muy exigentes con los resultados del trabajo, a pesar de su talante jovial y desenfadado.

FORTALEZAS	ÁREAS DE MEJORA
Imaginación y creatividad	Evita las situaciones difíciles
Optimismo y actitud positiva	Evita la rutina

... / ...

.../...

FORTALEZAS	ÁREAS DE MEJORA
Pensamiento ágil	Falta de perseverancia y dificultad para el cuidado de los detalles
Mente estructurada	Sensible a la crítica
Capacidad para adaptarse a los cambios y enfrentar la ambigüedad	Impulsividad
Visión de futuro	Falta de presencia
Entusiasmo	Falta de empatía

- **El líder tipo 8**. Los líderes E8 suelen ser personas que piensan en grande, actúan con decisión y hacen que las cosas ocurran. Se orientan hacia las relaciones de poder, les gusta estar al mando y tener una visión global de las situaciones y pueden ser muy estratégicos. Cuando el E8 se encarga de dirigir un equipo más o menos numeroso lidera actuando como mentor de las personas a su cargo. Por un lado, será protector y, por otro, exigirá determinación y dedicación a la tarea. Aunque no sean conscientes de ello, su actitud puede resultar intimidante para algunas personas, ya que tienen una presencia energética muy fuerte y pueden ser muy impulsivos. Les gusta llevar a los equipos a alcanzar objetivos que sean importantes para la organización y se sienten bien cuando logran que las cosas pasen.

FORTALEZAS	ÁREAS DE MEJORA
Directo y enérgico	Controlador y exigente
Seguro de sí mismo	Dificultad para el autocontrol
Pasa a la acción	Poco empático
Protector e impulsor del desarrollo de los demás	Impaciente
Sentido de la justicia	Negación de límites y dificultades

.../...

.../...

FORTALEZAS	ÁREAS DE MEJORA
Impulsor de proyectos	Muy confrontador
No rehúye el conflicto	Justiciero (arregla cuentas)

- **El líder tipo 9**. Los líderes E9 suelen ser personas orientadas a apoyar y acoger a los demás. No buscan ser el centro de atención, sino que prefieren liderar desde atrás y tratarán de crear un entorno de trabajo armónico y equilibrado. Cuando el E9 se encarga de dirigir un equipo más o menos numeroso lo hace centrándose en las personas y trata de lograr consensos teniendo en cuenta todas las opiniones. Evitará los conflictos tanto dentro de su equipo como con otros equipos o personas de la organización y mostrará una preocupación auténtica por el bienestar del grupo, todo ello con el deseo de lograr resultados para la organización, dejando a un lado sus propios intereses y necesidades.

FORTALEZAS	ÁREAS DE MEJORA
Paciencia, diplomacia y amabilidad	Evitación de los conflictos
Capacidad de adaptación	Resistencia pasivo-agresiva a la presión
Buenos mediadores	Falta de conciencia de sus prioridades y necesidades
Capacidad de escucha y apoyo	Tendencia a postergar
Capacidad de construcción de relaciones	Bajo nivel de energía y de influencia
Inclusivos	Sobreadaptación
Leales a la organización	Falta de asertividad

10

Eneagrama y dinero

> Hay un yo primordial que está llamado a ser y ninguna cantidad de éxito, de dinero o de cualquier otra cosa compensará la pérdida de ese yo.
>
> JOHN COTTINGHAM, filósofo

El dinero y el capitalismo no son inseparables de la naturaleza humana, aunque las sociedades y las relaciones sociales contemporáneas sean imposibles de entender sin estos factores. Su evolución responde a un proceso muy complejo, gradual y evolutivo. Sin embargo, según Alejandro López González, doctor *cum laude* en sostenibilidad, «el dinero representa apenas un 5 por ciento en nuestra historia».

El origen del dinero se remonta aproximadamente al año 400 a. C., cuando las civilizaciones antiguas, griegos y romanos, comenzaron a utilizar monedas acuñadas como medio de intercambio. Antes de eso, las sociedades dependían de sistemas de trueque.

El capitalismo, por otro lado, no surgió hasta alrededor del siglo XV. Anteriormente, las economías estaban estructuradas de manera muy distinta, con sistemas feudales y gremiales predominantes en gran parte de Europa. El capitalismo moderno trajo la búsqueda del beneficio económico como motor principal y con base en la competencia.

La evolución de la historia del dinero (y de la propiedad privada derivada del capitalismo) y el desarrollo de los eneatipos, de nuestros egos, están íntimamente relacionados. Hoy en día, la proyección de nuestro rol (ego) está plenamente identificada, tanto en el ámbito consciente como en el subconsciente, con la dictadura del dinero, pues es una medida universal de la consecución de logros y objetivos. La cuestión es que también representa un anestésico formidable para canalizar nuestros miedos y nuestras inseguridades en los ecosistemas sociales en los que desarrollamos nuestra vida.

Resulta incuestionable que el dinero es imprescindible para tener una cierta autonomía, pero también lo es que nos da una falsa sensación de invulnerabilidad, como sustituto del verdadero sentido de la vida, cuando nos empeñamos en la acumulación por la acumulación por miedo al futuro. Es un campo activador de todas las pasiones del eneagrama: ira, orgullo, vanidad, envidia, avaricia, miedo, gula, lujuria, pereza y, sobre todo, un campo de juego formidable para el desequilibrio de nuestros instintos dominantes y ciegos: conservación, social y sexual-transmisor.

El dinero es uno de los grandes temas de la vida actual y quizá el más contradictorio. A lo largo de nuestra existencia está detrás de casi todas nuestras decisiones y, en el momento final, según los estudios de la enfermera Bronnie Ware, que ha dedicado su vida al cuidado de enfermos terminales, en muchos casos lamentamos hasta qué punto ha condicionado y contaminado la calidad y el sentido de nuestra vida.

En la infancia aprendemos pronto el significado y la importancia del dinero. La casa en la que vivimos, el coche de la familia, nuestra ropa...: todo está relacionado con el vil metal. Recuerdo los enfados de mi padre, criado en la austeridad de la posguerra, cuando iba apagando las luces detrás de nosotros o cuando venía a visitarnos nuestro tío Emilio (el rico empresario), a quien acompañaba un aura de fascinación contagiosa.

En la infancia el dinero no existe y, en cambio, en nuestra vejez parece que no son posibles la autonomía y la calidad de vida sin tenerlo muy presente. Es complicado entender la vida sin el ingrediente central del dinero, fuente motivacional de muchos de nuestros comportamientos y culpable principal de nuestras contradicciones.

En mi adolescencia, con la asignación semanal, llegaron los primeros mensajes del universo de que el dinero concedía autonomía. ¡Dos billetes de mil pesetas![9] Nos los dejaban mis padres todos los viernes a mi hermana y a mí pinchados con chinchetas de colores en un cuadro de corcho que había en la cocina y que también servía para los recordatorios de la compra semanal en el mercado.

El dinero me duraba dos días como mucho. Mi hermana no lo gastaba y ahorraba casi todo. Como más adelante veremos, esta actitud tan distinta en cuanto al dinero tenía que ver con el instinto dominante de cada uno, que era diferente. En mi caso, el sexual-transmisor, y en el de mi hermana, el de conservación. Cierto es que su dinero terminaba siendo, en parte, mío, pues, cuando tenía una urgencia, conseguía quitárselo. Esto también tenía que ver con el eneagrama. Mi hermana es eneatipo 2 y yo, con mi persuasión —típica en todos los sexuales-transmisores dominantes—, me las ingeniaba para «seducirla» y conectar con la vena generosa que todos los E2 tienen.

En este capítulo, veremos la enorme relación que hay entre nuestros instintos, nuestros eneatipos y el dinero.

Para seguir avanzando nos vamos a ayudar de Abraham Maslow y su universal pirámide de las necesidades que, de manera sorprendente, sintoniza con las motivaciones de las tríadas del eneagrama (véase capítulo 4):

- Necesidad de seguridad (eneatipos 5, 6 y 7)
- Necesidad de autonomía (eneatipos 8, 9 y 1)
- Necesidad de reconocimiento (eneatipos 2, 3 y 4)

Abraham Maslow (1908-1970) fue un psicólogo estadounidense conocido por su teoría de la jerarquía de necesidades, que se encuentra en la base de la psicología humanista. Maslow tuvo una crisis existencial grave en la mediana edad que quizá fue el caldo de cultivo para crear su legendaria pirámide de las necesidades, con el objetivo de entender por qué unas personas eran felices y otras no. Su teoría clasifica estas necesidades en una jerarquía que

9. Aproximadamente 12 euros.

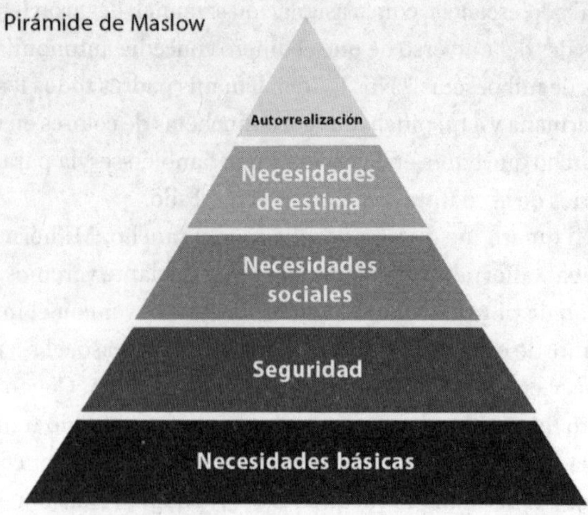

Fuente: Elaboración propia a partir de <https://www.mavink.com/explore/Leyes-De-Maslow>.

va desde las **necesidades fisiológicas básicas**, como la alimentación y el refugio, hasta las **necesidades de autorrealización**, como la creatividad y el autoconocimiento.

- **Necesidades fisiológicas**. En la base de la pirámide se encuentran las necesidades más fundamentales, básicas para la supervivencia, como la comida, el agua, el refugio y el sueño.
- **Necesidades de seguridad**. Una vez que se satisfacen las necesidades fisiológicas, las personas buscan seguridad y estabilidad en su vida. Esto incluye la seguridad financiera, la salud y la seguridad personal.
- **Necesidades de pertenencia y amor**. En el tercer nivel, las personas buscan relaciones sociales, amistad y afecto. Esto implica la necesidad de pertenecer a grupos y sentirse queridas y aceptadas.
- **Necesidades de estima**. En este nivel, las personas anhelan el respeto y el reconocimiento de los demás. Esto incluye tanto la autoestima —sentirse bien con uno mismo— como la estima de los otros.
- **Necesidades de autorrealización**. En la cima de la jerarquía, se encuentra la autorrealización, que implica alcanzar

el máximo potencial personal, la creatividad, la autoexpresión y la búsqueda del propósito en la vida.

Maslow creía que las personas avanzan en esta jerarquía de necesidades a medida que satisfacen las necesidades de los niveles inferiores. Sólo cuando las necesidades básicas están satisfechas las personas pueden aspirar a la autorrealización.

Desde la perspectiva del eneagrama, en la base de la pirámide, cuando estamos en el escalón de las necesidades básicas fisiológicas, todos los seres humanos nos parecemos mucho. Recuerdo nuevamente las palabras de mi profesor de meditación, «Vivimos en un cuerpo» y, cuando lo ponemos al límite fisiológicamente, nuestro comportamiento puede volverse incluso animal. Las diferencias se hacen notorias a partir del segundo nivel de la pirámide, ya que nuestro sistema de creencias condiciona la importancia de tener cubiertas unas necesidades por encima de otras y, por lo tanto, dónde empleamos nuestro dinero.

La seguridad, las relaciones sociales y la autonomía son temas centrales en cualquier vida, pero cada eneatipo priorizará unas u otras, lo cual no quiere decir que cuando estamos en una situación crítica esa área de nuestra vida ocupe transitoriamente un espacio central en nuestro comportamiento. Por ejemplo, no poder pagar la hipoteca de la vivienda activará al máximo, salvo patología, las carencias relacionadas con la seguridad, aunque en nuestra vida habitualmente no sean prioritarias las cuestiones de seguridad; o, si estamos inmersos en una causa de divorcio, el mundo relacional pasará a ocupar un espacio principal en nuestra cabeza, aunque las relaciones no sean prioritarias para nosotros.

El dinero se gasta, se ahorra o se invierte y hay que distinguir si detrás de estas importantes decisiones se encuentra un plan trazado por nuestro «yo esencial» o un campo de juego en el que nuestro «yo superficial» está al mando. La diferencia fundamental es que, en el primer caso, nuestras decisiones obedecen a un plan existencial y, en el segundo, somos prisioneros de un sistema universal que, como saben los grandes expertos en marketing, sobrevive gracias a crear necesidades que a su vez generan vacíos que los seres humanos intentamos llenar consumiendo. Es una rueda que se retroalimenta sin fin.

> He conocido a mucha gente a lo largo de mi vida que, en nombre de ganar dinero para vivir, se lo toman tan en serio que se olvidan de vivir.
>
> Carmen Martín Gaite, escritora

Una vida digna debería tener cubiertas las siguientes necesidades básicas:

1. **Alimentación**. Acceso a una dieta suficiente para mantener la salud.
2. **Agua potable**. Disponibilidad de agua limpia y segura para beber y usar para la higiene personal.
3. **Vivienda**. Un lugar seguro y adecuado para vivir que proteja de las inclemencias del tiempo.
4. **Vestimenta**. Ropa adecuada para cubrirse y protegerse de las condiciones climáticas.
5. **Atención médica**. Acceso a servicios de atención médica básica para mantener una buena salud y tratar enfermedades.
6. **Educación**. Oportunidades de aprendizaje para el desarrollo personal y profesional.
7. **Seguridad**. Protección contra amenazas físicas y sociales, como la violencia.
8. **Relaciones sociales**. Interacción con otras personas para garantizar el bienestar emocional y social.
9. **Empleo o medios de subsistencia**. Medios para obtener ingresos y cubrir las necesidades básicas.

Una vez cubiertas estas necesidades, ¿cuáles son los efectos reales del dinero en nuestra vida?

La relación entre el dinero y la felicidad es un tema profundamente complejo que ha sido objeto de una extensa investigación por parte de expertos en diversas disciplinas, incluyendo la economía y la psicología. A lo largo de décadas, estas investigaciones han generado varias teorías que ofrecen perspectivas valiosas sobre cómo están interconectados la riqueza y el bienestar emocional.

Una de las más influyentes en este campo es la **teoría de la adaptación**, propuesta por el economista Richard Easterlin, que sugiere que las personas tienen una tendencia natural a adaptarse a sus circunstancias económicas con el tiempo. Cuando las personas experimentan un aumento en sus ingresos, su felicidad tiende a elevarse inicialmente. Sin embargo, este aumento en la satisfacción tiende a ser efímero, ya que las personas suelen acostumbrarse a su nuevo nivel de ingresos y, finalmente, vuelven a su grado de felicidad de referencia. Este fenómeno se conoce como «efecto de adaptación». La investigación de Easterlin ha arrojado luz sobre por qué no siempre se observa una correlación lineal entre los ingresos y la felicidad a largo plazo.

La **teoría de la relatividad** se centra en cómo las personas comparan sus circunstancias con las de los demás. Expertos como Andrew Clark y Richard Layard han investigado la forma en que las personas tienden a evaluar su propia felicidad en función de cómo se comparan con sus pares. Si alguien percibe que tiene menos dinero o estatus que otros, puede experimentar insatisfacción y una disminución en su felicidad, incluso si sus ingresos son suficientes para satisfacer sus necesidades.

La **teoría de la búsqueda de experiencias** se centra en el hecho de que gastar dinero en experiencias en lugar de en bienes materiales puede aumentar la felicidad y el bienestar. Investigadores como Thomas Gilovich, Elizabeth Dunn y Sonja Lyubomirsky han demostrado que las experiencias proporcionan recuerdos duraderos y emociones positivas, lo que puede enriquecer nuestra vida de manera significativa. Viajar, asistir a eventos culturales o aprender nuevas habilidades son ejemplos de inversiones en experiencias que pueden aumentar la satisfacción personal.

La **teoría de la satisfacción de las necesidades** es una perspectiva con base en la psicología positiva. Sostiene que la felicidad está relacionada con la satisfacción de necesidades psicológicas fundamentales, como la autonomía, la competencia y la conexión social. Expertos como Edward Deci, Richard Ryan y Mihály Csikszentmihályi han desarrollado esta teoría, en la que concluyen que la búsqueda de actividades y relaciones que satisfagan estas necesidades fundamentales es esencial para el bienestar emocional.

Por último, la **teoría de la inversión en valores** aboga por alinear los valores personales con el gasto y las metas financieras. Psicólogos como Tim Kasser y Kennon Sheldon han investigado sobre cómo vivir una vida coherente con nuestros valores puede conducir a una mayor felicidad y un mayor bienestar. Esta teoría resalta la importancia de gastar el dinero de manera significativa y consciente, lo que puede contribuir a una mayor satisfacción en la vida.

Esta última teoría nos sirve como punto de partida para nuestra propuesta. Se trata de vivir una vida coherente con nuestros valores para conseguir felicidad y bienestar y dar una respuesta clara a tres preguntas fundamentales:

- ¿Cuánto dinero necesito ganar para sentir que tengo autonomía?
- ¿Cuánto dinero debo ahorrar para tener una seguridad ante una eventualidad no prevista?
- ¿Cuánto dinero necesito para cumplir mi plan esencial de vida?

Las respuestas no tienen que ser cartas a los Reyes Magos, sino un simulacro vivido, como si estuviéramos frente a la enfermera Bronnie Ware y tuviéramos poco tiempo para responderlas.[10] Ella, con una varita mágica, nos concedería años de vida para ponerlas en práctica. Respondámonos a estas preguntas enfrentados a nuestra propia muerte.

La vida se vive por etapas y ciclos. En mi opinión, los planteamientos buenistas sobre la aplicabilidad del eneagrama para alcanzar una espiritualidad máxima cuando estás en una etapa de la vida en la que no tienes unas necesidades mínimas cubiertas nos llevan más a la frustración que a la evolución como personas. Si no tienes un techo garantizado, una alimentación adecuada, una actividad profesional que te permita pagar el colegio de tus hijos u otras necesidades básicas cubiertas que puedas imaginar, es prácticamente imposible que el sistema nervioso te permita muchas licencias espirituales.

10. Más información sobre la obra de Bronnie Ware en <https://www.bronnieware.com>.

La naturaleza, si se observa sin sesgos moralistas, tiene un funcionamiento tan organizado como cruel. En la cadena de supervivencia, cada animal tiene su depredador y el ser humano está a la cabeza de esta pirámide, salvo por el propio ser humano, que se depreda a sí mismo. La vida necesita a la muerte y la muerte a la vida. Si los árboles y la vegetación fueran eternos, unas plantas se comerían a otras.

Con nuestra esencia ocurre lo mismo: necesita de nuestro personaje o «yo superficial» para ganar dinero, pero, a su vez, **¿qué sentido tiene ganar dinero si no obedece a un plan existencial, alineado con nuestros valores, conectado con el sentido que queremos darle a nuestra vida?**

La clave, una vez más, está en el autoconocimiento, en cómo es y cómo funciona el mecanismo de nuestro personaje. Pero también, y sobre todo, en tener un plan de vida conectado con nuestra esencia, que nos sirva de brújula y nos permita volver a la autopista cuando nuestro personaje nos meta en los bucles del ego, en los que el dinero se convierte en adicción y droga y no en un instrumento al servicio de nuestros objetivos vitales.

Cada eneatipo tiene un mapa de fortalezas y debilidades en relación con el dinero: cómo ganarlo, cómo gestionarlo, cómo perderlo, cómo emplearlo para sus objetivos vitales o cómo derrocharlo en el almacén del ego.

Ha llegado el momento de compartir contigo mi eneatipo y mi subtipo. Lo he insinuado a lo largo del libro y reconozco que me cuesta trabajo delatarlo. Durante muchos años he defendido —y sigo haciéndolo— que compartirlo es arriesgado. Vivimos en una sociedad de etiquetas y prejuicios en la que el riesgo de que te matriculen o etiqueten y se olviden de que detrás de cada eneatipo hay un ser humano único e irrepetible es alto.

Quizá estoy algo mediatizado por las experiencias propias —muchas buenas, pero otras frustrantes—, puesto que he comprobado cómo se puede llegar a utilizar como arma arrojadiza esta información, sobre todo, en el mundo de las empresas. En cambio, vence en mí la convicción de que no sería consecuente escribir un libro sobre eneagrama y mantener esta información al margen.

La base del eneagrama es el amor, partiendo del principio básico de que nuestro eneatipo representa lo que no somos, no lo que somos. Es un relato del yo para cubrir nuestras carencias y vulnerabilidades.

Pues bien, **me identifico con un eneatipo 2, subtipo sexual-transmisor**. Quiero llamar la atención del lector sobre la forma de expresarlo: he dicho «me identifico» y no «soy». Este matiz es importante y suele ser la diferencia que revela si el interlocutor tiene experiencia en eneagrama o no. «Soy un eneatipo» significa poner un marco falaz, que es justamente lo contrario a la base del eneagrama. Somos esencia, y nuestro eneatipo es nuestro «yo superficial» o máscara. Es un proceso de identificación del ego, no una declaración del ser.

Quiero recordarte que la pasión del E2 es el orgullo y que quienes nos identificamos con el subtipo sexual-transmisor nos focalizamos de una manera extrema en los objetos de deseo, que, según las circunstancias de la vida, pueden ser uno u otro: un ser humano, un proyecto empresarial o pintar un cuadro. En este ejemplo, mi objeto de deseo, combinado con el orgullo —la pasión de mi eneatipo 2—, casi me lleva a la ruina.

> Eran años de bonanza económica. Principios del siglo XXI, un momento en el que se vivía una auténtica revolución en Bolsa de los valores tecnológicos. Me había ido bien con los negocios convencionales y, como en el entorno empresarial se corría la voz de lo fácil que era sacar beneficios especulativos invirtiendo en acciones, me lancé a probar. Mis primeras inversiones tuvieron un resultado excelente, hasta el punto de que no perdía oportunidad de fanfarronear sobre mis proezas. Llegué a compartir con amigos comentarios con los que hoy en día me ruborizo: «Esto de la Bolsa es como tirar con perdigones al cielo y que empiecen a caer patos». Mi formación en Bolsa era nula, no iba más allá de la lectura diaria de la prensa económica.
>
> El resultado final es que no me arruiné del todo, pero estuve muy cerca. Las herramientas de mi eneatipo y la capacidad de centrarse en el objetivo de mi subtipo, que me habían sido muy útiles a veces en mi forma de hacer negocios, me llevaron a una situación extrema.
>
> Comprendí entonces la reflexión de Ortega y Gasset: «Los que ganan dinero son los que hábilmente van detrás de los que lo pierden». Esto es exactamente lo que ocurre en Bolsa. Hay un sistema dominado por tiburones que se van comiendo a su antojo a los pece-

> cillos. Mi eneatipo me llevó a la idea loca de que soy un tiburón en todo momento y circunstancia (el orgullo) y mi subtipo sexual-transmisor se alimenta de la obsesión por alcanzar lo que se desea. En el contexto de la Bolsa, estos dos motores de mi «yo superficial» me pusieron en mi sitio, pero el aprendizaje me costó mucho dinero.

Las herramientas de tu personaje o eneatipo pueden ser muy válidas para ganar dinero, pero, sin conciencia, te pueden enterrar. Puedes ganar muchas batallas, pero al final perderás la guerra. La clave es conocer cómo funcionan tus mecanismos y, sobre todo, tener un plan de vida interiorizado en el que el dinero tenga conexión con tu «yo esencial» para evitar perder la perspectiva, como el sediento cuando bebe agua del mar para calmar su sed.

Ningún problema puede resolverse en el mismo nivel de conciencia en que se creó. Su resolución debe conllevar siempre un salto de nivel y un ahondamiento en nuestra identidad. El dinero es como el agua: deja rastro y busca salida. Observar cuál es nuestra relación con el dinero nos da toda una radiografía de nuestros comportamientos y representa la temperatura del termómetro de nuestra vida.

En mi caso, tomé conciencia de que mi zona de riesgo se despliega cuando mi orgullo, combinado con el motor obsesivo de mi subtipo sexual-transmisor, me hace llevar al extremo la idea loca de que soy «el emperador del imperio» en un contexto y unas circunstancias determinados, muy alejados de esa idea absurda. El ego protector entra en una contradicción colosal: lo que crees que te defiende te colapsa.

Mi ego no me dejó ver el bosque. No sabía nada de Bolsa. Ganar dinero especulando, sin conocimiento previo que le diera sentido, no estaba alineado con mi plan de vida. Una vez que ya tenía cubiertas mis necesidades básicas, y con una calidad de vida suficiente, fue absurdo poner en manos del azar mi estabilidad económica futura. Mi personaje no opinaba lo mismo. Desde el orgullo —la pasión del E2—, era insaciable, y con el motor de mi instinto dominante combinado con mi zona ciega (el instinto de conservación), protegía la idea loca instalada en mi cabeza de que me haría millonario porque sí. Sólo tenía que apretar la tecla de comprar.

Ha llegado el momento, lector, de pasarte el testigo y pedirte que te hagas la siguiente pregunta: «**¿Cuál es mi identidad instintiva, mi instinto dominante y mi instinto ciego?**».

En el comportamiento y la relación con el dinero, es decisivo conocer bien nuestra estructura base y la dominancia en nosotros de un instinto u otro. De igual modo, es relevante ser consciente de cuál de los tres instintos es el que tenemos ciego. En definitiva, nuestra identidad instintiva. Es probable que haya más parecidos en el comportamiento externo en relación con el dinero entre los que comparten identidad instintiva que entre quienes tienen el mismo eneatipo.

Te recuerdo, lector, que la dominancia de un instinto, o que éste sea ciego, tiene que ver con el nivel de atención que en la infancia aprendimos a poner en uno o en otro, por influencia de nuestro entorno. Te recomiendo que antes de continuar repases el capítulo 6, en el que se desarrolla esta temática.

- El **instinto dominante** es el territorio donde nos sentimos seguros y fluidos y el que, sin embargo, nos produce más estrés si no trae las consecuencias que deseamos.
- El **instinto ciego** es aquél cuyas situaciones evitamos por ser incómodas y hacernos salir de nuestra zona de confort.

Quizá el siguiente ejemplo sea pueril, pero es muy gráfico.

> Tengo un buen amigo, profesor de eneagrama, que tiene el instinto sexual-transmisor ciego. Su instinto dominante es el social y, además, es muy sociable (más adelante aclararé que no es lo mismo ser social que ser sociable). Pues bien, cuando va a una discoteca, se lo pasa en grande. Es el centro de la fiesta, pero todo se estropea cuando aparece una persona que le atrae especialmente. Conecta con su instinto ciego, el sexual-transmisor, siente vértigo, peligro y automáticamente se achica y se aísla.

Lector, puedes reflexionar sobre esta propuesta para investigar sobre tu instinto dominante o ciego. Es un planteamiento aparentemente superficial, pero que nos puede dar pistas sobre nuestra identidad instintiva. A continuación, te propongo un ejercicio práctico.

Si estás al principio de una fiesta bastante concurrida en la que no conoces a nadie, una vez pasados los primeros minutos de observación, **¿cuál sería tu primera opción?**:

1. Buscar el lugar más confortable, si puede ser cerca de la comida → *Dominancia del instinto de conservación.*
2. Acercarte al grupo social que te parezca más animado e interesante → *Dominancia del instinto social.*

   (**Aclaración**: puede ser que una persona tenga el instinto social dominante y no tenga un carácter sociable. Lo relevante es que se enfocará en buscar su lugar en el grupo dominante que le llame la atención.)
3. Buscar el contacto con la persona que, por algún motivo, te haya llamado más la atención de la fiesta → *Dominancia del instituto sexual-transmisor.*

¿Y al contrario? ¿Cuál de las tres respuestas te produciría mayor incomodidad? La respuesta te dará una pista sobre tu instinto ciego.

¿Y si sustituyes el concepto *fiesta* por el término *dinero*? ¿Cómo lo gestionarías?

Este ejercicio puede ser muy útil para iniciar una reflexión sobre tu identidad instintiva en relación con el dinero.

Instinto de conservación dominante: enfoque en la seguridad y la estabilidad

El instinto de conservación es el más poderoso de los instintos: en circunstancias extremas, es el que predominará por encima de cualquier otro. Estamos diseñados para sobrevivir y nuestra prioridad será encontrar sustento y recursos para seguir vivos. La diferencia es que en situaciones de normalidad hay eneatipos que filtran la realidad, aunque las circunstancias objetivas no sean proporcionadas, por medio de este instinto, que conecta de lleno con nuestra supervivencia. Las decisiones en relación con el dinero suelen ser extremadamente cautelosas, hasta el punto de correr el riesgo de no vivir para vivir y abandonar inversiones relacionadas con el proyecto vital por aversión al riesgo.

Recuerdo el caso de un familiar cercano que prefirió, en una situación de desempleo, continuar cobrando la prestación antes que arriesgarse a invertir un pago único de la prestación en un negocio rentable, con muy poco riesgo y que le habría garantizado un buen nivel de vida.

Como punto de contraste, y ante una situación de estrés máximo, se puede dar la contradicción y la paradoja de que las personas extremadamente prudentes y cautelosas con este instinto dominante tengan comportamientos muy arriesgados por negación y como mecanismo de defensa para anestesiar una presión interna insoportable. Muchos de los grandes héroes ocasionales de la historia tenían el instinto de conservación dominante.

Un ejemplo de un personaje de novela con un instinto de conservación dominante podría ser Ebenezer Scrooge, el protagonista del *Cuento de Navidad* de Charles Dickens.

Scrooge es conocido por ser un personaje extremadamente avaro y obsesionado con la acumulación de riqueza y la seguridad financiera. Su vida gira en torno a la conservación de su dinero y su resistencia a gastar en cualquier cosa que no sea esencial. Vive una vida austera y no muestra interés en la generosidad o en ayudar a los demás. La seguridad material es su principal prioridad. A medida que la historia avanza, Scrooge experimenta una transformación en la que aprende a valorar más la generosidad y las relaciones humanas por encima de la acumulación de riqueza.

Este clásico representa un buen ejemplo del efecto del autoconocimiento, de la toma de conciencia, que facilita una comprensión más profunda de lo que realmente importa en la vida.

En los juegos de azar son los perfiles que van perdiendo euro a euro en la ruleta y, en un arranque o secuestro neuronal, como expresarían los neurólogos, los que apuestan todo el dinero que les queda a un número por frustración o ansiedad.

Instinto de conservación ciego: negación de la estabilidad y la seguridad

Las decisiones en relación con el dinero de quienes tienen el instinto de conservación ciego suelen ser arriesgadas. Mi experiencia en Bolsa, que he relatado en este capítulo, es un buen ejemplo. Suele coincidir estadísticamente que el instinto sexual-transmisor dominante se combina con el instinto ciego de conservación. Cuando coincide este cóctel instintivo explosivo, la situación financiera oscila entre la abundancia y la escasez, sin paradas intermedias.

En otros casos de instinto de conservación ciego, cuando el instinto dominante es el social, se trata más bien de una especie de falta de interés en todo lo relacionado con la conservación: dinero, recursos, orden, salud y bienestar, confort... Son áreas que simplemente no les llaman la atención, por lo que tienden a descuidarlas mucho, hasta el punto de llevarse auténticos sustos por verse, de repente, con pocos recursos, momento en que pueden entrar en compulsión y no querer gastar nada por miedo a no poder seguir llevando la vida que les gusta, volcada en lo social. No obstante, en cuanto se estabilicen de nuevo económicamente, volverán a su desinterés por los recursos.

Se tenga el instinto de conservación dominante o ciego, desde el eneagrama, el trabajo consiste en evitar que uno u otro nos conduzcan a decisiones desequilibradas. El primer paso es la toma de conciencia.

Instinto social dominante: enfoque en el estatus y el papel que se juega

Son aquellas personas que relacionan su seguridad, su estabilidad y el papel que juegan en su vida con su posición en la manada. Puede ser la familia, un grupo del entorno laboral, un grupo de amigos o incluso personas que compartan una misma afición o actividad. Se produce una fusión entre sus propios intereses y los de la manada. Las decisiones económicas vienen precedidas por el prejuicio de si van a convenir o no a la manada de la que forman parte o si les van a permitir afianzar su rol en la manada.

Esta tendencia puede llevar a resultados económicos nada beneficiosos por dos motivos: el primero, por la renuncia a sus propios objetivos en beneficio de los del grupo y, en segundo lugar, porque las necesidades reales del grupo pueden o no coincidir con las creencias previas que tiene la persona con el instinto social dominante sobre ese grupo concreto.

El ego o «yo superficial» siempre reclama una contrapartida. En este caso, suele ocurrir que cuando una persona toma decisiones económicas renunciando a sus objetivos y el grupo social por el que las toma no le corresponde debidamente —ocurre antes o después—, se entra fácilmente en el territorio de las frustraciones y los conflictos.

Como veremos en el capítulo correspondiente, en el contexto de la familia, a todos, en mayor o menor medida, se nos activa el instinto social, aunque no lo tengamos dominante. Esto se debe a que consideramos que hacemos cosas y tomamos decisiones económicas por el grupo familiar y dejamos de lado nuestros intereses particulares. Esta responsabilidad la siente una persona en todo grupo al que pertenece cuando su instinto social es el dominante.

Un buen amigo con este instinto social dominante se echó sobre los hombros, con esfuerzo y desembolso económico, la constitución de una asociación. Una vez puesta en marcha, su dinero había disminuido por los gastos, al margen del tiempo dedicado. El grupo ni le reconoció el esfuerzo ni le adjudicó el rol que él entendía que merecía. Al final, terminó con menos dinero y con altas dosis de conflicto reivindicativo, que resolvió con la decisión de abandonar la asociación.

Quizá el reto consista en encontrar un punto de equilibrio y ocupar un rol en la manada o grupo social sin renunciar a nuestro «yo esencial» y sin hacerlo depender exclusivamente de nuestra máscara.

Un ejemplo de un personaje de novela con un instinto social dominante sería Jay Gatsby, el protagonista de la novela *El gran Gatsby* de Francis Scott Fitzgerald.

Jay Gatsby es conocido por su obsesión por la alta sociedad de la década de 1920 en Nueva York y su deseo de pertenecer a ella. A lo largo de la novela vemos cómo el instinto social dominante de Gatsby influye en sus acciones y decisiones. Su deseo de pertenecer a la sociedad interviene en su comportamiento y lo lleva a tomar medidas extremas para lograrlo. La historia de Gatsby es un retrato impactante de cómo un instinto social dominante puede llevar a una persona a buscar la aceptación y el reconocimiento social a cualquier coste.

La cuestión que late una y otra vez es la falta de proporcionalidad de nuestra identidad instintiva con las circunstancias que vivimos, ya que sesga de manera desproporcionada nuestro comportamiento, lo encadena al relato de nuestro «yo superficial» y no conecta con nuestra esencia.

Instinto social ciego: negación del estatus y el papel que se juega

Los seres humanos somos seres sociales, necesitamos una manada para sobrevivir. El hombre es, probablemente, el animal más dependiente de la Tierra.

De la misma manera que la persona con instinto social dominante corre el riesgo de suplantar sus deseos existenciales y sus decisiones económicas por las de un grupo social, en este caso, ocurre lo contrario. Una tensión desmedida por el desapego extremo, por el impacto que producen las necesidades del grupo del que se forma parte, suele traer consecuencias perjudiciales a medio o largo plazo.

En el siglo XIII el emperador Federico II Hohenstaufen llevó a cabo un experimento en el que se criaron niños en completo aislamiento, sin exposición a ningún lenguaje humano. Su objetivo era investigar si estos niños desarrollarían un lenguaje natural o innato en ausencia de influencias lingüísticas. Sin embargo, el experimento fue un fracaso: la mayoría fallecieron a una edad temprana por la falta de relación social. Este experimento ilustra la importancia del entorno social y cultural y se desarrolla ampliamente en el libro de Paul Watzlawick, *El lenguaje del cambio*, como un ejemplo de que los seres humanos somos animales sociales por naturaleza y que estamos impelidos a relacionarnos socialmente.

La cuestión clave no es que la persona con instinto social ciego suela o no ser egoísta, puesto que esto es una característica genérica que puede tener o no cualquier eneatipo. El tema central es la presión negativa que le produce la relación social y las decisiones que toma o no toma bajo esta presión.

Me viene a la cabeza un excelente empresario, con el que participé en algunos negocios, que compartía conmigo lo mucho que el dinero le condicionaba las decisiones en la interrelación con otras personas, hasta el punto de penalizar sus mejores cualidades como hombre de negocios y sufrir mucha ansiedad cuando tenía reuniones de grupo en las que tenía que informar de sus gestiones. Esto lo había llevado a descartar definitivamente la posibilidad de hacer negocios muy interesantes, fuera de su alcance a título individual, por el vértigo que le producían las relaciones sociales.

Instinto dominante sexual-transmisor: enfoque en el placer y la intimidad

¿Te imaginas que las decisiones prácticas relacionadas con el dinero las tuviéramos que tomar en estado de enamoramiento? Éste es el ecosistema habitual de una persona que tiene como instinto dominante el sexual-transmisor. Su centro de interés pivota entre el objeto de deseo (variable según el momento de la vida) y la necesidad de dejar huella y generar un impacto con su comportamiento.

He compartido previamente que éste es mi instinto dominante y mi nefasta experiencia con la Bolsa. Es un buen ejemplo de la zona de riesgo de esta dominancia. Sólo existe uno mismo y su relación con el objeto ocasional de deseo, una vida que se percibe en términos binarios: lo tengo o no lo tengo. Si reviso mi trayectoria, es cierto que, gracias a la potencia dirigida a la acción de las herramientas de serie que concede, este instinto es muy efectivo, eficaz y práctico en muchas situaciones. En cambio, si no se utiliza con conciencia y autoconocimiento, antes o después te meterá en serios apuros, a veces irreparables. Ganas batallas, pero lo más probable es que pierdas la guerra si no desarrollas autoconciencia.

Otra cuestión, quizá la más relevante, es la importancia de lo que deseamos y la cantidad de tiempo y energía que gastamos en luchar por ello. Los objetos de deseo deben relacionarse con nuestro plan esencial de vida desde la autoconciencia, lo que implica descartar, en la medida de lo posible, que éstos sean puros anestésicos de nuestras angustias y nuestra ansiedad de base. Llevadas al extremo, las ludopatías son buenos ejemplos de seres humanos que han sido devorados por su objeto de deseo, que encubría un trasfondo de carencias y frustraciones. La relación entre la novela *El jugador* de Fiódor Dostoievski y el instinto sexual-transmisor podría ser un buen ejemplo.

En la novela, el personaje principal, Alekséi Ivánovich, se encuentra atrapado en una relación apasionada y tormentosa con Polina, la hija de su empleador. Alekséi se ve impulsado por su deseo por Polina y se arriesga a todo, incluso a participar en el juego y la adicción al juego, para ganarse su atención y su afecto. La relación de Alekséi con Polina y su comportamiento impulsivo y autodestructivo en el juego reflejan la forma en que su instinto sexual-transmisor influye en sus acciones y decisiones. El desenlace es fatal: el protagonista es devorado por su objeto de deseo. El anestésico del juego sustituye la búsqueda del amor.

Instinto sexual-transmisor ciego: negación del placer y la intimidad

Nacemos y deseamos. Los primeros objetos de deseo son muy básicos: un chupete o un juguete. A medida que crecemos y nos hacemos adultos, los vamos perfeccionando y, generalmente, construimos nuestra vida en relación con nuestros deseos. Lo paradójico es que hay un tipo de personas a las que desear algo con intensidad las desestabiliza, las bloquea y comienzan a percibir una sensación de inseguridad de la que pretenden zafarse negando el propio deseo.

Sirva de ejemplo el anteriormente descrito sobre mi amigo, un instinto social dominante pero con el instinto sexual-transmisor ciego: su éxito social se desvanece en el mismo momento en el que una persona le atrae.

En relación con el dinero, en muchas ocasiones, este instinto facilita un conservadurismo que puede resultar útil para las finanzas, pero también puede hacerlos renunciar a oportunidades muy claras y conectadas con su esencia por la ansiedad que los invade cuando su mecanismo de deseo se activa.

Las personas con instinto de conservación dominante e instinto sexual ciego tendrán más dificultades para marcarse objetivos, enfocar su energía y salir de su zona de confort para ir a por lo que quieren. Esto se debe a que su acción quedará paralizada en cuanto sientan que perseguir su objetivo puede poner en riesgo los recursos necesarios para cuidar su conservación.

Un ejemplo extremo de un personaje de novela que podría representar la negación del instinto sexual-transmisor desde la perspectiva del eneagrama es el protagonista de la novela de Hermann Hesse *El lobo estepario*.

El protagonista de la novela, Harry Haller, muestra una negación de su instinto sexual-transmisor con su aislamiento social y su tendencia a rechazar sus propios deseos y luchar contra sus objetivos vitales, que considera pecaminosos y desviados.

En resumen, el autoconocimiento a través del eneagrama y la profundización de nuestra identidad instintiva, en combinación con los patrones de nuestro eneatipo, dará sentido a nuestra vida y proporcionará un esquema para conectar nuestro «yo esencial» con el sentido que le damos al dinero. No hay reglas fijas, no hay un valor absoluto, bueno o malo; lo que se pretende es una relación consciente sobre cómo son nuestros mecanismos de comportamiento y cómo se activan para evitar perder el contacto con nuestro «yo esencial». Llegará un día en el que tendremos que responder a una serie de preguntas:

- ¿Qué sentido ha tenido mi vida?
- ¿Mi identidad instintiva ha sido adicta a sensaciones artificiales?
- ¿Mi relación con el dinero ha dado sentido a mi vida o se lo ha restado por estar narcotizado por mi personaje?
- ¿He reflexionado sobre un plan de vida económico conectado con mi esencia?
- Las respuestas siempre están dentro de uno mismo.

11

Eneagrama: nuestro país, nuestra familia y nuestras relaciones

> La pura observación es transformadora.
>
> SIMONE WEIL, filósofa
> y activista política

PAÍS

He visitado África en varias ocasiones, la primera a principios de los años noventa. Es reseñable la evolución de los comportamientos de las tribus masái y los efectos de la globalización en sus costumbres. Los jóvenes masái han perdido la ingenuidad. Muchos utilizan aparatos electrónicos y demuestran menos curiosidad por los signos externos de vida occidental. Los techos de sus cabañas siguen siendo de estiércol de vaca y continúan bebiendo leche con sangre de cabra, pero su personalidad ya no es tan hospitalaria. Buscan sin disimulo la contraprestación del turista, sabedores de su poder de atracción.

Quizá es una travesía lógica, que parte de la ingenuidad de la esencia de sus costumbres hasta llegar a la superficialidad de utilizarlas como reclamo para conseguir contraprestaciones y mejorar su modo de vida. Esta pérdida de inocencia va en sintonía con un entorno que ha pasado de ser selvático y salvaje a ocupar enormes extensiones territoriales dedicadas a parques temáticos repletos de vehículos todoterreno con turistas armados hasta los dientes con cámaras fotográficas que buscan animales con aspecto cansino y mirada indiferente.

La influencia del grupo en el comportamiento y la personalidad de cada uno de los individuos que lo componen es manifiesta. Los jóvenes masái, como nosotros, no saben que muchos de sus nuevos comportamientos están condicionados por la cultura del grupo social en el que viven y evolucionan con ella y que detrás de la expresión *yo* hay siempre un conjunto de creencias asociadas al entorno social.

Desde la perspectiva del eneagrama, es muy curioso observar que los países también tienen eneatipo y, al margen de cuál sea el nuestro de manera individual, en menor o mayor medida nos influye el que compartimos como ciudadanos de un determinado territorio. Por ejemplo, no es lo mismo un eneatipo 8 español que uno inglés o alemán, o un eneatipo 4 francés que uno italiano o suizo. Hay un sesgo según el país donde hemos nacido y en el que hemos convivido que interfiere en las creencias y los valores propios de cada eneatipo.

Nacemos en un país determinado y, de alguna manera, integramos en nuestra personalidad creencias y constructos heredados de éste que forman parte de nosotros y de nuestro «yo superficial», en combinación con nuestro eneatipo estructural de alguna manera. A continuación, se desarrollan algunos ejemplos de países y sus estereotipos. Según mi criterio, en la comunidad de especialistas hay un debate abierto, siempre edificante, sobre la identificación de unos y otros.

- **Eneatipo 1. El Reino Unido y su anhelo de dar una imagen de perfección, rigor y puntualidad**. Da prioridad a las formas y las tradiciones y penaliza, desde el pudor y la estética, los comportamientos viscerales. Premia el autocontrol y la contención de los impulsos. La Corona es un símbolo de perfección.
- **Eneatipo 2. Italia y su anhelo de conexión, que da prioridad a las relaciones familiares** desde el orgullo de la pertenencia y a la expresión de las emociones por medio de la seducción. Estas emociones, tal y como reflejan alguna de sus míticas películas, se pueden volver agresivas y crueles si

no hay una contraprestación emocional de los otros por no estar a la altura de lo que reciben.

- **Eneatipo 3. Estados Unidos y su anhelo de dar una imagen exitosa desde la vanidad de aparentar ser los mejores vertebrados.** Para ello hacen uso de simbologías con cierto aroma artificial, que disimulen su falta de raíces y siempre mirando de reojo a su *alter ego*, Europa, rebosante de historia, tradiciones y autenticidad.
- **Eneatipo 4. Francia y su anhelo de dar una imagen de peculiar, diferente y especial desde una melancolía patriótica**, a la vez que muy atenta a los movimientos de otros países para no perder su espacio entre los líderes. Incluso en sus relaciones con sus aliados busca recurrentemente marcar las diferencias.
- **Eneatipo 5. Suiza y su anhelo de marcar la distancia desde una neutralidad estratégica, fría y estructural** para evitar que sus intereses se vean perjudicados. Ocupan un espacio clave en el que nadie invade su territorio, desde la avaricia acumulativa y con la simbología de sus bancos, siempre seguros.
- **Eneatipo 6. Rusia y su anhelo de seguridad en todas las versiones del miedo: ataque, parálisis y defensa**. De la dictadura del comunismo a la del consumismo; de la extrema pobreza del pueblo a la extrema riqueza de los oligarcas; del miedo a ser parte de una guerra mundial a resolverla en un ataque demoledor por miedo al invasor (Alemania). Ha invadido Ucrania por el miedo a que este país se convierta en un vehículo invasor de la OTAN. Históricamente, los gobernantes rusos han manejado sus estrategias de poder desde el miedo a ser invadidos y el motor de ese miedo los lleva a convertirse en invasores.
- **Eneatipo 7. España y su anhelo de estar en constante estimulación**. Con un sesgo de «Hay que vivir la vida», desde el narcisismo de «Aquí se vive como en ningún sitio» y, a su vez, con un sentimiento de vacío que conecta con oleadas de tristeza existencial y etapas de autodestrucción, representa para el resto del mundo la alegría, el ocio, la diversión: «Que no pare la fiesta, que si para nos caemos».

- **Eneatipo 8. Alemania y su anhelo de poder y, si hay que darle una sacudida al mundo, se pone manos a la obra.** Participó en dos guerras mundiales para convertirse en líder del mundo por la fuerza y, a pesar de haberlas perdido, en poco tiempo volvió a situarse como el país más poderoso de Europa y de los más poderosos del mundo. Ya en tiempos actuales, con los mismos objetivos y otras reglas del juego, las económicas, lidera Europa y es un referente de poder en el mundo.
- **Eneatipo 9. Canadá y su anhelo de paz y concordia, la promoción de la igualdad de género, la protección del medio ambiente y el respeto a los derechos humanos,** con políticas migratorias. Hace constantes esfuerzos diplomáticos para fomentar la paz en el mundo y es un país pionero en crear el Ministerio de Multiculturalismo. Por contra, al no ser un país que huele a peligro, por ser poco reivindicativo, se suele dejarlo al margen de las grandes decisiones internacionales.

Familia

> Una gran familia es una bendición a la vez que un gran motivo de inquietud.
>
> Sigmund Freud, padre del psicoanálisis

Si descendemos en este vuelo reflexivo y nos aproximamos al grupo que más influye en nuestra vida, nos sorprenderemos de la cantidad de decisiones que tomamos influidos por creencias construidas en el seno de nuestra familia. Ya sea por adhesión o por rebeldía, decidimos a partir de todas esas semillas que nos instaló en el cerebro ese primer núcleo del que dependimos para la supervivencia en un momento de nuestra vida.

Volviendo a África, Tarzán personificó una de mis primeras reflexiones existenciales. ¿Cómo sería mi yo si por un accidente de avioneta hubiera sido un bebé en una familia de monos? Y tú, lector, ¿quién serías?

Centrémonos un poco en la historia. Cuando venimos al mundo, no elegimos dónde nacemos, ni a nuestros padres, ni tampoco a nuestros hermanos, ni nuestro nombre, ni nuestra casa. No elegimos nada. Ahora pensemos: ¿qué parte de nosotros se mantendría con independencia de haber nacido en uno u otro momento de la historia? ¿Quizá nuestra esencia? ¿Cómo se habrían aplicado en nosotros las siguientes teorías, destacadas y reconocidas en un momento u otro de la historia?

- **Teoría del apego de John Bowlby**. Bowlby es conocido por su teoría del apego, que enfatiza la importancia de los vínculos emocionales tempranos con los cuidadores, como la madre, en la formación de la personalidad.
- **Teoría del aprendizaje social de Albert Bandura**. Bandura es famoso por su teoría del aprendizaje social, que explora cómo los niños adquieren comportamientos, actitudes y valores al observar y modelar el comportamiento de sus padres y otros miembros de la familia.
- **Teoría de la socialización de George Herbert Mead**. Mead es conocido por su teoría de la socialización, que destaca cómo los individuos desarrollan una identidad y una personalidad mediante la interacción con otros, especialmente, en el contexto de la familia.
- **Teoría psicodinámica de Sigmund Freud**. Freud, uno de los pioneros de la psicología, propuso teorías psicodinámicas que exploran cómo las experiencias infantiles, incluidas las interacciones familiares, pueden influir en el desarrollo de la personalidad.
- **Teoría de la interacción genética y ambiental de Robert Plomin**. Plomin es conocido por su investigación sobre la interacción de factores genéticos y ambientales en la formación de la personalidad, lo que destaca la contribución de la familia y los genes en este proceso.

El origen del núcleo familiar se remonta a la prehistoria, cuando los seres humanos vivíamos en sociedades nómadas. En ese momento, la supervivencia era la principal preocupación y las relaciones familiares se desarrollaron en respuesta a las necesidades básicas de protección, alimentación y crianza de los hijos.

En esta etapa de la historia humana, no existían las instituciones formales del matrimonio ni las estructuras familiares rígidas que vemos en las sociedades modernas. En cambio, las familias estaban adaptadas a las necesidades cambiantes del entorno y se basaban en la colaboración y la supervivencia mutua.

En un entorno peligroso y hostil, los seres humanos primitivos se dieron cuenta de que permanecer en grupos les ofrecía mayor seguridad. La unidad familiar proporcionaba una estructura más pequeña dentro del grupo más grande, lo que facilitaba la defensa contra depredadores y otras tribus. La necesidad de cuidar y proteger a los niños era fundamental para la supervivencia de la especie. La unidad familiar permitía que los padres compartieran la responsabilidad de criar a los hijos y transmitirles los conocimientos y las habilidades necesarias para sobrevivir en su entorno.

En este contexto, las relaciones familiares tenían como base principalmente los lazos biológicos. Las personas identificaban a sus parientes más cercanos y dependían de ellos para la cooperación y el apoyo mutuo. Las tareas dentro de la familia se dividían según la edad y las habilidades. Los adultos cazaban, pescaban o recolectaban alimentos, mientras que los ancianos y los niños contribuían de otras formas: vigilaban el fuego o recolectaban frutas y vegetales.

Con el tiempo, estas unidades familiares se volvieron más complejas, a medida que los humanos desarrollaban habilidades sociales y culturales más sofisticadas. Las primeras formas de comunicación y lenguaje facilitaron la transmisión de conocimientos y valores dentro de la familia.

La existencia de cada ser humano, el simple hecho de haber nacido, es un auténtico milagro. Había tantas posibilidades de que tú, lector, o yo, existiéramos como de tirar un aro desde un avión a cuatro mil metros y que cayera sobre la cabeza de un pato, o que en un fusilamiento se encasquillaran a la vez 67 rifles sin ejecutarse ningún disparo, tal y como relata el biólogo y filósofo francés Charles Monod en su libro *El azar y la necesidad*.

El eneagrama nos ofrece herramientas para diseccionar qué parte de nosotros se sostendría a través de los tiempos y de los ecosistemas históricos, culturales y familiares.

Cuando nos despojamos de todas las capas que representan nuestro «yo superficial» o ego, conectamos con una energía nuclear que supera las barreras del tiempo y el espacio.

¡Y pensar que cada una de las personas que han poblado nuestro mundo tiene algo que ver con la existencia de cada uno de nosotros y que somos el resultado de una inmensa combinación de caos y azar!

La mera relación entre nuestros padres, la multitud de factores completamente aleatorios que tuvieron que sucederse para que se conocieran, sin los que no hubiéramos existido, provocan un auténtico vértigo existencial.

Una simple fiesta de cumpleaños en la que coincidiesen abuelos y nietos desbordaría cualquier esfuerzo de los matemáticos más destacados por desvelar las probabilidades de que cada comensal estuviera sentado en la mesa.

Hay un poema de Ángel González, «Para que yo me llame Ángel González», recitado por él mismo y perteneciente a su libro *Áspero mundo*, que refleja bien este escenario de «vida regalada»:

Para que yo me llame Ángel González,
para que mi ser pese sobre el suelo,
fue necesario un ancho espacio
y un largo tiempo:
hombres de todo el mar y toda tierra,
fértiles vientres de mujer, y cuerpos
y más cuerpos, fundiéndose incesantes
en otro cuerpo nuevo.
Solsticios y equinoccios alumbraron
con su cambiante luz, su vario cielo,
el viaje milenario de mi carne
trepando por los siglos y los huesos.
De su pasaje lento y doloroso
de su huida hasta el fin, sobreviviendo
naufragios, aferrándose
al último suspiro de los muertos,

yo no soy más que el resultado, el fruto,
lo que queda, podrido, entre los restos;
esto que veis aquí,
tan sólo esto:
un escombro tenaz, que se resiste
a su ruina, que lucha contra el viento,
que avanza por caminos que no llevan
a ningún sitio. El éxito
de todos los fracasos. La enloquecida
fuerza del desaliento.

¿No merece la pena dar sentido al milagro de la existencia buscando la conexión con nuestra esencia y no vivir una vida dominada por nuestro ego o personaje?

En el núcleo familiar, se construyen muchos de nuestros anhelos superficiales, asociados a la creencia de lo que somos y no de lo que realmente somos. Una vez más, insisto en que la clave no es renegar de esas creencias, sino conocerlas y distinguirlas de nuestro verdadero ser. Esto sólo se puede conseguir con el autoconocimiento.

> Cuando somos capaces de conocernos a nosotros mismos, rara vez nos equivocamos sobre nuestro destino.
>
> MADAME DE STAËL, escritora

Una de las transformaciones más notables durante el Renacimiento y la Edad Moderna fue la transición hacia el matrimonio con base en el amor. A medida que las ideas sobre el individualismo y la libertad personal se fortalecieron, las personas comenzaron a buscar el amor y la compatibilidad emocional como cimiento para el matrimonio, en lugar de las alianzas políticas o económicas. La familia nuclear, compuesta por la convivencia de padres e hijos, se consolidó como la unidad familiar principal en esta época. Esto reflejaba la creciente movilidad de la sociedad y la industrialización, que requerían una mayor flexibilidad en la estructura familiar. Las familias nucleares eran más independientes y autónomas y el hogar se convirtió en un espacio privado y central para la vida familiar.

Los padres comenzaron a enfocarse más en la educación y el desarrollo de sus hijos y surgieron nuevas perspectivas sobre la crianza, entre las que destaca la importancia del afecto y la atención individualizada.

Quizá fue en esta etapa de la historia cuando comenzó la influencia desmedida de las familias en el ego de sus descendientes. El sentido de la vida comenzó a proyectarse de manera abierta en los logros de los hijos y sus roles en la sociedad. Los hijos no sólo representaban un brindis por la supervivencia de la especie, sino una escultura que moldear y cuyas virtudes o defectos darían los códigos fuente de la vida de los escultores.

En las sociedades modernas, la crianza de los hijos se centró aún más en el desarrollo emocional y psicológico de los niños y se prestó atención a cuestiones como la autoestima y el bienestar emocional.

En los tiempos actuales, la relación del ego sistémico de cada familia sostenido sobre la vida de sus descendientes se ha extremado hasta límites insostenibles. Hemos pasado de un tiempo en el que cuando un hijo se desviaba de las costumbres sociales imperantes se hablaba de «pobres padres» a un presente en el que prevalece el «qué habrán hecho mal los padres». Esto ha supuesto una aceleración de estrategias por tierra, mar y aire de las influencias familiares que potencian el deber ser sobre el ser, ante el riesgo de que algún descendiente pueda ponerse como ejemplo del fracaso del modelo familiar. Y qué magnífica casualidad: si observamos los modelos imperantes para llevar una vida destacada, nos sorprenderá encontrar similitudes con las propuestas del eneagrama.

Desde la perspectiva del eneagrama, al igual que con los países, cada grupo familiar tiene un eneatipo, que puede coincidir con el del líder, aunque lo más frecuente es que sea consecuencia del eneatipo que el líder tiene idealizado.

A modo de ejemplo, en mi familia mi padre era eneatipo 8, pero tenía idealizado el eneatipo 3 (éxito), quizá influido por su estancia de más de siete años en Estados Unidos. El eneatipo de mi familia era el 3, un modelo con base en el reconocimiento del éxito y los logros, cuando, paradójicamente, ningún miembro de la familia tenía este eneatipo. En cambio, todos los miembros hemos desarrollado un sistema de creencias que, aunque no tenga como motivación central la del eneatipo 3, sí nos condiciona inconscientemente en muchas de nuestras decisiones.

En mi caso, como «líder de familia», con pareja y dos hijos, por mi idealización del E8, instalé este eneatipo en mi modelo familiar, y eso que ninguno de sus miembros es un E8, tampoco yo, aunque sí estuve confundido mucho tiempo, como ya mencioné en otro apartado de este libro.

Modelos familiares basados en la alta exigencia y autoexigencia (E1)

Tienden a establecer estándares muy altos. Valoran la disciplina, la responsabilidad y la excelencia. Este modelo familiar se caracteriza por una fuerte preferencia por la estructura y el orden. Las reglas y los procedimientos suelen ser claros y se espera que se sigan. Esto puede incluir una atención meticulosa a los detalles en la educación y el comportamiento de los hijos. Los padres enseñan a sus hijos la importancia de ser justos, honestos y moralmente rectos.

Los niños pueden desarrollar en este entorno una fuerte ética de trabajo y sentido de la responsabilidad. Sin embargo, también pueden tener problemas con la autoestima si sienten que no pueden cumplir las altas expectativas. Pueden ser críticos consigo mismos y con los demás y tener dificultades para manejar la frustración cuando las cosas no salen según lo planeado.

Modelos familiares basados en la conexión privilegiada (E2)

Este modelo familiar promueve la expresión abierta de emociones y sentimientos, lo que crea un ambiente en el que el afecto y la empatía se valoran mucho. Los progenitores tienden a establecer una conexión emocional profunda con sus hijos y buscan constantemente asegurarse de que se sientan amados y apoyados. Estos padres animan a sus hijos a desarrollar relaciones sólidas y a ser considerados y amables con los demás.

Los niños en este entorno suelen ser empáticos y socialmente hábiles, debido al modelo de sus padres, centrado en el cuidado y el apoyo a los demás.

Pueden desarrollar una dependencia emocional de la aprobación y el reconocimiento de los demás, y su autoestima puede estar vinculada a cómo se perciben en sus relaciones. Pueden tener dificultades para establecer límites saludables y para reconocer y priorizar sus propias necesidades.

Modelos familiares basados en el éxito y el logro (E3)

Se enfocan en fomentar la ambición y la eficiencia. Este modelo familiar enfatiza la importancia de establecer y alcanzar metas. Los padres alientan a sus hijos a orientarse a objetivos y a trabajar duro para lograr sus ambiciones. Pueden subrayar la importancia del reconocimiento y la validación externa y animar a sus hijos a buscar el éxito visible y el aplauso de los demás.

Los niños pueden asociar su autoestima a sus logros y a cómo los ven los demás, lo que puede llevar a un sentido de identidad basado en el rendimiento. Pueden tener dificultades para priorizar las relaciones y las conexiones emocionales si éstas se perciben como menos importantes que el logro y el éxito.

Modelos familiares basados en la diferenciación (E4)

Valoran la unicidad y la expresión individual. Los padres o cuidadores suelen enfatizar la importancia de ser único y auténtico. Fomentan la expresión individual en sus hijos. Este modelo familiar se caracteriza por una profunda sensibilidad emocional y una apreciación de las experiencias emocionales complejas. Valoran la creatividad y tienen un fuerte sentido estético.

Asimismo, se hace hincapié en la importancia de las relaciones profundas y significativas. Los niños pueden desarrollar una fuerte capacidad para la autoexpresión y la creatividad y suelen sentirse cómodos explorando emociones y experiencias únicas. Pueden tener una gran empatía y una comprensión intuitiva de las emociones, tanto propias como ajenas.

Estos niños pueden pasar mucho tiempo buscando su identidad y su lugar en el mundo, a veces sintiéndose diferentes o desconectados de su entorno. Pueden ser particularmente sensibles y vulnerables emocionalmente, lo que puede suponer tanto una fortaleza como un desafío.

Modelos familiares basados en la distancia emocional (E5)

Suelen enfatizar la importancia del conocimiento, el aprendizaje y la comprensión profunda. Fomentan la curiosidad y el análisis en sus hijos. Este modelo familiar promueve la independencia y la autonomía. Animan a los hijos a ser autosuficientes y a buscar sus propias respuestas y pueden proporcionar espacios para el retiro y la reflexión personal. Estos padres valoran la observación y el análisis por encima de la acción impulsiva. Enseñan a sus hijos a pensar antes de actuar.

Los niños pueden desarrollar una fuerte capacidad intelectual y un amor por el aprendizaje, y a menudo son ávidos lectores o investigadores. Estos niños suelen ser buenos resolviendo problemas y pensando de manera lógica y analítica. Pueden tener dificultades con la interacción social y la expresión emocional, pues prefieren la soledad o las interacciones más intelectuales.

Modelos familiares basados en la prevención y el miedo (E6)

Suelen priorizar la seguridad y la estabilidad. Este enfoque puede incluir una fuerte preocupación por la protección y la prevención de riesgos. Fomentan un fuerte sentido del compromiso y el apoyo mutuo y valoran la confianza y la lealtad en las relaciones familiares. Se trata de un modelo familiar que muchas veces proporciona un ambiente predecible y estructurado en el que las reglas y las expectativas están claras. Los padres tienden a enseñar a sus hijos a analizar situaciones y a estar preparados para diferentes escenarios.

Los niños que crecen en este entorno pueden desarrollar un fuerte sentido de la responsabilidad y la precaución y ser conscientes de los riesgos y las consecuencias. Pueden tener una tendencia a buscar estabilidad y seguridad en sus relaciones y su entorno y ser propensos a preocupaciones y ansiedades, especialmente, si perciben incertidumbre o inseguridad a su alrededor. También tienden a desarrollar buenas habilidades para anticipar problemas y buscar soluciones prácticas.

Modelos familiares basados en la hiperactividad y el positivismo (E7)

Este modelo familiar suele enfatizar un ambiente positivo y alegre en el que el humor y la diversión son comunes. Se valora la flexibilidad y la espontaneidad y pueden ser menos propensos a establecer rutinas y estructuras estrictas. Fomentan la curiosidad y la creatividad en sus hijos, animándolos a pensar más allá de lo convencional y a ser innovadores.

Los niños pueden desarrollar una gran adaptabilidad y versatilidad y aprender a navegar por diferentes situaciones fácilmente. Pueden tender a buscar experiencias placenteras y evitar situaciones que consideren aburridas o dolorosas y tener dificultades para mantenerse enfocados en tareas que requieren compromiso a largo plazo o que no les resultan inmediatamente gratificantes. Pueden ser sociables y extrovertidos, pero también pueden necesitar aprender a profundizar en las relaciones y manejar emociones más complejas.

Modelos familiares basados en el poder (E8)

Este modelo suele valorar y fomentar la fortaleza, la independencia y la autosuficiencia, tanto en los mismos padres como en sus hijos. Pueden promover un ambiente en el que la comunicación es directa y franca y en el que se valoran la honestidad y la claridad. Los progenitores son muy protectores de su familia y están dispuestos a defenderla de cualquier amenaza.

Animan a sus hijos a ser líderes, a tomar la iniciativa y a no temer los desafíos. Los niños pueden crecer siendo confiados y autosuficientes, con una fuerte sensación de capacidad y resiliencia. Pueden tener una intensa necesidad de controlar su entorno y de resistirse a la autoridad o la dominación por parte de otros.

Estos niños pueden ser propensos a la confrontación y a la agresión, especialmente, si sienten que su espacio o su autonomía están siendo amenazados. Pueden necesitar aprender a equilibrar su fortaleza y determinación con empatía y sensibilidad hacia los demás.

Modelos familiares basados en la renuncia y la aversión al conflicto (E9)

Este modelo suele priorizar la paz y la armonía en el hogar. Se evitan los conflictos y se busca resolver las diferencias de manera amistosa. Promueve un ambiente de aceptación y apoyo en el que se valoran la inclusión y la comprensión mutua.

Los padres tienden a ser flexibles y abiertos a diferentes perspectivas y estilos de vida y fomentan un entorno en el que son bienvenidos diversos puntos de vista. Animan a sus hijos a buscar la estabilidad y la consistencia y valoran la comodidad y la rutina.

Los niños pueden desarrollar una fuerte empatía y tolerancia hacia los demás, ya que aprenden a ver y a valorar múltiples perspectivas. Pueden tender a evitar conflictos y confrontaciones, a veces a expensas de expresar sus propias necesidades y deseos. Luchan contra la pasividad o la indecisión, especialmente, en situaciones en las que se requiere una acción firme o una elección clara. Son buenos manteniendo relaciones armoniosas, pero necesitarán aprender a comunicarse de manera efectiva, especialmente, en situaciones difíciles.

Advertencia: el eneatipo de nuestra familia de crianza puede influir en nosotros en dos sentidos: podemos asumir sus creencias o rechazarlas. A diferencia de nuestro eneatipo, con el que convivimos toda la vida, el eneatipo familiar sí puede cambiar en función de la evolución de los miembros de la familia, sobre todo, en relación con las experiencias de su líder.

Tomar conciencia de cuál es el eneatipo familiar nos ayuda a entender muchas de las creencias que activamos de manera automática. En mi caso, por los relatos familiares, ya que mi nacimiento llegó con posterioridad, sospecho que evolucionamos de un eneatipo familiar 8 a un eneatipo 3. También intuyo que ocurrió como consecuencia de la transformación que experimentaron mis padres en la etapa de su vida que pasaron como emigrantes en Estados Unidos, un país que rebosa de las creencias y los valores del eneatipo 3.

Somos tres hermanos con identidades eneagramáticas diferentes: E2 con dominio del instinto sexual-transmisor, E6 con dominio del instinto de conservación y E2 con dominio del instinto de conservación. Sin embargo, los tres tenemos tendencia a pintar la vida con los valores y las creencias propias del eneatipo 3, sin tener la estructura de este eneatipo ni sus motivaciones.

Ésta es una de las variadas razones que reflejan la complejidad del eneagrama y las dificultades en la identificación. Mis dos hermanos y yo podríamos pasar en un momento determinado por eneatipos 3 sin serlo, si sólo se observa nuestro envoltorio superficial y ocasionalmente.

Te animo, lector, a que reflexiones sobre tu eneatipo familiar, tanto el de tu infancia, adolescencia y juventud como el de la familia construida en tu vida adulta. Encontrarás tesoros de autoconocimiento y explicaciones a tus propios comportamientos y a los de tus familiares más cercanos.

Relaciones de pareja

> Cuando una pareja discute en una habitación, no hay dos personas, hay cuatro. Las dos personas reales y, después, la idea que cada una de ellas tiene de la otra, que es con la que está discutiendo.
>
> Sigmund Freud

No elegimos el país en el que nacemos, ni tampoco la familia. En cambio, la pareja es una de las elecciones más importantes de nuestra vida, y quizá por ello sea más útil y trascendente profundizar en el conocimiento y autoconocimiento por medio del eneagrama.

El dilema del erizo de Schopenhauer

«En un día muy helado, un grupo de erizos que se encuentran cerca sienten simultáneamente la necesidad de juntarse para darse calor y no morir congelados. Cuando se aproximan mucho, sienten el dolor que les causan las púas de los otros, lo que los impulsa a alejarse de nuevo. Sin embargo, como el hecho de alejarse va acompañado de un frío insoportable, se ven en el dilema de elegir: herirse con la cercanía de los otros o morir. Por ello van cambiando la distancia que los separa hasta que encuentran una óptima en la que no se hacen demasiado daño ni mueren de frío.»

En las relaciones de pareja somos como los erizos, y nuestras púas (el personaje), que nos ayudan a sobrevivir, representan también una barrera para las personas a las que amamos y que nos aman.

A diferencia de los erizos, tenemos capacidad y conciencia para combinar la efectividad de nuestro personaje con la posibilidad de que éste no nos impida que nuestro compañero o compañera de vida encaje y que encajemos nosotros en esa barrera que protege y, a la vez, aleja de la esencia que nos convierte en seres mágicos.

El amor de pareja puede adquirir diversas formas y matices, y suelen describirse varios tipos de amor:

1. **Amor romántico**. Éste es el tipo de amor que suele asociarse con las relaciones de pareja tradicionales. Se caracteriza por la pasión, la atracción física y la intimidad emocional. El amor romántico puede basarse en el deseo, la admiración y el cariño mutuos.
2. **Amor platónico**. El amor platónico se cimenta en una conexión profunda y emocional, sin componente sexual o ro-

mántico. Puede existir entre amigos cercanos o entre personas que comparten una relación emocional íntima sin necesidad de una relación romántica o sexual.

3. **Amor incondicional**. Este tipo de amor implica amar a tu pareja sin importar las circunstancias o las imperfecciones. Es un amor que no se basa en condiciones o expectativas y se caracteriza por el apoyo y la aceptación incondicional.
4. **Amor pasional**. El amor pasional se caracteriza por la intensidad y el deseo ardiente. Puede estar marcado por la atracción sexual y una conexión emocional profunda, pero a menudo se asocia con la pasión y la lujuria.
5. **Amor compañero**. Este tipo de amor tiene su base en la amistad, la comodidad y la compatibilidad. Las parejas que experimentan el amor compañero suelen tener una conexión sólida y estable basada en la confianza y la camaradería.
6. **Amor a largo plazo**. A medida que las parejas envejecen juntas, su amor puede cambiar y evolucionar hacia un amor a largo plazo. Este tipo de amor implica la construcción de una vida juntos, el apoyo mutuo a lo largo del tiempo y la adaptación a las diversas etapas de la vida.
7. **Amor apasionado**. A menudo asociado con el amor inicial en una relación, el amor apasionado se caracteriza por la emoción y la intensidad. Puede ser efervescente y emocionante, pero también efímero.

Es importante destacar que estos tipos de amor no son mutuamente excluyentes y las relaciones de pareja pueden experimentar múltiples formas de amor a lo largo del tiempo. Cada relación es única y puede desarrollarse de manera diferente, según las circunstancias y las personas involucradas.

En el ámbito de la pareja, no hay certezas infalibles, sino vivencias en común de personas que conforman un cóctel del que nadie tiene la fórmula perfecta. El ecosistema del eneagrama es muy aplicable a los diferentes formatos de pareja en función del ciclo:

- **Pareja inicial** (**amor pasional-romántico**). Suele haber una toma de control del instinto sexual-transmisor, que predomina sobre el social y el de conservación, y también del centro emocional, que predomina sobre el centro racional y visceral. El eneatipo se pone en alerta máxima intentando ofrecer la mejor versión posible. En realidad, se produce un enamoramiento de la imagen que tiene el otro de nosotros mismos. Las emociones suelen ser intensas y las personas pueden experimentar sentimientos de euforia, obsesión y deseo intenso. Durante esta fase es común que se idealice a la pareja y se ignoren sus imperfecciones. La comunicación suele ser fluida y apasionada.

- **Pareja estable (amor y realidad)**. Se hace más evidente nuestro eneatipo y tanto la identidad instintiva (sexual-transmisora, conservación o social) como la de los centros (emocional, visceral o racional) se recolocan en su dimensión real. Las diferencias y los desafíos en la relación pueden volverse más evidentes y las parejas deben enfrentar obstáculos y tomar decisiones sobre cómo avanzar juntos. La comunicación se vuelve más realista y puede requerir un mayor esfuerzo para resolver conflictos y comprometerse.
- **Pareja madura (amistad y bioquímica)**. Este modelo se asocia con el ideal de pareja en el que se combinan los valores propios de una verdadera amistad, un proyecto en común, lealtad, empatía, solidaridad..., con una compatibilidad bioquímica que permite seguir teniendo atracción mutua. En estos niveles, las parejas se relacionan desde el equilibrio de sus instintos y centros y desarrollan un trabajo diario para mantener sus respectivas esencias en sintonía y conexión, sin que la arquitectura del eneatipo impida una relación plena. En el siguiente capítulo desarrollaremos cómo aspirar a tener este tipo de pareja utilizando el campo de conocimiento del eneagrama y también las compatibilidades o incompatibilidades entre los distintos eneatipos.

El campo de conocimiento del eneagrama es muy aplicable en el ámbito de la pareja y, como ocurre en el mundo profesional, se puede enfocar en objetivos iniciales, como ligar con una mayor efectividad, en construir los cimientos de la pareja de tu vida o en ambas de manera complementaria.

Pero ¿por qué son tan complejas las relaciones de pareja? En primer lugar, quizá sea por la imposibilidad de prever los efectos del campo bioquímico. El atractivo y la seducción tienen que ver con las armas caprichosas que la maquinaria biológica de supervivencia de la especie humana dota a cada individuo de manera aleatoria y sobre las que se suele asentar la base de la primera atracción. La paradoja es que cuando la naturaleza da por cumplida esa etapa de pasión, que según los expertos dura un máximo de dos años, la pareja se enfrenta al reto de sostener la relación humana por excelencia, sin el motor central de la bioquímica.

En el amor apasionado, nuestro personaje suele estar hiperactivo por la mirada de la otra persona, pero, cuando la etapa de pasión va decayendo, empiezan las dudas y los conflictos. Si, de alguna manera, no traspasamos las barreras de los personajes y la relación no se empieza a nutrir de las esencias, la probabilidad de que podamos construir una pareja para toda la vida es prácticamente nula.

A continuación, expongo la mirada de los eneatipos en la fase del amor apasionado en modo personaje:

- **E1**: ¡Qué bien hace las cosas!
- **E2**: ¡Qué gran persona es!
- **E3**: ¡Es tan brillante en todo!
- **E4**: ¡Qué especial y diferente es!
- **E5**: ¡Qué inteligente es!
- **E6**: ¡Qué leal y prudente es!
- **E7**: ¡Qué divertido es!
- **E8**: ¡Es tan poderoso!
- **E9**: ¡Qué equilibrio tiene!

Y, ahora, la mirada de los eneatipos cuando la etapa de pasión ha decaído y se mantiene el modo personaje (terminología empleada en el libro de David Barba *El Eneagrama del mulá Nasrudín*, 2015):

- **E1**: ¡Es un fanático!
- **E2**: ¡Qué empalagoso!
- **E3**: ¡Es muy artificial!

- **E4**: ¡Es una bruja!
- **E5**: ¡Es un imbécil!
- **E6**: ¡Es un paranoico!
- **E7**: ¡Es un estafador!
- **E8**: ¡Es un tirano!
- **E9**: ¡Qué patán!

Tanto en una fase como en otra, para marcar las fronteras del comportamiento —quizá exagerando en lo conceptual, o no—, creo que todos hemos sido testigos o sufridores en primera persona de esta evolución en las relaciones de pareja.

Un ecosistema no inusual en las relaciones de pareja es confundir el apego con el amor. Ésta es la reflexión de Frank Ostaseski en su libro *Las cinco invitaciones*: «El apego se disfraza de amor; parece amor, huele a amor, pero es una imitación burda. Se siente que el apego posee una cualidad adhesiva y es movida por el miedo y la necesidad. El amor es desinteresado, el apego egocéntrico. El amor es liberador, el apego posesivo».

El camino a través del eneagrama nos ayuda a distinguir el amor del apego, a tomar conciencia y actuar en consecuencia; a aceptar que las etapas de pareja son evolutivas y que obedecen a una realidad humana inexorable. No significa ni mucho menos que detrás de cada relación se fragüe un amor para toda la vida. Todo lo contrario: la conciencia evita que entremos en dinámicas de conflicto y dolor y cierra los ciclos cuando éstos no tienen sentido de continuidad.

El amor compañero se construye desde la intención de relacionarse con la otra persona en el campo de juego de la esencia, traspasando y superando el personaje.

En 1980, el doctor Harville Hendrix y la doctora Helen LaKelly Hunt cocrearon la terapia Imago, que se centra en la idea de que las personas muchas veces eligen parejas que reflejan las heridas emocionales de su infancia y buscan sanar estas heridas con la comunicación y la comprensión mutua.

El eneagrama nos propone una hoja de ruta:

Heridas de la infancia

E1: «No está bien cometer errores».
Mensaje anhelado: «Te amo también por tus imperfecciones».

E2: «No está bien tener necesidades».
Mensaje anhelado: «Te amo aunque no puedas con todo».

E3: «No está bien fracasar».
Mensaje anhelado: «Te amo tal y como eres, con tus éxitos y tus fracasos».

E4: «No está bien ser mediocre».
Mensaje anhelado: «Te amo con tus defectos».

E5: «No está bien tener cercanía y sensibilidad».
Mensaje anhelado: «Te amo con tus peculiaridades».

E6: «No está bien confiar en uno mismo».
Mensaje anhelado: «Te amo a pesar de tus miedos».

E7: «No está bien conectar con el dolor».
Mensaje anhelado: «Te amo a pesar de lo que evitas sufrir».

E8: «No está bien ser vulnerable».
Mensaje anhelado: «Amo tu ser vulnerable».

E9: «No está bien hacerse valer».
Mensaje anhelado: «Amo tus inseguridades».

Somos un punto en el centro del círculo y somos expulsados hacia sus límites lanzándonos a un mundo que distorsiona nuestra cualidad esencial. Encontrar a nuestro compañero o nuestra compañera de vida dependerá de que traspasemos los personajes y nos conectemos desde las esencias. Que las heridas del ego encuentren calma y seguridad en el amor de otro ser que, a su vez, recibe de nosotros esa mirada que traspasa las barreras de las pasiones, desde donde construir proyectos de vida sólidos y leales.

El eneagrama parte de la premisa de que tenemos un mismo eneatipo durante toda nuestra vida, pero de nosotros depende, mediante los procesos de autoconocimiento, que nos atrape en las cadenas del ego o que lo desmontemos desde el amor a nosotros mismos, en la búsqueda de conexión con la esencia.

12

Eneagrama y pareja

> No somos las mismas personas que el año pasado, tampoco lo son aquéllos a los que amamos. Es extraordinario que, cambiando, podamos seguir amando a alguien que también cambió.
>
> WILLIAM SOMERSET MAUGHAM, escritor

El eneagrama es un campo de conocimiento que puede ser empleado de muchas maneras. Es precisamente su versatilidad lo que le confiere un valor único. Cada persona es libre de aplicarlo desde su libertad y su conciencia. El campo de la pareja y de las relaciones es un buen ejemplo de su condición de molde poliédrico de comportamientos y patrones. Hay personas que lo utilizan para ligar, y me consta que con éxito.

Conocer y conocerse desde las herramientas de nuestro ego y, a su vez, poder calibrar cuáles son los caminos para llevar a cabo las jugadas de conquista explorando el posible eneatipo de la persona objetivo confieren una serie de ventajas incuestionables. Manejar a un E3 y navegar por su vanidad, o por la necesidad de liderazgo y reivindicación de fortaleza de un E8, por ejemplo, nos permite utilizar comodines que pueden resultar decisivos a la hora de culminar el abordaje.

El conocimiento de tu eneatipo también te permite poder salir de tu zona de confort, ya que podrás identificar los aspectos reprimidos. Por ejemplo, un E2 como yo recibió toda una revelación al confrontar su dificultad para aceptar el rechazo y observar la trampa del ego que, por un lado, construye magníficos escenarios de seducción a fuego lento y, a la vez, a la hora de la verdad, no define la faena por miedo al rechazo.

Recuerdo, por ejemplo, un viaje de fin de curso a Mallorca en el que estuve con un amor platónico hasta las siete de la mañana en una playa y, por ese miedo al rechazo tan característico del E2, conversamos muy cerca, a la luz de la luna y con el murmullo de las olas, sin que nos diéramos un solo beso. Me imagino lo que aquella chica, que se llamaba Pilar, contaría después sobre ese chaval tan romántico pero tan poco pasional. Si ella supiera lo que se me pasaba por la cabeza...

Por contar toda la arquitectura de mi comportamiento, he de reconocer que mi subtipo, el sexual-transmisor, me ha hecho vivir también situaciones opuestas, sin ninguna clase de proceso intermedio. En alguna ocasión me he lanzado a reacciones instintivas y sin preámbulos. Es lo que tiene el eneagrama, que te permite entender tus opuestos. Mi E2 me reprime por miedo al rechazo y mi subtipo sexual-transmisor me lleva a situaciones, si no hay margen para racionalizar, de comportamientos impulsivos, con un riesgo alto de producir una espantada.

Cada eneatipo y subtipo ofrece coordenadas parecidas, que suelen representar fuerzas opuestas en el arte de la seducción. Con la lectura del libro y sus reflexiones cada lector tiene la opción de observarse entre esas fuerzas contradictorias que nos marcan nuestro eneatipo y el subtipo a la hora de abordar una conquista.

Dedicar tiempo a esa primera etapa de la relación, gracias a la cual la especie humana mantiene su supervivencia y primacía en este mundo, puede ser muy entretenido y eficaz, pero no es un fin en sí mismo. Desde que nacemos todos tenemos una batería biológica para mantener la pasión en una relación y, como ya hemos mencionado, ésta dura aproximadamente dos años. Como ya sabrás, en este libro dispones de material suficiente para conocer los eneatipos y subtipos e intentar recabar datos sobre tu «objetivo» y así aplicar con eficacia los conocimientos sobre el eneagrama para poder triunfar en el arte de la seducción.

La felicidad está muy relacionada, según los expertos y los estudios científicos, con tener un buen compañero o una buena compañera de vida. El eneagrama puede ser un conocimiento muy valioso, no sólo para encontrarlo, sino, sobre todo, para evitar que nuestros patrones de comportamiento desgasten y arruinen, desde el ego, una relación con potencial y base. Sólo lo lograremos si aprendemos a relacionarnos desde las respectivas esencias de los miembros de la pareja.

Llevo treinta y siete años casado y he vivido muchas etapas en la vida en pareja. Me enamoré como un loco, tuvimos un hijo nada más iniciar nuestra relación y, a lo largo de este tiempo, hemos experimentado todo tipo de crisis, experiencias, desastres, frustraciones, etcétera. No obstante, puedo afirmar con absoluta convicción que la clave de una buena relación de pareja no es ni mucho menos lo que nos venden los estereotipos de las películas románticas, que crean un marco utópico que hace mucho daño.

Hay tres factores decisivos de cuya combinación puede resultar una fórmula que nos permita vivir una vida más plena con un compañero o una compañera de viaje:

- **Compatibilidad bioquímica**. Si bien inicialmente este factor está fuera de nuestro control, sí podemos potenciarlo o debilitarlo. La clave es no dejarlo morir. Para ello contamos con una herramienta poderosísima: la imaginación. La compatibilidad bioquímica no sólo afecta a la sexualidad, sino también a compartir experiencias de vida desde la ingenuidad, dejando fluir aspectos que nos relacionan y conectan con nuestra niñez. De niños utilizamos unos juguetes y de adultos hay que seguir jugando y compartiendo los juegos en pareja, aunque con juguetes diferentes.
- **Amistad**. Éste es el gran campo de juego. Las relaciones humanas no acaban con un beso final y un atravesar el umbral de la casa vestidos de boda y con música triunfal. Al revés, así empiezan, y todos nos enfrentamos a las rutinas, las exigencias, las supervivencias, la responsabilidad de los hijos, el paso del tiempo...; en definitiva, el devenir de la realidad de la vida.

  El vínculo que puede cimentar una relación a largo plazo es el de la amistad, que contiene en sí misma todos los valores relacionales necesarios para sostener la conexión con un compañero o una compañera de vida: complicidad, lealtad, confianza, apoyo, respeto por los propósitos vitales mutuos, acompañamiento en los momentos oscuros de la vida, aceptación de los cambios de comportamiento como consecuencia de las exigencias de la vida, etcétera.

- **Capacidad para renovarse y aceptar la evolución del compañero.** La vida no es una foto por la que no pasa el tiempo. Es todo lo contrario. A lo largo de la convivencia en pareja evolucionamos y nos convertimos en personas con comportamientos y gustos cambiantes y contradictorios, pero hay algo que se mantiene constante: nuestra esencia. Desde esa base relacional, las parejas pueden mantenerse a lo largo del tiempo, relacionándose desde sus respectivas esencias, al margen de los cambios de la vida y de la sucesión de etapas y ciclos.

En mi caso, por ejemplo, he aprendido que mi pareja (E9) sufre una desconexión con sus emociones y se pone en modo zombi en situaciones de estrés excesivo. Parece que no le importa ni le afecta nada. En cambio, es todo lo contrario, es decir, su personaje y eneatipo le construyen una coraza de indiferencia hacia lo que la rodea. En esos momentos, todos mis esfuerzos de conexión desde mi E2 son baldíos y contraproducentes.

He aprendido a no interpretar este mecanismo de mi pareja como un activador de mi frustración, ya que me veo rechazado por su indiferencia y su aparente frialdad. Hay que dar tiempo a que su personaje se desmonte poco a poco, haciéndola sentir segura y, de manera sutil, reconectar con ella desde mi esencia (la humildad) y buscando su cualidad esencial (la verdadera conexión). Desde ese lugar, en el que no hacen falta corazas ni defensas, emerge la relación de dos compañeros de vida que, en vez de verse amenazados en sus estructuras del ego, se relacionan desnudando las murallas con sus verdaderos seres esenciales.

La autora Joan Halifax, antropóloga y sacerdotisa zen, escribió en su libro *Estar con los que mueren* un diálogo que, probablemente, podrían suscribir las parejas que han aprendido a relacionarse desde su esencia:

—Parece que ***tú*** ves algo que ***yo*** no veo. Creo que ***tú*** ves quién soy ***yo*** realmente.

—¿A qué te refieres?

—No lo sé, pero cuando ***tú*** lo ves ***yo*** lo puedo sentir.

En ese momento nos relajamos y sonreímos.

Cuando comenzamos a estudiar, comprender y practicar el eneagrama, una de las primeras mejoras que experimentamos en nuestra vida es en nuestras relaciones, tanto personales como profesionales. García Márquez escribió en su obra *El amor en los tiempos del cólera*: «Recuerda siempre que lo más importante de un matrimonio no es la felicidad, sino la estabilidad». Gracias al eneagrama, podemos obtener la estabilidad y el equilibrio cuando nos relacionamos y traspasamos las murallas de nuestros respectivos personajes.

En este capítulo nos centraremos en las relaciones de pareja como parte de las relaciones personales. Este vínculo con un compañero o una compañera de vida es de los más complejos y a la vez más importantes en la vida de una persona. El eneagrama nos puede ayudar a gestionar, comprender y vivir mejor nuestras relaciones de pareja, si bien tenemos que desmontar el mito de que existan las parejas perfectas desde el punto de vista del eneagrama, es decir, no es cierto que en función de nuestro tipo de base debamos buscar una pareja de uno u otro tipo para que sea nuestro compañero o nuestra compañera ideal.

Como veremos, esto dependerá de cuáles son las características y los valores más importantes de cada persona. Esto obedece, en buena parte, a su eneatipo, y muchas veces a su variable instintiva, y a las características que buscamos en la otra persona para que complemente las nuestras. Sin embargo, dependerá, sobre todo, de nuestro grado de conciencia sobre nosotros mismos, de cuáles son nuestros valores más arraigados y cuáles las carencias, que inevitablemente todos arrastramos y que tratamos de llenar con una pareja.

> Nos hicieron creer que cada uno de nosotros es la mitad de una naranja, y que la vida sólo tiene sentido cuando encontramos la otra mitad.

> No nos contaron que ya nacemos enteros, que nadie en la vida merece cargar en las espaldas la responsabilidad de completar lo que nos falta.
>
> Nos hicieron creer en una fórmula llamada «dos en uno»: dos personas pensando igual, actuando igual, y que era eso lo que funcionaba.
>
> No nos contaron que eso tiene nombre: anulación. Y que sólo siendo individuos con personalidad propia podremos tener una relación saludable.
>
> Poema atribuido a John Lennon

Conocernos mejor a nosotros mismos y comprender mejor a los demás por medio del eneagrama nos permitirá ir más allá de nuestras suposiciones inconscientes sobre cómo es o debe ser nuestra pareja. Esto nos permitirá conectar con él o ella como una persona real y no como meros personajes interpretando un papel en la particular obra de teatro de nuestra visión del mundo.

Nuestra forma de relacionarnos cuando tenemos pareja viene determinada, en buena parte, por la forma en la que establecimos nuestras primeras relaciones: en nuestra más tierna infancia, con nuestros padres y nuestro núcleo familiar o, en su caso, con las personas que ejercieran para nosotros esos roles.

Según las corrientes psicológicas más actuales, durante toda nuestra vida nos afectará la forma en la que establecimos la relación con nuestras figuras de apego principales: la figura materna o de nutrición (que identificamos con amor, apoyo, nutrición, consuelo, calidez, comprensión...), con la figura paterna o de protección (que identificamos con el proveedor, el protector, fuente de fortaleza, seguridad, autoridad y normas) o con la familia o figura de inclusión (que identificamos con pertenencia, hogar, tribu, conexión, historia y socialización). A partir de esta relación, desarrollamos un tipo de afecto o estado emocional universal, ya sea de **apego**, de **frustración** o de **rechazo**.[11]

11. Los doctores Ronald Fairbairn, Marion Milner y Donald Woods Winnicott desarrollaron la **teoría de las relaciones objetales** a partir de los años cincuenta, y en 1970 lo hizo la doctora Margaret Mahler. Se aplicaron al eneagrama de la personalidad con los trabajos de Richard Riso,

Cultivar relaciones sanas y estables de pareja es todo un arte que no todos en la vida llegamos a manejar bien por su complejidad. Conocernos mejor a nosotros mismos y ser conscientes de cómo actuamos y qué es lo que esperamos de una pareja nos resultará de gran ayuda.

Como nos recuerdan los terapeutas de pareja, todos comenzamos nuestra vida en pareja buscando ciertas cualidades en la otra persona que nos puedan complementar. Pero ¡cuidado!, porque son precisamente nuestras expectativas del otro lo que puede acabar con la pareja. La expectativa es justamente lo contrario a la aceptación y sólo podemos llegar a amar profundamente y sin reservas aquello que aceptamos.

A continuación, Margarita Guerra nos detalla cómo se relacionan en pareja los nueve tipos, aportando ejemplos reales a partir de su experiencia a lo largo de los años en sus formaciones de eneagrama y sus sesiones de *coaching*.

El eneatipo 1 y la pareja

El E1 es el llamado perfeccionista o reformador. Son personas que en su infancia establecieron un afecto de frustración con su figura de protección, es decir, en algún momento, siendo muy pequeñitos, sintieron que no obtendrían de la persona que encarnaba para ellos la figura paterna o protectora la seguridad y la protección necesarias, la provisión de lo esencial y la guía que ellos precisaban. Por este motivo, de forma inconsciente, el niño o la niña E1 desarrolló una personalidad que encarnase dichos valores y se convirtió en modelo de responsabilidad, autonomía y capacidad, esforzándose por hacer las cosas perfectas y no cometer errores como forma de obtener esa seguridad.

Tienen una visión muy clara de cómo pueden mejorarse a sí mismos y a la vez mejorar las cosas, si bien esta virtud se les puede volver una maldición, ya que pueden convertirse en duros críticos

---

profesor estadounidense de eneagrama en las décadas de 1970, 1980 y 1990, y posteriormente las ampliaron el profesor Russ Hudson y la doctora en Psicología Belinda Gore.

y juzgadores. Sin embargo, aunque no sea evidente, hay que recordar que los E1 no juzgan a nadie con tanta dureza como se juzgan a ellos mismos.

En su pareja darán mucha importancia a los valores y buscarán personas a las que puedan admirar por su seguridad, su tesón, su determinación y su visión del mundo. A la vez anhelarán encontrar a un compañero alegre, espontáneo y con iniciativa que les permita relajarse un poco y conectar con el disfrute. Tratarán de cuidar y satisfacer a sus parejas ofreciéndoles aquello que a ellos mismos les resulta más valioso, que es hacer las cosas lo mejor posible, tratando de montar una vida perfecta y organizada para ambos. Se mueven en la dualidad de, por un lado, querer ser vistos y apreciados como perfectos y, por otro, permitirse la diversión y la espontaneidad.

En pareja, las personas con este tipo base de personalidad podrán dar su mejor versión y conectar genuinamente con el otro si se permiten hacerlo desde su niño interior; el niño que anhelaba jugar y divertirse, descubriendo el mundo desde la curiosidad y la exploración en vez de hacerlo desde el juicio y la crítica. Esto les permitirá vivir con sus parejas momentos de despreocupación, sin temor a hacer algo mal o a ser juzgados. Retomar el contacto con estas cualidades de la infancia ya olvidadas permitirá al E1 acercarse a la gran virtud de este tipo, **la serenidad**.

No obstante, cuando el E1 pierde de vista su capacidad de reírse, de estar de buen humor y de divertirse, conecta con la fijación mental de la perfección, que hará que comience a ver todo lo que está mal a su alrededor y escuchará la voz de su feroz crítico interno, creerá que nada es suficientemente bueno y esto disparará la pasión de la ira contenida o frustración. Esta ira lo conectará emocionalmente con un sentimiento de decepción y amargura, debido a que las cosas y las personas que lo rodean no son como deberían ser, incluyendo su pareja y sus hijos.

Si el E1 siente que su relación está en peligro, a pesar de sus esfuerzos por mejorar las cosas y perfeccionarlas, se activarán sus mecanismos de defensa para evitar expresar abiertamente su ira. La herramienta principal de este tipo de personalidad es la formación reactiva, que consiste en experimentar una emoción pero expresar la opuesta. También puede hacer como si esa emoción no existiera y sustituir la expresión de su ira por una reacción más amable o correcta, o no expresarla y, en vez de ello, volcarse en el trabajo o en actividades de la casa de forma frenética, a pesar de estar cansado.

Una de mis primeras clientas de *coaching* fue una mujer con E1 como tipo base. Era una persona que se esforzaba muchísimo por ser la madre y la profesional perfecta. Cocinaba los platos favoritos de su marido y de sus hijos y tenía una organización encomiable, tanto en casa como en el trabajo.

Aunque no era muy consciente de ello, era muy exigente con las personas de su familia, que tenían que cumplir con los estándares de buenos hijos, sacando buenas notas, manteniendo una higiene y una presencia perfectas y teniendo unos modales impecables. Con su pareja se esforzaba en hacer «todo lo que se debía» para tener al otro perfectamente cuidado, atendiendo sus gustos y apetencias y organizando una vida teóricamente perfecta. Para ello aplicaba su particular visión de cómo había que hacerlo y organizarlo todo para que fuera perfecto, aunque contando poco o nada con la opinión de su pareja.

Este enorme esfuerzo la llevaba a ser extremadamente sensible a cómo el otro recibía lo que hacía, por lo que percibía cualquier observación o comentario de su pareja sobre cómo él creía que debían hacerse las cosas como una crítica dura y un ataque, lo cual hacía que se sintiera frustrada e incomprendida. Sin embargo, en vez de expresar su enfado y su amargura, lo que hacía era redoblar sus esfuerzos para hacer las cosas aún mejor la próxima vez, desde una postura de gran rigidez.

Gracias al eneagrama, pudo darse cuenta de los altos niveles de autoexigencia asociados a su tipo de personalidad, de la cantidad de ira que tenía reprimida y, a partir de ahí, aprendió a relativizar, a rebajar un poco sus altas expectativas y a verbalizar con su pareja qué cosas le hacían daño en la relación, lo cual marcó un antes y un después para ella.

¿Qué buscan los E1 en sus parejas?

- Sentirse valorados y apreciados en todos sus esfuerzos por hacer las cosas bien.

- Alguien a quien admirar, de quien puedan aprender y con quien poder sentirse seguros.
- Que sean personas que cuidan los detalles, como la puntualidad, el orden y la corrección al vestir y presentarse ante los demás.
- No ser juzgados por sus errores. Les cuesta mucho aceptar la crítica y, si los acusan de cometer un error o de no hacer las cosas bien, se les dispararán todos los mecanismos de su estructura de ego.
- Tener un compañero de diversión, de juego, de descubrimiento, con sentido del humor.
- Que les permitan tener su propio espacio, ya que valoran mucho su autonomía.

El eneatipo 2 y la pareja

El E2 es el llamado conectador o ayudador. Son personas que en su infancia establecieron un afecto de rechazo con su figura de protección, es decir, en algún momento, siendo muy pequeñitos, sintieron que la figura paterna o protectora los rechazaba, lo cual es muy doloroso para el niño o la niña, que, de forma inconsciente, empieza a verse a sí mismo como pequeño y débil. Para defenderse de estos sentimientos, el niño o la niña actúa como si este doloroso rechazo no le afectara y enfoca inconscientemente su atención en su figura materna o de nutrición. Asimismo, desarrolla una tendencia a cultivar cualidades afines a ella, como ser atento con los demás, cariñoso, útil y buen cuidador. En definitiva, busca la conexión emocional con otras personas.

Como de forma inconsciente esperan ser rechazados en sus relaciones, su patrón será reprimir sus auténticas necesidades y vulnerabilidades para que, de ese modo, no los hieran, y se ofrecen constantemente a ponerse al servicio de los demás. Tienen una gran facilidad para detectar qué es lo que los demás necesitan y conectar emocionalmente con ellos con la esperanza de que, si cuidan de las necesidades del otro, el otro cuidará de las suyas. Esta virtud, no obstante, se les puede volver una maldición, ya que pueden convertirse en personas que fuerzan el nivel de conexión e intimidad con otras personas proclamando que su único deseo es ayudar a los demás y, a la vez, inconscientemente, convertirse en manipuladores para conseguir que los demás satisfagan sus necesidades.

En sus parejas darán mucha importancia al afecto y la complicidad y habitualmente buscarán personas con las que puedan compartir de la mano un futuro común, una hoja de ruta, un camino juntos; en definitiva, un compañero de vida. Por otro lado, también valoran mucho en sus parejas que sean atractivas, con una buena imagen y un aspecto que los demás valoren. Tratarán de cuidar y satisfacer a sus parejas ofreciéndoles estabilidad, apoyo emocional y protección. Se mueven en la dualidad de, por un lado, querer darse plenamente al otro y, por otro, que no les exijan dar.

En pareja podrán ofrecer su mejor versión y conectar genuinamente con la otra persona si se permiten hacerlo desde su niño interior, que es capaz de admitir que tiene necesidades y sueños y que pide y acepta la ayuda y el apoyo de su pareja para ello, en vez de hacerlo desde el orgullo y la superioridad de quien no necesita nada. Esto les permitirá ser quienes emocionalmente dan en la relación y también quienes reciben, lo cual equilibrará la situación. Retomar el contacto con estas cualidades de la infancia ya olvidadas les permitirá acercarse a la gran virtud de este tipo, **la humildad**.

No obstante, cuando el E2 pierde de vista su capacidad de entrar en contacto con sus propias necesidades y deseos, conecta con la fijación mental de la sobreabundancia, que hará que vuelva a perder de vista lo que realmente quiere y necesita y se centre en detectar y suplir las necesidades de los demás, incluida su pareja. Por ello se anticipará a sus deseos y le organizará la vida para que tenga lo que considera que necesita, lo que disparará la pasión del orgullo. Esta pasión lo conectará emocionalmente con un sentimiento de superioridad frente a los demás para convertirse en el gran proveedor de las necesidades de su pareja y de sus hijos.

Si los E2 sienten que su relación está en peligro, a pesar de sus esfuerzos por conectar emocionalmente y negar sus propias necesidades, se activarán sus mecanismos de defensa para evitar parecer necesitados y mantener una imagen de personas serviciales y generosas a quienes siempre les sobra para dar. La represión es el principal instrumento de este tipo de personalidad, que consiste en dejar a un lado los sentimientos y los impulsos que consideran inaceptables, manteniendo una actitud que les garantice la aprobación de los demás, por lo que apartan su malestar y se comportan como personas amables y halagadoras. Esto les permite mantener una imagen de sí mismos que creen que llevará a su pareja a darse cuenta de lo mucho que los quieren y los necesitan.

Hace unos años tuve como clienta en mis sesiones de *coaching* a una mujer con E2 como tipo base de personalidad. Era una mujer atenta, servicial y muy bondadosa, hasta el punto de que se enteró de cuándo era mi cumpleaños y apareció en nuestra sesión con un regalo para mí, además de traerme una flor de Pascua por Navidad.

Vivía volcada en su marido y sus dos hijos, a quienes colmaba de atenciones y, además, cuidaba de su anciana madre. En Navidad se encargaba de comprar los regalos para todos, hasta el suyo propio, y en su círculo de amigas era la primera en ofrecerse para ayudar y dar apoyo a quien lo necesitara. A pesar de sus grandes esfuerzos por mantener la alegría, siempre estaba agotada. En nuestras sesiones se quejaba de que su marido y sus hijos no le prestaban atención; daban por sentado todo lo que ella hacía en la familia y no se lo agradecían. No era consciente de que nunca dejaba que los demás hicieran nada por ella; su discurso siempre era «yo no necesito nada» y trataba a los demás como si no supieran lo que querían y necesitaban por sí mismos.

Sin embargo, aunque en el fondo anhelaba que su familia cuidara de ella, no les decía nada y en nuestras sesiones de *coaching* argumentaba que no podía atender primero sus propias necesidades porque eso la convertiría en una persona egoísta.

Darse cuenta de que esa amabilidad y buena disposición para cuidar a los demás nacía de una posición de superioridad, del orgullo del que no necesita nada y sabe lo que el otro necesita mejor que él mismo fue una toma de conciencia muy importante para ella y le permitió comenzar a conectar con lo que necesitaba y aprender a pedir y aceptar la ayuda de su pareja.

¿Qué buscan los E2 en sus parejas?

- Una persona en quien poder confiar y con quien poder compartir una visión y un futuro común.
- Una persona atractiva, con buena imagen y que sepa guardar las formas en público.
- Una persona proactiva ante los problemas, que sea resolutiva y comparta su visión positiva del mundo.
- Una persona que los conozca y atienda sus necesidades sin tener que pedirlo.
- Una persona afectuosa.
- Una persona alegre y con sentido del humor.

El eneatipo 3 y la pareja

El E3 es el llamado conseguidor o exitoso. Son personas que en su infancia establecieron un afecto de apego con su figura de nutrición, es decir, en algún momento, siendo aún muy pequeñitos, sintieron que para sentirse plenos, obtener el alimento y el bienestar, dependían completamente de su figura de nutrición o materna, por lo que de forma inconsciente el niño o la niña E3 desarrolló una personalidad enfocada a obtener la aprobación y el amor de esa figura. Esto hizo que desarrollaran la capacidad de leer su entorno en busca de señales que les indicasen qué era lo que más valoraba esa figura de nutrición o materna para convertirse en modelos de logro y de éxito y esforzarse por ser percibidos como eficientes, destacados, capaces y sobresalientes. Pronto comenzaron a proyectar este papel de la figura de nutrición en otras personas con las que se relacionaban como fuente de bienestar, atención y cariño. Por ello se convirtieron en especialistas en actuar de forma que pudiesen ganarse su aplauso y su reconocimiento, aunque en el fondo lo que deseaban era que los valorasen por ellos mismos y no por sus logros.

Tienen una gran capacidad para fijarse objetivos y saber de forma intuitiva cómo actuar para ser más valiosos a ojos de los demás. No obstante, esta virtud se les puede volver una maldición, ya que pueden convertirse en personas frías que no tienen en cuenta sus auténticos sentimientos ni los de los demás para lograr de este modo el objetivo que les garantice una mayor imagen de éxito.

En sus parejas darán mucha importancia a la confianza. Habitualmente buscan personas sencillas, que no destaquen, con las que puedan tener una relación de amistad de fondo, aunque, por otro lado, también anhelan encontrar a un compañero que les resulte atractivo y seductor. Tratarán de cuidar y satisfacer a sus parejas ofreciéndoles su mejor versión. Harán uso de sus aptitudes camaleónicas y tenderán a convertirse en aquello que sus parejas más valoran para ganarse su admiración. Se mueven en la dualidad de, por un lado, querer tener una imagen deslumbrante y, por otro, buscar una conexión desde la autenticidad.

En pareja podrán dar su mejor versión y conectar genuinamente con el otro si se permiten hacerlo desde su niño interior; ese niño que se sabe querido y valorado sin necesidad de hacer nada especial, siendo simplemente uno más, en vez de hacerlo desde la necesidad de destacar y demostrar constantemente su valía a su pareja. De este modo podrán permitirse estar tranquilos y acompañados de una persona leal. Retomar el contacto con estas cualidades de la infancia ya olvidadas le permitirá acercarse a la gran virtud de este tipo, **la autenticidad**.

Sin embargo, cuando el E3 pierde de vista su capacidad de ser uno más y sentirse rodeado de personas leales, conecta con la fijación mental del engaño, que le hará pensar que lo importante son las apariencias y que debe maquillar las cosas para hacerlas más apetecibles y deseables. Esto disparará la pasión de la vanidad, que lo conectará emocionalmente con una necesidad de ser visto y deslumbrar a los demás, con lo cual perderá la conexión auténtica y profunda con su pareja.

Si el E3 siente que su relación está en peligro, a pesar de sus esfuerzos por convertirse en una persona valiosa a ojos de su pareja, se activarán sus mecanismos de defensa para evitar el fracaso y mantener una imagen exitosa de sí mismo. La herramienta principal de este tipo de personalidad es la identificación, que consiste en construir una imagen de éxito, un rol, e identificarse plenamente con él. Para ello perderá toda conexión con quien es realmente en su interior, con sus auténticos sentimientos y sus necesidades.

Hace también un tiempo tuve un largo proceso de *coaching* con una clienta que, como suele ocurrir, comenzó por inquietudes profesionales y terminó en un importante viaje de autoconocimiento personal a través del eneagrama.

Se trataba de una directiva de éxito en una compañía importante, quien durante toda su vida había dado el perfil de persona triunfadora en todos los ámbitos: hija modélica, estudiante destacada en los mejores colegios, profesional entregada al cien por cien a su puesto en la empresa y esposa y madre de dos niños pequeños. Conoció a su pareja siendo una mujer exitosa y con un futuro prometedor. Muy independiente y autosuficiente, aparentemente tenía todo lo que debe reunir una vida plena.

Sin embargo, se sentía vacía. Delante de su marido ella siempre había sido la pareja perfecta, pero creía que él no la conocía realmente; no veía quién era ella de verdad y qué necesitaba. Anhelaba una conexión más profunda en la pareja.

Durante el proceso fue muy revelador darse cuenta de esa sensación de vacío interior por no saber quién era en realidad, más allá de todos esos papeles que había desempeñado con tanto éxito a lo largo de su vida. Ante su pareja ofrecía la faz más adecuada a la situación, pero sin permitirse una conexión profunda desde el ser con su marido, ya que su corazón estaba protegido por demasiadas capas desde la niñez.

Gracias al eneagrama comenzó un maravilloso camino de autoconocimiento y de redescubrimiento de su esencia y aprendió a conectar con ella misma y con su corazón para saber quién quería ser realmente.

¿Qué buscan los E3 en sus parejas?

- Una persona en la que puedan confiar, con quien puedan compartir sus intimidades y secretos sin temor a ser traicionados.
- Una persona auténtica, que se muestre como es.
- Una persona que los quiera y los admire por cómo son y no por sus logros o por su apariencia.
- Una persona interesante de la que puedan aprender cosas, a quien puedan admirar por algo.

- Una persona humilde, que no necesite llamar la atención y destacar.
- Una persona que les resulte atractiva físicamente.

El eneatipo 4 y la pareja

El E4 es el llamado individualista o sensible. Son personas que en su infancia establecieron un afecto de frustración con su figura de pertenencia, es decir, que por algún motivo, siendo aún muy pequeñitos, no establecieron con las figuras materna y paterna una buena conexión que les permitiera desarrollar su sentido de la identidad desde la pertenencia a la familia. En algún momento sintieron que no obtendrían de ellos lo que necesitaban para poder desarrollarse plenamente como personas, lo que provocó que desarrollasen una identidad basada en la creencia de que su propia deficiencia o una carencia personal estaba, de alguna manera, causando los problemas con su familia.

Se sienten diferentes al resto del grupo familiar, con un defecto o una carencia que los separa de ellos, y ven que los demás sí tienen eso que a ellos les falta, lo que les genera el sentimiento de la envidia. De algún modo, esta experiencia temprana los condiciona para buscar la familia o el grupo en el que poder encajar y pertenecer, para saber realmente quiénes son.

Las personas E4 se sienten, por tanto, diferentes y buscan expresar esa diferencia con la que se identifican, por lo que suelen ser creativas e imaginativas, están muy conectadas con sus emociones y son muy empáticas con las emociones de los demás. En cambio, esta virtud se les puede volver una maldición, ya que corren el riesgo de convertirse en personas muy ensimismadas y retraídas, conectadas interiormente con profundos sentimientos de tristeza y frustración, lo que puede hacerlas parecer distantes, melancólicas y emocionalmente intensas a ojos de los demás.

En sus parejas darán mucha importancia a la conexión emocional profunda y, por lo general, buscarán personas que les resulten atractivas y seductoras, con las que puedan sentirse únicos y especiales, aunque, por otro lado, también anhelan encontrar un compañero que sea emocionalmente estable y les permita sentirse tranquilos y acogidos. Tratarán de cuidar y satisfacer a sus parejas ofreciéndoles aquello que a ellos mismos les resulta más valioso: una conexión emocional profunda e intensa, una vida distinta, original y llena de pequeños detalles con un gran significado para ambos. Se mueven en la dualidad de, por un lado, querer una persona que les aporte y se interese realmente por ellos y, por otro, compararse con su pareja.

En pareja podrán dar su mejor versión y conectar genuinamente con el otro si se permiten hacerlo desde su niño interior; el niño que, en el fondo, sabe quién es y cuál es su lugar en el grupo, con independencia de sus estados de ánimo y sin necesidad de estar demostrando lo diferente que es constantemente. Cada niño nace único y valioso y a partir de ahí el E4 puede permitirse vivir con su pareja una conexión auténtica y profunda desde la tranquilidad de saber quién es. Retomar el contacto con estas cualidades de la infancia ya olvidadas le permitirá acercarse a la gran virtud de este tipo, **la ecuanimidad**.

No obstante, cuando el E4 pierde de vista su capacidad de estar en su eje, centrado en sí mismo y sabiendo quién es, conecta con la fijación mental de la melancolía, que hará que comience a ver el mundo desde el prisma de que nadie lo comprende, que es diferente al resto y que no encaja con los demás. Esto disparará la pasión de la envidia, que lo conectará emocionalmente con un sentimiento de frustración por compararse con los demás y ver que tienen lo que a él le falta. Idealizará lo que tienen los demás y a él le falta e infravalorará lo que sí tiene, lo que lo llevará a sentirse incomprendido, minusvalorado e inferior en sus relaciones de pareja.

Si los E4 sienten que su relación está en peligro, a pesar de sus esfuerzos por demostrar que son únicos y especiales, activarán sus mecanismos de defensa para evitar conectar con la vulgaridad y mantener una imagen de sí mismos como auténticos y diferentes, ya que el principal instrumento de este tipo de personalidad es la introyección. Este concepto consiste en llevar dentro de sí mismos experiencias de fuera para llenar su sensación de carencia. Normalmente se refiere a una experiencia idealizada, ya sea una pareja o un trabajo, que creen que mitigará esa sensación de vacío y les aportará valía personal. A veces esta introyección también puede ser negativa; en ese caso, los culpabilizará y convertirá en los mártires ante cualquier problema que exista en sus relaciones personales.

Tuve un breve proceso de *coaching* de vida con una mujer E4. Era una persona muy volcada en su profesión, con una gran vocación creativa en lo que hacía, casada y con tres hijos. En su matrimonio procuraba crear momentos y experiencias especiales, viajes y vacaciones diferentes, actividades sorprendentes, si bien su pareja no siempre lo apreciaba y decía que prefería un poco de tranquilidad. Había encontrado al compañero estable y fiable que buscaba, un hombre atractivo y encantador, pero decía que no se sentía comprendida ni acompañada por él. Esto le provocaba mucho dolor emocional y la llevaba a tener períodos de melancolía y de encerrarse en sí misma.

Durante nuestro proceso de *coaching* conectó con su E4 y con los altibajos emocionales que le provocaba su personaje tipo: de la emoción y la excitación por hacer cosas únicas y especiales a la melancolía y la vergüenza que sentía cuando percibía la más mínima señal de rechazo en su pareja, quien muchas veces simplemente no comprendía los procesos emocionales que ella atravesaba. Tomó conciencia de que cuando se sentía «herida» no sabía explicarlo racionalmente a su pareja, sino que se ensimismaba centrándose en su dolor, lo que estaba provocando un mayor distanciamiento de su marido. Gracias a ello pudo comenzar un camino en el que ser más consciente de cómo se sobreidentificaba con sus estados emocionales y lo sensible que era a las señales y los comportamientos que venían de su pareja. Aprendió, sobre todo, a prestar atención a los que interpretaba como de rechazo pero que, en realidad, formaban parte de las dinámicas normales de las parejas, que no siempre están de acuerdo en gustos y apetencias.

¿Qué buscan los E4 en sus parejas?

- Una persona que les encante, que los seduzca y que tenga algo especial.
- Una persona que les haga sentir que son lo más importante en su vida.

- Una persona estable emocionalmente.
- Una persona que los acepte y los quiera como son y les deje su espacio y su libertad.
- Una persona coherente y fiable.
- Una persona que sepa escuchar y los comprenda.

El eneatipo 5 y la pareja

El E5 es el llamado investigador o analítico. Son personas que en su infancia establecieron un afecto de rechazo con sus figuras de inclusión, es decir, en algún momento, siendo aún muy pequeñitos, sintieron que sus padres y el resto de su núcleo familiar los rechazaban. Como consecuencia de ello, no se sienten acogidos en el grupo familiar, en el que parece no haber un lugar para ellos, lo que los hace sentir inseguros y desprotegidos. El niño o la niña, para defenderse de estos sentimientos, opta por crear su propio mundo interior en el que poder sentirse a salvo y procurar su propia nutrición, sin temor a sentirse rechazados de nuevo.

Como parte de este viaje hacia dentro, construyen una personalidad por medio de la desconexión de las sensaciones físicas procedentes de su centro visceral o del cuerpo. Se desconectan del mundo exterior y se aíslan de las sensaciones físicas todo lo que pueden. Se convierten en observadores distanciados del mundo que los rodea. Son personas con una gran capacidad analítica y objetiva, si bien esta virtud se les puede volver una maldición, ya que pueden convertirse en personas frías y muy distanciadas emocionalmente de los demás, que desconfían de la conexión emocional con otras personas y temen que las relaciones humanas vayan a drenarles la energía y los recursos. Por este motivo, consideran las relaciones un terreno poco seguro, a pesar de que en el fondo anhelan lograr una conexión profunda y cálida con otra persona.

En sus parejas darán mucha importancia al compromiso y a la lealtad y, por lo general, buscarán personas que puedan convertirse en compañeros de viaje incondicionales. En cambio, por otro lado, valorarán que sean personas que tengan su mundo propio y a quienes puedan admirar por algo. Se mueven en la dualidad de, por un lado, querer comprometerse con otra persona y, por otro, mantener su propio espacio privado.

En pareja podrán dar su mejor versión y conectar genuinamente con el otro si se permiten hacerlo desde su niño interior; el niño que es capaz de implicarse emocionalmente, de estar presente en el aquí y el ahora, crear una profunda conexión desde lo físico y lo emocional y luchar por lo que quiere. Retomar el contacto con estas cualidades de la infancia ya olvidadas permitirá a los E5 acercarse a la gran virtud de este tipo, **la generosidad**.

Sin embargo, cuando el E5 pierde de vista su capacidad de darse sin temor a la otra persona y conectar emocionalmente a un nivel profundo —lo que implica compartir su vida a todos los niveles—, conecta con la fijación mental de la mezquindad, que hará que vuelva a perder de vista al otro y sus necesidades y se centre en no pedir nada para que no se lo pidan a él. Tratará de ser independiente y ocuparse únicamente de sus necesidades para sobrevivir, lo que disparará la pasión de la avaricia, que lo conectará emocionalmente con el sentimiento profundo de escasez y agotamiento emocional. Esto provocará que toda demanda de atención o cariño del exterior le resulte excesiva y se negará a satisfacerla, lo que impactará de lleno en su pareja.

Si los E5 sienten que su relación está en peligro, a pesar de sus esfuerzos por conservar las suficientes energías para la vida en pareja, se activarán sus mecanismos de defensa para evitar sentirse vaciados de energía por dentro y mantener una imagen de sí mismos de valiosos como expertos. Por tanto, la herramienta principal de este tipo de personalidad es el aislamiento, que puede implicar un distanciamiento físico de su pareja, pero también, aunque no se retiren físicamente, puede suponer un distanciamiento emocional, es decir, pueden encerrarse en su interior y refugiarse en la mente como lugar seguro y confiable.

Otro de mis clientes de *coaching* fue un hombre E5 de mediana edad. Era un directivo medio de una gran empresa, casado y con tres hijos. En lo profesional era un hombre muy implicado con su cargo y sus responsabilidades; trabajaba mucho por mantenerse siempre bien formado e informado sobre sus áreas de especialidad y estaba muy bien considerado profesionalmente. Sin embargo, en su casa tenía continuos roces con su pareja, quien le reprochaba que no fuese cercano ni cariñoso, sobre todo, con ella.

Él no comprendía cuál era el problema. Cuando llegaba a casa, esperaba obtener calidez y afecto de su mujer. Él quiere mucho a su familia y trabaja duro para darles lo mejor. En casa se mostraba colaborador con las tareas y con el cuidado de los niños y consideraba que ésa era la mejor demostración de afecto que podía ofrecer a su pareja.

Gracias al eneagrama tomó conciencia de su actitud de evitar momentos de conexión emocional con su pareja, ya que le resultaban agotadores, y entendió que cuando su pareja le reclamaba más cariño y cercanía, se estresaba y eso lo hacía aislarse y alejarse más aún de ella, lo que sólo empeoraba la situación. A partir de este punto pudo trabajar para aprender a recibir y dar cariño, a sentirse reconfortado en esos momentos que en el fondo tanto anhelaba y aprender a expresarle a su pareja cuándo una situación estaba siendo demasiado demandante para él, en lugar de alejarse y aislarse sin decir nada.

¿Qué buscan los E5 en sus parejas?

- Una persona comprometida y leal que les dé un apoyo incondicional.
- Una persona interesante, intelectualmente estimulante y con su propio mundo interior.
- Una persona alegre, optimista y activa.
- Una persona resolutiva, que pase a la acción y se ponga manos a la obra.
- Una persona con la que poder compartir espacios e intereses, pero que también respete su espacio propio.
- Una persona cálida, pero no excesivamente cariñosa ni demandante de afecto.

El eneatipo 6 y la pareja

El E6 es el llamado leal o escéptico. Son personas que en su infancia establecieron un afecto de apego con su figura de protección, es decir, de algún modo, en su desarrollo como niños comenzaron a creer que toda fuente de protección, seguridad, estabilidad y guía procedía de la figura paterna o de autoridad. Por este motivo, y de forma inconsciente, el niño o la niña E6 desarrollaron una personalidad centrada en mantener el apego con esa figura para seguir sintiéndose protegidos y seguros, con base en la premisa de que lo que la figura paterna o de autoridad quiere de ellos es lealtad, trabajo duro y cumplimiento de sus normas y tradiciones. Aun así, también frecuentemente pondrán a prueba esa autoridad, cuestionando las reglas para comprobar si realmente han depositado su confianza en la persona adecuada. Pronto comienzan a proyectar este papel de la figura paterna como fuente de protección y seguridad en otras personas o figuras en su vida a las que identifican con la autoridad, y se enfocarán en establecer una relación de apego con esas personas. Cultivan, por tanto, su relación con la autoridad en busca de protección, a la vez que se mantienen vigilantes y previsores ante cualquier riesgo para su seguridad que pudiera surgir.

Las personas E6 pueden ser grandes jugadores de equipo con el fin de crear un entorno seguro y confiable; pueden ser empleados muy trabajadores y amigos y parejas fieles y leales. Tienen una gran capacidad para planificar y diseñar diferentes escenarios, teniendo en cuenta todos los factores implicados en una situación y anticipándose a posibles problemas. No obstante, esta virtud se les puede volver una maldición, ya que pueden convertirse en personas negativas, centradas únicamente en lo que puede salir mal, y amenazar la estabilidad en cada situación, o en personas suspicaces que proyectan en los demás sus dudas y sospechas para detectar amenazas a su seguridad, ya sean reales o percibidas.

En sus parejas darán mucha importancia a la comprensión y normalmente buscan personas que los entiendan y los acepten como son, con sus dudas y sus contradicciones, aunque, por otro lado, también anhelan encontrar un compañero con valores e ideas claras, que comparta su respeto por las reglas. Tratarán de cuidar y satisfacer a sus parejas ofreciéndoles su mejor versión, adaptándose a sus ideas y su forma de pensar para mantener la relación de apego y la estabilidad. Se mueven en la dualidad de, por un lado, buscar una conexión profunda con su pareja y, por otro, la duda y el cuestionamiento constantes.

En pareja podrán dar su mejor versión y conectar genuinamente con el otro si se permiten hacerlo desde su niño interior; el niño que tiene capacidad para relajarse y confiar en que todo va a salir bien en vez de actuar desde la ansiedad y el temor por todo lo que puede ir mal. Por ello puede permitirse conectar con su pareja con confianza y tranquilidad. Retomar el contacto con estas cualidades de la infancia ya olvidadas le permitirá acercarse a la virtud de este tipo, **el coraje o la valentía**.

Sin embargo, cuando el E6 pierde de vista su capacidad de estar tranquilo y relajar su estado permanente de alerta, conecta con la fijación mental de la desconfianza, que le hará pensar mal y sospechar de las auténticas intenciones en lo que hace y dice su pareja. Esto disparará la pasión del miedo, que lo conectará emocionalmente con la angustia por todo lo malo que puede ocurrir. Verá gigantes donde sólo hay molinos de viento y generará reacciones contradictorias de huida o de ataque frontal a la situación.

Si el E6 siente que su relación está en peligro, a pesar de sus esfuerzos por anticiparse a todo lo que pueda ocurrir, se activarán sus mecanismos de defensa para evitar el rechazo y mantener su imagen de persona leal y cumplidora. El principal instrumento de este tipo de personalidad es la proyección, que consiste en atribuir a otros lo que no puede aceptar de sí mismo para justificar así sus sentimientos de miedo y desconfianza. Para ello busca a su alrededor datos e información que encajen con la teoría que se ha creado.

Tuve un alumno E6 en un curso de eneagrama. Era un hombre de mediana edad, con un trabajo estable y una forma de ser orientada a tener una vida lo más segura posible. Conoció a una mujer divorciada y con tres hijos, una empresaria hecha a sí misma con grandes responsabilidades y una gran reputación profesional, y se enamoró de ella

Él la quería y admiraba por ello, pero argumentaba que no terminaba de encontrar su lugar en la vida con ella. Como ella tenía hijos de su relación anterior, él se mantenía lo más al margen posible del vínculo de la madre con sus hijos «para evitar problemas». Sin embargo, al mismo tiempo, advertía a su pareja de todos los problemas que él veía que podrían surgir y amenazar la paz y la estabilidad de la familia. Era una persona a la que le costaba mucho confiar, que mantenía siempre una distancia prudencial y sospechaba que su pareja no confiaba en él y que no quería establecer una relación plena y profunda, sin reservas.

Con el eneagrama tomó conciencia de su eneatipo y de las constantes contradicciones en su relación, pasando de la más profunda lealtad y apoyo a una conducta de sospecha y recriminación. También pudo ver que cuando él tenía dudas y se cuestionaba si realmente podía confiar en la incondicionalidad de su pareja inconscientemente proyectaba estas dudas en ella, creyendo que era ella la que no confiaba plenamente en él. Todos estos comportamientos estaban alimentados por la inseguridad del E6, que dispara su ansiedad, por lo que aprender a relajarse y a estar en el aquí y el ahora en su relación de pareja fue clave para mejorar la situación.

¿Qué buscan los E6 en sus parejas?

- Una persona que los comprenda y acepte, con su complejidad y sus contradicciones.
- Una persona con la que compartir intereses y aficiones, pero que también tenga los suyos y les deje su espacio.
- Una persona independiente, pero no demasiado.
- Una persona con la que puedan mostrar sus ideas e intereses sin sentirse juzgados ni criticados.
- Una persona que les dé estabilidad, que sea terreno seguro.
- Una persona que tenga cualidades que ellos puedan valorar y admirar.

El eneatipo 7 y la pareja

El E7 es el llamado entusiasta o estimulado. Son personas que en su infancia establecieron un afecto de frustración con su figura de nutrición, es decir, en algún momento, siendo aún muy pequeñitos, sintieron que no obtendrían de la persona que encarnaba para ellos la figura materna o de nutrición la sensación de bienestar, el consuelo, el alimento, la atención y los estímulos positivos que necesitaban. Por ello, de forma inconsciente, el niño o la niña E7 desarrolló una personalidad enfocada en buscar formas de ser vistos —como forma de ser queridos— y obtener experiencias placenteras en vez de esperar a que éstas provinieran de la figura materna.

Habitualmente se convierten en personas optimistas y con mucha energía, con una gran capacidad para disfrutar y experimentar la variedad de experiencias estimulantes que la vida ofrece. Sin embargo, esta virtud se les puede volver una maldición, ya que son personas que asimilan el tedio y el aburrimiento con experimentar falta de energía vital. En consecuencia, si perciben un trabajo o una relación como rutinaria y tediosa, no dudarán en despedirse con una sonrisa mientras buscan nuevos horizontes de experiencias nuevas e interesantes. Son personas que planifican el futuro, pero no en el sentido de organizar y estructurar, sino en el de vivir anticipándose a todos los estímulos que esperan obtener de cada experiencia. En cambio, rara vez la realidad resulta ser tan interesante y placentera como la anticipan en su cabeza, por lo que tienden a sentirse frustrados con facilidad.

En sus parejas darán mucha importancia a la atracción y, por lo general, buscarán personas que los puedan sorprender y estimular con sus cualidades y su forma de ser. No obstante, también anhelan encontrar a una persona que los vea, que los valore y los haga sentir especiales. Tratarán de cuidar y satisfacer a sus parejas ofreciéndoles aquello que a ellos mismos les resulta más valioso, les regalarán su alegría y optimismo y generarán escenarios de disfrute y descubrimiento juntos. Se mueven en la dualidad de, por un lado, querer sorprender y ser especiales para el otro y, por otro, querer que los sorprendan.

En pareja podrán dar su mejor versión y conectar genuinamente con el otro si se permiten hacerlo desde su niño interior; el niño que era capaz de vivir situaciones cotidianas o dificultades afrontándolas desde un análisis objetivo en vez de hacerlo desde la necesidad de salir huyendo de los problemas y buscar distraer su atención con nuevas experiencias. Retomar el contacto con estas cualidades de la infancia ya olvidadas le permitirá acercarse a la virtud de este tipo, **la sobriedad**.

Cuando el E7 pierde de vista su capacidad de estar presente ante los problemas y analizar objetivamente las situaciones, conecta con la fijación mental de la planificación, que hará que centre su atención en anticipar y preparar mentalmente todas las experiencias placenteras que podrá experimentar y se evadirá de la realidad, lo que disparará la pasión de la gula. Esta pasión lo conectará emocionalmente con un deseo intenso de probar cosas nuevas y placenteras y saltará rápidamente de una a otra para no perderse nada y poder disfrutarlas todas, momento en el que la pareja se le puede volver una atadura y un impedimento.

Si el E7 siente que su relación está en peligro, a pesar de sus esfuerzos por enfocar su atención únicamente en cosas positivas y estimulantes, se activarán sus mecanismos de defensa para evitar el sufrimiento y seguir viéndose como personas alegres y optimistas. La herramienta principal de este tipo de personalidad es el reencuadre positivo, que consiste en buscar en su mente una explicación a lo que está sucediendo para liberarlos de la responsabilidad por su comportamiento, o bien buscar justificaciones a las cosas para distanciarse de los sentimientos dolorosos y reformular la situación en sentido positivo.

Otro de mis alumnos en un curso de eneagrama era un E7, un hombre de cincuenta años que se había casado y divorciado tres veces e iba por su cuarta pareja.

Era una persona muy optimista, divertida y con un gran carisma, y siempre estaba rodeado de gente atraída por su carácter desenfadado y disfrutón y por su mente brillante y creativa.

Todas sus etapas de vida en pareja habían comenzado igual, con una fuerte idealización de la otra persona que, de repente, representaba algo nuevo en su vida, especial y maravilloso, y se zambullía intensamente a vivir estas experiencias con sus parejas, llenas de viajes, salidas y aventuras juntos. En todas sus relaciones acababan llegando los hijos, que en un principio eran también fuente de ilusión y alegría, pero con el tiempo la rutina entraba de lleno en su vida de pareja, con sus colores grises, su monotonía y sus obligaciones. En esos momentos, el E7 comenzaba a prestar más atención a otras áreas de su vida, a estar cada vez menos implicado en la vida de pareja, que se había vuelto más aburrida, y cada vez se volcaba más en su intensa vida profesional o en sus aficiones.

Gracias al eneagrama comprendió cuáles eran sus patrones de comportamiento, que siempre había estado huyendo de las situaciones complicadas y de afrontar las emociones y las etapas negativas que, inevitablemente, surgen en las relaciones sentimentales. También como para ello había buscado justificaciones y excusas que responsabilizaban a la otra persona y le permitían poner su atención en otras cosas sin sentirse culpable. Entendió que nunca se había permitido vivir plenamente estas relaciones, con sus partes buenas y malas, e inició un proceso de aceptación de la rutina, de lo monótono y del dolor emocional como parte inevitable de ellas, pero necesaria para poder continuar viviendo en plenitud con una pareja.

¿Qué buscan los E7 en sus parejas?

- Una persona que les resulte atractiva, sorprendente y estimulante.
- Una persona que los valore y los tome en serio.
- Una persona que los haga sentir especiales, que son lo más importante en su vida.
- Una persona cariñosa, pero no intensa emocionalmente.
- Una persona que les dé su espacio, que no los limite ni los quiera controlar.
- Una persona que les aporte y les sume, que no los frene.

El eneatipo 8 y la pareja

El E8 es el llamado poderoso o líder. Son personas que en su infancia establecieron un afecto de rechazo con su figura de nutrición, es decir, en algún momento, siendo aún muy pequeñitos, se sintieron rechazados o heridos por su figura materna o de nutrición, lo que es muy doloroso para el niño o la niña, que de forma inconsciente empieza a alejarse de todo lo que representa esa figura de nutrición: dulzura, consuelo, suavidad y cariño. Para ello crea una armadura alrededor de su centro emocional con la que defenderse del sentimiento de rechazo y, en su lugar, orienta su atención hacia la figura de protección o paterna, cuyas cualidades encarna y se convierte en alguien fuerte, protector, asertivo, duro y, aparentemente, inmunizado ante la figura materna que lo hace sentir rechazado y vulnerable.

Evitan a toda costa sentirse vulnerables, porque eso los conecta con un sentimiento de debilidad, por lo que a menudo canalizan sus emociones hacia la ira para protegerse y marcar sus límites. Protegen su centro emocional y conectan intensamente con su centro visceral, que utilizan en exceso como fuente de energía para controlar su entorno, pasar rápidamente a la acción ante cualquier situación y buscar experiencias que los hagan sentirse vivos.

Son personas muy protectoras y cuidadoras de los demás, con una gran sensibilidad hacia la injusticia, por lo que no dudarán en dar un paso al frente y proteger y proveer a sus parejas de lo que necesiten. No obstante, esta virtud se les puede convertir en una maldición, ya que, como dijo Abraham Maslow, «cuando tu única herramienta es un martillo tiendes a ver todos los problemas como si fueran un clavo». Usar un martillo en las relaciones lleva a los E8 a empujar o aplastar al otro ante cualquier problema o situación, sin conectar con el impacto que están provocando, lo que les impide discernir que no todo tiene la misma importancia y que distintas situaciones requieren respuestas diferentes.

En sus parejas darán mucha importancia al apoyo y al afecto y, por lo general, buscarán personas con las que puedan mostrar sin temor su lado más vulnerable. Sin embargo, por otro lado, admiran la determinación y la fortaleza en sus compañeros. Tratarán de cuidar y satisfacer a sus parejas ofreciéndoles protección, apoyo y fortaleza. Se mueven en la dualidad de, por un lado, querer ser fuertes y poder con todo y, por otro, la necesidad de escucha y apoyo.

En pareja podrán dar su mejor versión y conectar genuinamente con el otro si se permiten hacerlo desde su niño interior; el niño que busca la cercanía y la conexión emocional con la otra persona, que busca cariño y es alegre y atento con el otro en vez de mostrarse fuerte, inaccesible y autosuficiente; abrir su centro emocional y arriesgarse a conectar con la otra persona desde la empatía en vez de pretender dominar la relación. Retomar el contacto con estas cualidades de la infancia ya olvidadas le permitirá acercarse a la gran virtud de este tipo, **la inocencia**.

En cambio, cuando el E8 pierde de vista su capacidad de empatizar con las otras personas, conecta con la fijación mental de la venganza, que hará que vuelva a perder de vista su lado más humano y vulnerable y se centre en demostrar su fortaleza y producir un impacto en los demás para reparar la situación de injusticia que cree que se ha cometido. Esto disparará la pasión de la lujuria, que lo conectará emocionalmente con un sentimiento de ansia por controlar todo a su alrededor. Será directo, confrontador, retador e incluso agresivo verbal o físicamente, también con su pareja.

Si los E8 sienten que su relación está en peligro, a pesar de sus esfuerzos por controlar la situación y ser fuertes, se activarán sus mecanismos de defensa para evitar la vulnerabilidad y mantener su imagen de persona fuerte y capaz. El principal instrumento de este tipo de personalidad es la negación. Ésta consiste en desechar automáticamente los sentimientos de vulnerabilidad o desprotección de forma inconsciente y concentrar toda la energía en el centro visceral para mantener la posición de fortaleza, o pasar decididamente a la acción, cerrando todos los canales del centro emocional para evitar que el mundo les afecte. Se volverán duros como rocas y demandarán a sus parejas aquello que necesiten o exigirán el cese inmediato de los comportamientos que los están dañando, de forma brusca y sin conectar emocionalmente con ellos.

¿Qué buscan los E8 en sus parejas?

- Una persona con la que compartan valores o con valores propios sólidos que puedan admirar y respetar.
- Una persona coherente, que diga lo que haga y haga lo que diga.
- Una persona sincera y directa, que vaya de frente y no les oculte las cosas.
- Una persona que les muestre cariño y respeto y los tenga siempre en cuenta a la hora de tomar decisiones.
- Una persona con la que poder tener una intensa y apasionada conexión física, que los haga sentir vivos.

- Una persona con la que poder mostrarse como son realmente, sin temor a que los juzguen o ataquen.

Tuve una clienta en mis sesiones de *coaching* que era E8, una mujer casada desde hacía unos años y con un hijo que trabajaba como profesional autónoma.

Tenía problemas en su pareja, ya que cuando nació su hijo se había visto desbordada y no estaba obteniendo de su marido la ayuda y la implicación en la crianza del niño que ella necesitaba. Se negaba a tener que pedir ayuda a su pareja, pues consideraba que él no estaba cumpliendo con su responsabilidad como padre y estaba profundamente enfadada. Se sentía vulnerable y en desventaja, no podía resolverlo por sí misma y necesitaba la ayuda y la protección de su pareja en la crianza, pero era incapaz de darse cuenta de ello.

Negaba la situación y, en vez de mostrarse vulnerable y necesitada, exteriorizaba un enorme enfado e indignación con su pareja y tenía con él imponentes discusiones subidas de tono que no ayudaban en nada.

Conectar con su eneatipo fue muy revelador. Comenzó a darse cuenta del impacto negativo que producía en su relación la dureza con la que le hablaba a su pareja y reconoció que, en el fondo, todo se debía a un enorme sentimiento de vulnerabilidad y desprotección en su nueva situación. Esta conexión le fue de mucha ayuda.

Aprendió una valiosa lección para las personas con este eneatipo: cuando se quiere cambiar algo, la solución a veces no es «derribar los muros a golpes», sino que «se cazan más moscas con miel que con hiel». Aprender a pedir ayuda a su pareja y no negar sus vulnerabilidades fue para ella un gran aprendizaje.

El eneatipo 9 y la pareja

El E9 es el llamado pacificador o conciliador. Son personas que en su infancia establecieron un afecto de apego con sus figuras de inclusión, es decir, en algún momento, siendo muy pequeñitos, sintieron que su sensación de plenitud, su identidad, el alimento y el bienestar dependían y procedían de sus padres y de su familia. Por este motivo, de forma inconsciente, el niño o la niña E9 percibió que su lugar y su pertenencia a la familia podría verse en riesgo si expresaba demasiado sus necesidades y opiniones. Para asegurarse este lugar, se minimizaron ellos mismos, dando más importancia a las opiniones y las necesidades de los demás para ganarse su pertenencia al grupo.

Intentan mantener un entorno de paz y armonía a su alrededor, ya que cuando dicha paz se perturba, conectan con un miedo a no pertenecer, a no poder formar parte del grupo familiar, que es muy doloroso para ellos. Cuando crecen, llevan esta forma de actuar a otros grupos o personas que pueden proporcionarles esa sensación de pertenencia. De algún modo olvidan que el auténtico sentimiento de pertenencia está dentro de cada uno de nosotros. En el caso de los E9, su sensación de pertenecer pasa a depender de lo que perciben en su entorno. Evitan las situaciones de conflicto que desestabilizan su paz interior y los conectan con la sensación dolorosa de la separación. Se apegan a otras personas o grupos a los que idealizan, tratando de resolver su problema de identidad como personas que forman parte de algo más grande que ellos, ya sea una familia, un grupo de trabajo, un equipo deportivo o una relación.

Acostumbrados a no prestar atención a lo que ellos quieren y necesitan, tienen una gran capacidad para tener en cuenta las necesidades y los deseos de los demás, lo que los hace ser personas muy comprensivas e inclusivas. No obstante, esta virtud se les puede volver una maldición, ya que no manifestar sus preferencias y deseos para no incomodar a nadie y mantener la paz puede tener un alto precio. A la larga, los problemas se harán más grandes por no afrontarlos y no querer discutir y se resistirán a hacer lo que no quieren, pero sin decirlo abiertamente, lo que les traerá muchos conflictos en sus relaciones.

En sus parejas darán mucha importancia a la unión, a la fusión con el otro, y buscarán personas que les permitan vivir en paz y armonía y tener un alto grado de complicidad y confianza entre ellos. Aunque, por otro lado, también anhelan encontrar una pareja que les aporte vitalidad y energía. Tratarán de cuidar y satisfacer a sus parejas adaptándose a su energía y a lo que quiera el otro, mostrándose comprensivos y atentos. Se mueven en la dualidad de, por un lado, querer fusionarse con su pareja y, por otro, necesitar su espacio propio de tranquilidad.

En pareja podrán dar su mejor versión y conectar genuinamente con el otro si se permiten hacerlo desde su niño interior; el niño que sí quiere ser visto, que sabe lo que quiere y necesita y se atreve a expresarlo con confianza, en vez de hacerlo desde la necesidad de pasar desapercibido y no pedir lo que realmente quiere por no molestar o alejar al otro. Retomar el contacto con estas cualidades de la infancia ya olvidadas le permitirá acercarse a la gran cualidad esencial de este tipo, la **acción diligente**.

Sin embargo, cuando el E9 pierde de vista su capacidad de expresar lo que quiere y pedir la atención que necesita, conecta con la fijación mental de la indolencia, que le hará pensar que es mejor no buscarse complicaciones, no implicarse y no decir lo que piensa. Distraerá su atención hacia otra cosa y se disparará la pasión de la pereza, que lo conectará emocionalmente con una sensación de falta de energía, desinterés y desgana, con lo cual se olvidará de lo que quiere y necesita.

Si los E9 sienten que su relación está en peligro, a pesar de sus esfuerzos por ser atentos, centrarse en el otro y olvidarse de lo que ellos quieren, se activarán sus mecanismos de defensa para evitar el conflicto y mantener una sensación de paz y armonía. La herramienta principal de este tipo de personalidad es la narcotización, que consiste en concentrarse y refugiarse en actividades rutinarias y repetitivas que les permitan no pensar y no conectar con el malestar que sienten, como pueden ser comer, beber, practicar una afición o un deporte o incluso el trabajo, si se trata de acciones rutinarias y habituales, y que harán que externamente dejen de estar presentes en sus relaciones.

Uno de mis alumnos en un curso de eneagrama era un hombre con tipo de personalidad base E9 que llevaba casado treinta años. Él decía estar tranquilo y satisfecho con su pareja y su vida; tenía tiempo para dedicarle a su trabajo, con el que estaba muy implicado, y también a sus aficiones y atendía cariñosamente las necesidades de su mujer.

No obstante, la relación se había ido desgastando y él se había refugiado cada vez más en sus *hobbies* y pasatiempos y literalmente se encerraba en su despacho para dedicarse a ellos. Con el tiempo había dejado de compartir intereses y aficiones con su mujer: ya no les gustaba hacer las mismas cosas, ni ver las mismas películas y, sin embargo, él había seguido adaptándose a lo que ella quería, haciendo lo que a ella le gustaba, como habían hecho siempre.

Con el eneagrama se dio cuenta de que se adaptaba constantemente a los gustos de ella y se olvidaba de los suyos, lo que le generaba un gran estrés interno que no se atrevía a exteriorizar y, en vez de hablarlo con ella, cada vez estaba menos presente en la relación. Cuando estaban juntos, siempre parecía estar pensando en sus cosas, distraído, y en cuanto podía se refugiaba en su despacho para dedicarse a sus aficiones a solas.

Gracias al eneagrama pudo iniciar un maravilloso camino para aprender a expresar y compartir con su pareja sus gustos e intereses, lo cual les permitió volver a crear espacios comunes que disfrutar juntos.

¿Qué buscan los E9 en sus parejas?

- Una persona con la que poder fusionarse y ser lo más importante el uno para el otro.
- Una persona que valore sus atenciones y cuidados, que no los dé por sentados.
- Una persona con la que compartir proyectos e ideales en la vida.
- Una persona con la que tener una gran complicidad y amistad.
- Una persona cariñosa, pero no emocionalmente intensa.
- Una persona que comprenda y respete su necesidad de tiempo y espacio propios.

Al margen de que la sociedad avanza hacia posibles cambios de paradigma, lo cierto es que las relaciones de pareja representan uno de los ejes centrales para la mayoría de las personas. No puedo evitar compartir mi visión de que establecer un listón idealizado supone un virus nocivo para la convivencia. La vida es compleja, muy compleja, y una base imprescindible para una buena relación de pareja es buscar sin descanso la conexión desde nuestra esencia. La idealización es un activador de nuestros personajes en la inútil búsqueda de escenarios arquetípicos que no son aplicables a la vida real.

13

Fin del viaje, principio del camino: el eneagrama como filosofía de vida para sufrir menos y vivir con más plenitud

> Sólo en la medida en la que nos exponemos una y otra vez a la aniquilación, podemos hallar en nosotros aquello que es indestructible.
>
> PEMA CHÖDRÖN, monje budista

El eneagrama no es sólo un territorio intelectual, aunque es necesario adquirir unos conocimientos estructurales. Es, sobre todo, un campo de trabajo personal constante, con un objetivo central: **vivir una vida más plena y sufrir menos.**

Este proceso comienza desde el mismo momento en el que nos identificamos con nuestro eneatipo y nos damos cuenta de que muchos de nuestros comportamientos no obedecen a nuestro «yo esencial», sino a un «yo superficial». Se trata de un relato del yo dirigido por el ego que, aunque resulta útil para aquellas actividades que requieren competición —desde la conciencia—, nos separa y distancia de las relaciones personales y los objetivos que están conectados con el verdadero sentido de nuestra vida.

Mi vida es más plena gracias al eneagrama y es el motivo principal por el que comparto, desde la convicción y el entusiasmo, este campo de conocimiento. En realidad, es el motor central por el que he escrito este libro.

En mi eneatipo 2 subtipo sexual-transmisor confluye toda una descarga de características de mi «yo superficial» que me ha llevado a caer una y otra vez en hoyos. Gracias al trabajo en el eneagrama puedo tratar mi orgullo, como pasión central, la intensidad de mi instinto y la emocionalidad de mi centro (gafas con las que transito por el mundo) con compasión y amor hacia mí mismo, pues conecto con mi ser esencial y observo todas esas estrategias manipulativas de mi personalidad como intentos de ser querido y amado por los demás. La clave para salir de esa dinámica perversa es conectar con el camino de sanación del E2. Se trata de no buscar fuera la falta de amor que siento hacia mí mismo en un envoltorio de generosidad táctica. Te aseguro, querido lector, que se vive una vida más plena en el camino del falso amor al amor verdadero desde la virtud, que siempre debe tener como punto de partida el amor genuino hacia uno mismo.

Las herramientas de nuestro «yo superficial» nos resultan muy útiles en la vida profesional. Sin estas herramientas de combate seríamos como gacelas en la sabana africana, indefensas y a merced de los depredadores. El objetivo es que podamos vivir la vida sin que el personaje devore a la persona, en la ilusión de que vamos a calmar nuestra sed con el agua del mar. Los pobres creen que el dinero da la felicidad, pero los ricos ya saben que no. Gracias a mi trabajo he conocido muchas situaciones de vida que hacen de esta reflexión una verdad casi matemática. En este caso, el orden de los factores sí altera el producto: el personaje debe estar al servicio del «yo esencial» y no al contrario. Nos va mucho en ello, tanto como el sentido de nuestra vida.

El viaje llega a su fin, la velocidad va descendiendo y ojalá la última estación sea el principio de tu camino en el eneagrama. Como he expresado a lo largo de este libro, este campo de conocimiento, más que ningún otro, es digno de experimentación. Nunca intento convencer ni con dogmas, ni con palabras; es sólo un «adelante, experiméntalo y dentro de unos meses hablamos».

A continuación, voy a compartir contigo el testimonio de una persona que conectó con este campo de conocimiento en una conferencia combinada de *mindfulness* y eneagrama.

Sus circunstancias no eran fáciles. Estaba recibiendo tratamiento médico por un trastorno de ansiedad generalizada y su calidad de vida dejaba mucho que desear, sobre todo, debido a una punzada constante en el costado izquierdo. En la actualidad está muy recuperado e inmerso en un proceso de profundización en sí mismo por medio de este campo de conocimiento. La conexión con cómo es y los mecanismos de su eneatipo le han abierto todo un campo de posibilidades para sufrir menos y vivir con más plenitud.

Ésta es la experiencia de Rubén Aceituno (empresario):

> Personalmente ha sido como encontrar la llave de mi puerta, mi puerta personal. Eso es realmente el significado del eneagrama para mí: llaves, llaves maestras, tan maestras que es difícil hasta creer en su creación, su existencia y, por supuesto, su gran poder. Ahora puedo sentirme en mi esencia tranquilamente y abrir un diálogo interno, una negociación directa con mi personaje, sin rencor, sin reproches, con respeto, con igualdad, con derechos, con la autoridad de vivir, de vivir mejor. Actualmente busco más sobre mí. Intento comprender y aprender más y más sobre mí. Siento y presiento que ahora nos entendemos, que nos respetamos y que lo mejor para los dos es y será el equilibrio, un equilibrio negociado. Hoy en día el eneagrama pasa a ser una formación, un estudio, un trabajo diario que me da la oportunidad de comprender y entender el entorno que me rodea.

A continuación, voy a compartir contigo otros testimonios de personas que aplican el eneagrama en su vida. Empezaré por Javier García Coll, campeón de Europa de baloncesto. Actualmente es director de Sostenibilidad y Responsabilidad Social Corporativa del Real Madrid:

> Mi querido amigo Roberto, y compañero en cursos de aprendizaje de vida, me propuso escribir cómo ha sido mi experiencia con el eneagrama y su influencia en mi día a día. Me ha venido a la cabeza el curso de iniciación al eneagrama que hice. Además de ser una experiencia apasionante, en un momento de interacción en el curso le comenté a Roberto que lo único que me incomodaba era asignarme un número, que yo no era un número. Ellos, muy amables, trataron de explicarme que no era así, sino que era una herramienta de autoconocimiento y de crecimiento personal y no tenía que ver con asignarte un número o un modelo. Poco a poco lo fui descubriendo y en ese proceso de conocer mi forma de interpretar la realidad, mis sombras

y mis vulnerabilidades, así como mi motivación básica, llegué a comprender que todos llevamos nuestra mochila. Me llevó a una mayor empatía y compasión en mi relación con los demás, ya que, al igual que yo lucho contra mi personaje, los demás también mantienen esa lucha. Todo ello, más allá de identificarme con un eneatipo (número) u otro y que sea un mapa revelador del comportamiento humano, me ha conducido, sobre todo, a una mayor empatía y compasión hacia los demás y hacia mí mismo.

Alejandro Guerra Vázquez, presidente y fundador de Wake up Platform,[12] lo explica así:

> Conocer mi eneatipo es tener presente la tendencia de mis patrones de comportamiento, lo que hace más fácil, por un lado, identificarlos y comprenderlos y, por otro, aceptarlos. Mis patrones de comportamiento saltan permanentemente, y por eso observarme e identificarme con una conducta, sobre todo, si es insana, es clave para que ésta no me haga sufrir. Ser consciente de ello hace que esa conducta pierda fuerza y a veces puedo incluso llegar a cortarla o pararla a tiempo; no desde la restricción o la cohibición, sino desde la aceptación y la compasión conmigo mismo. Mis conductas de comportamiento son yo mismo. Conocerlas es conocerme; por eso, para aceptarme y quererme, debo ser capaz de identificarlas y comprender el origen, el dolor, el trauma o la herida que las desencadena, para mirarlas a la cara y abrazarlas. El eneagrama me permite ir al origen de las cosas y comprenderlas, ya que todos nos comportamos de una manera particular y eso no es aleatorio. Lo que hago tiene un origen y una razón de ser y llegar a comprenderlo es también conocerme a mí mismo. Es quererme. Esta práctica ha significado un antes y un después en mi día a día y, por lo tanto, en mi vida.

También nos ha dejado su testimonio Teresa Viejo, escritora y periodista, que fue directora de la revista *Interviú* y actualmente, entre otras actividades, ejerce de formadora y consultora con su modelo basado en la curiosidad:

12. Para más información se puede visitar la página web <https://www.wakeupplatform.com>.

Vivir es una búsqueda de respuestas sin tregua. Cada puerta que abrimos nos conduce a otra cerrada y vuelta a empezar. Nuestra complejidad resulta difícil de encajar en un molde estándar. Por ello solía rechazar el eneagrama como vía de autoexploración, convencida de la inutilidad de encorsetarnos en un puñado de tipologías. Me preguntaba dónde quedaban los matices, la riqueza de las aristas del ser humano. Estaba instalada en el prejuicio, y nada más alejado de la curiosidad que el rechazo a lo desconocido por ignorancia; de hecho, sólo el espíritu explorador diluye el miedo, tanto a un territorio hostil como a lo que somos de verdad. El eneagrama, lejos de etiquetarnos, nos acerca a nuestra naturaleza de seres en tránsito y la tipología es el inicio del proceso, la hoja de ruta de un camino que, más que surcarlo, te propone una transformación. Me gusta pensar que somos en cada momento algo parecido a esa foto que colgamos en Instagram y que congela la cara amable de lo que estamos viviendo. ¿Es real? ¿Mentimos abiertamente? La respuesta comprende capas de verdad y mentira que cada uno debería ir eliminando hasta comprender su sentido.

En lo personal, el eneagrama me reconcilió con ese espejo de dos caras en el que me mostraba: la que veían los demás y aquélla en la que no me reconocía, y esa otra en la que me sentía reflejada pero que los demás no terminaban de captar. No eran antagónicas. Obedecían, como en cualquier tipología, a la necesidad de autenticidad del ser y a nuestras estrategias para protegerlo. Profundizar en él también me ayudó a integrar, sin juicio y con compasión, mi historia vital, y desde esa falta de juicio el amor por uno mismo fluye, te lo aseguro.

Conocer la ingeniería del eneagrama no implica activarlo. Requiere la facilitación de quien traduce su sabiduría a lo cotidiano, y por ello aplaudo el reto de Roberto Whyte. En tiempos tan inciertos precisamos de una compañía segura para avanzar, de un manual de uso que nos agite y nos lleve a la acción. Sólo así mudaremos el dolor por amor.

Por último, te presento el testimonio de Tiziana Domínguez, profesional de alta dirección en el sector de la moda. Entre otros puestos, ha sido directora creativa de Adolfo Domínguez:

El eneagrama llegó a mi vida en un momento de crisis profunda. Una niebla de confusión y de ansiedad invadía mi existencia. ¿Por qué me sentía tan infeliz? La respuesta llegó por medio de mi trabajo con Roberto y el eneagrama. Mi eneatipo, es decir, el personaje que forjé para sortear la vida, estaba gobernando mi existencia. Entenderlo me ayudó a comprender tanto mis fortalezas como mis retos, lo cual favoreció que entendiese los cambios que debía hacer en mi vida para sentirme feliz y realizada.

Caminos de desarrollo

Pero ¿por dónde empezar? ¿Qué camino seguir?

Las claves están contenidas en las semillas plantadas por George Gurdjieff, influyente maestro espiritual y escritor del siglo XX, al que ya hicimos referencia al inicio de este libro. Gurdjieff recuperó para Occidente el símbolo del eneagrama y fundó una enseñanza espiritual conocida como el Cuarto Camino, que combinaba elementos de la filosofía, la psicología y las tradiciones espirituales de Oriente y Occidente. Gurdjieff promovió prácticas como la atención consciente, la meditación y el trabajo en grupo como medios para el desarrollo espiritual y la autorrealización. Disponía de una perspectiva única sobre la necesidad del trabajo diario, que formaba parte fundamental de su enseñanza espiritual:

1. **Trabajo en uno mismo**. Gurdjieff enfatizaba la idea de que el trabajo más importante que uno puede realizar es el trabajo en sí mismo. Esto implicaba la autorreflexión, la autoobservación y el esfuerzo consciente para comprender y cambiar aspectos negativos de uno mismo, como hábitos, patrones de pensamiento y emociones reactivas.
2. **Trabajo físico**. Valoraba el trabajo físico como una herramienta para el desarrollo personal. Creía que el trabajo físico consciente, como llevar a cabo tareas manuales o ejercicios físicos específicos, podía ayudar a conectar la mente y el cuerpo y promover el autocontrol y la conciencia.
3. **Trabajo en grupo**. Abogaba por el trabajo en grupo como un medio para el crecimiento espiritual. Los grupos de es-

tudiantes que seguían su enseñanza trabajaban juntos en prácticas y ejercicios diseñados para favorecer la transformación personal. Estos grupos ofrecían apoyo mutuo y la oportunidad de aprender de los demás.

Si adaptamos las propuestas de Gurdjieff a nuestras circunstancias y a nuestros tiempos, observaremos que se trata de avanzar en los tres centros: mental, visceral y emocional. Podemos tener muchos conocimientos de eneagrama, pero si no los integramos en nuestras emociones y en nuestras vísceras, sólo nos servirán para un interesante pero ineficaz juego intelectual. Leer libros, llevar a cabo pruebas identificativas o visionar vídeos de autores de referencia ayudan mucho a encuadrar la información, pero sólo deberían ser una base sobre la que apoyar el verdadero camino de autoconocimiento por medio del trabajo y la experiencia.

Respecto a los test de identificación del eneatipo, se trata de un ejercicio de aproximación habitual, aunque hay que tomar el resultado con mucha cautela. Es frecuente que éste no coincida con nuestro eneatipo, sino con el que represente la idealización o el relato que tenemos sobre nosotros mismos.

Llevar a cabo un proceso de identificación con un profesional de confianza puede ser muy recomendable. Lo importante es que el profesional esté preparado para gestionar el proceso. En España contamos con la Asociación Española de Eneagrama[13] como organismo de referencia, que está vinculada a la IEA,[14] con sede en Estados Unidos. La página web de la asociación en España contiene una enumeración de los profesionales acreditados por la IEA.

Resulta muy recomendable realizar cursos de eneagrama, pero a su vez es importante asegurarse de que los contenidos se proporcionan teniendo en cuenta las circunstancias del alumno, su nivel de conocimientos y, por supuesto, que los imparten profesionales acreditados y referenciados en la página web de la Asociación Española de Eneagrama.

13. Véase: <https://www.aeneagrama.es>.
14. Véase: <https://www.internationalenneagram.org>.

Pautas para el trabajo con uno mismo

- **Autobservación**. Debemos poner atención en nuestros hechos y no vivir en un relato ficticio de nosotros mismos. Conectemos con nuestra identidad esencial y observemos ese espacio que hay con el personaje que representamos, evitando que éste lleve el timón de nuestra vida.
- **Aceptación de la realidad** como base del equilibrio entre quiénes somos y el personaje que representamos.
- **Integración frente a tensión**. Merecemos vivir una vida con sentido e integrar nuestro ser con el personaje que representamos, evitando que este último lleve el timón de nuestra vida y nos someta a un estado constante de tensión y alerta. Vivir constantemente en modo personaje es una de las cosas que provoca mayor gasto energético y agotamiento en el sistema nervioso.
- **Atención**. Es nuestra principal herramienta para liberarnos de la esclavitud de vivir en el futuro o en el pasado, anclados en los deseos del ego de nuestro personaje. La atención nos permite vivir en el presente.
- La **práctica de la meditación** como vehículo para conectar con nuestra esencia y poder observar los mecanismos de nuestro personaje.

En mi caso personal, practico la conexión con el cuerpo desde hace años combinando una metodología con base en el *mindfulness*, con meditaciones creadas expresamente para cada uno de los eneatipos y sus características.

A continuación, voy a desarrollar la base de cada una de las meditaciones y recomiendo al lector que no sólo practique con frecuencia la referida a su eneatipo. «Todos somos todos» y, aunque tengamos un eneatipo fijo durante toda la vida, hay etapas o situaciones en las que podemos comportarnos y sentir como cualquiera de los otros eneatipos. Nos será muy útil también para entendernos y comprender cómo viven y cómo sienten las personas que nos rodean.

Meditaciones

Objetivos

A continuación se describe el objetivo de las meditaciones para cada eneatipo según Dhiravamsa, monje que se incorporó a la orden budista a los trece años y que alcanzó los máximos grados dentro de la tradición budista. Fue un especialista en eneagrama de la personalidad, autor del libro *Meditación Vipassana y Eneagrama*, en el que se inspiran los objetivos meditativos de cada eneatipo que se describen a continuación:

Eneatipo 1

La dificultad principal de los Uno, a la hora de practicar meditación, estriba en la gran pregunta de cómo afrontar la mente discursiva y pensante, puesto que habitualmente critican y se juzgan críticamente a sí mismos casi todo el tiempo.

Para reconocer al crítico interno, los Uno deben estar constantemente atentos, ser agudamente conscientes y mantenerse totalmente alerta frente a sus ataques brillantes y bien dirigidos.

Eneatipo 2

Puesto que los Dos están sólidamente ligados a la autoimagen, la imagen de falsa abundancia se vuelve casi imposible para ellos al diferenciar la imagen de sí mismo real y, por lo tanto, se pierden totalmente en la autoimagen. Se trata de otra forma de pereza, autodecepción y autoolvido en el contexto de la espiritualidad, puesto que los sitúa en un sueño profundo y cómodo, así como en una firme identificación con el falso sí mismo, mientras siguen creyendo que es real.

Eneatipo 3

Existen tres ámbitos principales en su personalidad sobre los que los Tres deben meditar con serenidad: la imagen de éxito, el carácter de adicto al trabajo y la autodecepción. Subyaciendo todos estos aspectos está el defecto psicológico, o mecanismo de defensa, de la identificación. Como sabemos, los Tres (y evidentemente todos los seres humanos) se identifican mecánicamente con los papeles, imágenes y apariencias al extremo de que no hay persona real (sí mismo) a encontrar en el devenir y el hacer.

Eneatipo 4

Básicamente, los Cuatro deben superar la tendencia muy enraizada a engancharse al, y lamentarse del, pasado y hacer conjeturas sobre el futuro, adoptando una práctica de meditación que ponga mucho énfasis en estar presentes en el momento: o sea, la meditación de la atención. En esta práctica, los Cuatro deben centrar la atención vital en el aquí y ahora, manteniendo el cuerpo y la mente serenos y atentos y con plena vigilancia para que sean capaces de entrar en la presencia plena y permanecer ahí indefinidamente.

Eneatipo 5

Una de las características destacadas de los Cinco es la curiosidad, un deseo fuerte y puro de conocer o aprender sobre las cosas.

Los Cinco, como todo el mundo, deben empezar centrando su atención en el subir y bajar de la respiración con el propósito de establecer una mente claramente equilibrada y accesible (samádhi). Una vez se ha alcanzado el samáhdi accesible o una estabilidad prácticamente firme de la mente, deben aplicar una consciencia simple, sin apegos y sin juicios, mediante una observación objetiva de los procesos físicos y mentales, distinguiendo y diferenciando claramente cada uno de los procesos, ya sean físicos o mentales.

Eneatipo 6

Puesto que los Seis son las personas más lógicas e intelectuales y se dedican a razonar y adorar el intelecto, para ellos es básico hacer fundamentalmente una meditación sobre el cuerpo o las sensaciones corporales, más que comprometerse con los procesos mentales. Básicamente, los cuerpos de los Seis suelen estar muy tensos y son más complicados en comparación con otros tipos, debido al hecho de que reaccionan siempre a toda clase de cosas que pasan por su cabeza en relación al entorno y al mundo en general.

Eneatipo 7

Tienen una tendencia compulsiva a huir de los compromisos, buscando distintas experiencias e intentando hacer cosas diferentes y llevar a cabo distintos proyectos. La práctica de meditación es una necesidad básica para constituir la respuesta precisa a esta deficiencia fundamental que subyace al código de la gula.

Los Siete deben empezar su meditación centrando una firme atención sobre la respiración hasta que alcancen la calma física y mental.

Para ellos será muy sorprendente ver cómo esta mente simiesca salta de una cosa a otra, siempre mirando a distintos objetos para satisfacer su gula, viajando constantemente lejos, en el ámbito esotérico o paranormal de la experiencia.

Eneatipo 8

Los Ocho deben trabajar con ahínco y sinceridad en dos temas básicos. El primero de ellos es el excesivo desarrollo de la acción en el mundo, que es peligrosa y desconfiada; el segundo es un cambio radical de atención y foco, pasando del modo activo al receptivo. Ello se debe a que, cuando nos comprometemos con el mundo exterior, perdemos el contacto básico con el propio sí mismo; más nos dedicamos agresivamente al desarrollo mundano y ponemos una energía desmesurada en los actos que pretenden lograr algo en el mundo «fuera de aquí», más nos alejamos del «sí mismo» y de la «esencia».

De ahí que la práctica de meditación a diario sea algo absolutamente necesario para los Ocho, puesto que les ayudará no sólo a regresar al sí mismo y ser capaces de escuchar de un modo eficaz su quieta voz interior, sino mantener sus cuerpos y mentes abiertos, limpios y claros de forma que puedan crear una nueva modalidad para los pensamientos y visiones positivas y, por lo tanto, el amor de sus corazones llene cada fragmento de su realidad.

Eneatipo 9

Debido a su ampliamente enraizada tendencia a no estar atento a su mundo interior y a su compulsión en relación al auto-olvido, los Nueve deben darse cuenta plenamente de que el desarrollo de la atención, la vigilancia y la alerta son los asuntos más básicos y urgentes que deben tener en cuenta, momento a momento. Lo que significa que necesitan, en gran medida, practicar la meditación de la visión profunda en su vida cotidiana, con un compromiso auténtico, para que la estructura definitiva de cara a hacer lo esencial de cada día se establezca firmemente.

Estructura básica de las meditaciones

Desde mi experiencia propongo este marco meditativo para cada eneatipo y sugiero que en la práctica se incluya la de otros eneatipos aunque no sean el nuestro, con el objetivo de poder sentir e interiorizar los ecosistemas de otros eneatipos.

Eneatipo 1

- **Intención**: cultivar la virtud esencial de la serenidad.
- **Obstáculo**: la crítica interna que durante la meditación les hace entrar en el bucle de estar pensando y no meditando,

en su pulsión de conectar con la meditación perfecta o cuestionándose la utilidad de la práctica.
- **Toma de conciencia**: ira contenida.

A continuación:

1. Encuentra un lugar tranquilo y cómodo donde puedas sentarte o recostarte sin distracciones. Imagina que estás en un espacio ideal para la meditación, un lugar sereno y tranquilo donde te sientes completamente seguro.
2. Cierra suavemente los ojos y comienza haciendo respiraciones profundas y conscientes para relajarte. Inhala profundamente y exhala lentamente; libera cualquier tensión en el cuerpo.
3. Lleva tu atención al corazón. Imagina que en el centro del pecho tienes una luz cálida y amorosa que representa tu deseo innato de buscar la perfección, pero también la tendencia a la ira.
4. Con cada inhalación visualiza una luz suave y cálida que entra en el cuerpo desde la parte superior de la cabeza y se extiende hacia abajo, llenándote de serenidad y aceptación. Siente cómo esta luz abraza cada parte de tu ser, incluyendo tus imperfecciones y las áreas que puedas querer mejorar.
5. A medida que exhalas, libera cualquier necesidad de control o perfección. Imagina que estás dejando ir todas esas expectativas y autocríticas que puedan estar presentes en tu mente. Permítete soltar todo lo que no puedes controlar en este momento.
6. Con cada respiración siente cómo la serenidad fluye a través de ti, como un río tranquilo que te envuelve y te llena de paz interior.
7. Ahora lleva tu atención a tu eneatipo 1 y reconoce que la ira es una emoción que a veces puede surgir debido a la frustración por no alcanzar la perfección. Permítete observar esta ira sin juzgarte. Visualiza cómo se presenta esta emoción, como una nube oscura en la mente.
8. Con cada inhalación visualiza que estás respirando hacia

esa nube oscura de ira. A medida que lo haces, la nube se disipa lentamente y se convierte en una bruma más ligera.

9. Mientras continúas respirando y liberando la ira, siente cómo la bruma se disuelve en el aire y desaparece por completo. En su lugar, experimenta una sensación de alivio y paz en tu interior.
10. Si tu mente comienza a divagar o a juzgar, no te preocupes ni te culpes. Simplemente reconoce los pensamientos con amabilidad y gentileza y luego vuelve a centrarte suavemente en la respiración y en la sensación de serenidad que estás cultivando en tu interior.
11. Continúa practicando esta meditación durante 15-20 minutos o el tiempo que te sientas cómodo. No dudes en adaptarla a tus necesidades.
12. Cuando estés listo para finalizar, respira profundamente de nuevo unas cuantas veces y abre los ojos con suavidad. Imagina que has vuelto a ese lugar ideal para la meditación, lleno de tranquilidad y aceptación. Lleva contigo esta sensación de serenidad, aceptación y liberación de la ira a tu día a día, recordándote a ti mismo que eres valioso tal como eres, con tus virtudes y tus defectos, y que siempre puedes regresar a este lugar interior de paz cuando lo necesites.

Eneatipo 2

- **Intención**: cultivar la virtud esencial de la humildad.
- **Obstáculo**: la dificultad para escuchar lo que realmente les está diciendo el corazón, lo cual sustituyen por la imagen que proyectan en el corazón de los otros desde el orgullo.
- **Toma de conciencia**: orgullo.

A continuación:

1. Encuentra un lugar tranquilo y cómodo donde puedas sentarte o recostarte sin distracciones. Imagina que estás en un lugar ideal para la meditación, un espacio sereno y seguro donde puedes explorar tus emociones.

2. Cierra suavemente los ojos y comienza con algunas respiraciones profundas y conscientes para relajarte. Inhala profundamente y exhala lentamente; libera cualquier tensión en el cuerpo.
3. Lleva tu atención al corazón. Imagina que en el centro del pecho tienes una luz cálida y amorosa que representa tu deseo innato de ser imprescindible para los demás, pero también la tendencia al orgullo.
4. Con cada inhalación visualiza esta luz creciendo y expandiéndose, llenándote de amor y compasión hacia ti mismo. Reconoce que es natural para ti querer cuidar de los demás, pero que también es importante cuidarte a ti mismo.
5. A medida que exhalas, permite que esta luz se extienda hacia fuera, abrazando a todas las personas a las que deseas ayudar y amar, al tiempo que visualizas cómo fluye tu amor, primero hacia ti mismo.
6. Ahora lleva tu atención al eneatipo 2 y reconoce que el orgullo es una emoción que a veces puede surgir debido a la necesidad de ser necesario y valorado por los demás. Permítete observar esta emoción sin juzgarte.
7. Con cada inhalación visualiza que estás respirando hacia el orgullo en tu interior. A medida que lo haces, esta emoción se vuelve más transparente y menos intensa, a la vez que conectas con el verdadero amor hacia ti mismo aceptándote tal y como eres.
8. Mientras continúas respirando y liberando el orgullo, siente cómo se convierte en una bruma ligera y finalmente se disipa en el aire. En su lugar, experimenta una sensación de humildad y aceptación total hacia ti mismo.
9. Si tu mente comienza a divagar o a juzgar, no te preocupes ni te culpes. Simplemente reconoce los pensamientos con amabilidad y gentileza y luego vuelve a centrarte suavemente en la respiración y en la sensación de humildad y de amor en el corazón.
10. Continúa practicando esta meditación durante 15-20 minutos o el tiempo que te sientas cómodo. No dudes en adaptarla a tus necesidades.

11. Cuando estés listo para finalizar, respira profundamente de nuevo unas cuantas veces y abre los ojos con suavidad. Imagina que estás regresando a ese lugar ideal para la meditación, lleno de humildad y aceptación. Lleva contigo esta sensación de humildad y liberación del orgullo a tu día a día, recordándote a ti mismo que eres valioso tal como eres, con tus virtudes y tus defectos, y que puedes dar desde un lugar auténtico y desinteresado.

Eneatipo 3

- **Intención**: cultivar la virtud esencial de la autenticidad.
- **Obstáculo**: la dificultad de dejar de poner su atención en una imagen idealizada de sí mismos y distinguirla de su verdadera esencia.
- **Toma de conciencia**: vanidad.

A continuación:

1. Encuentra un lugar tranquilo y cómodo donde puedas sentarte o recostarte sin distracciones. Imagina que estás en un lugar ideal para la meditación, un espacio sereno y seguro donde puedes explorar tus emociones.
2. Cierra suavemente los ojos y comienza con algunas respiraciones profundas y conscientes para relajarte. Inhala profundamente y exhala lentamente; libera cualquier tensión en el cuerpo.
3. Lleva tu atención al corazón. Imagina que en el centro del pecho tienes una luz cálida y amorosa que representa tu deseo innato de éxito y reconocimiento, pero también la tendencia a la vanidad.
4. Con cada inhalación visualiza esta luz creciendo y expandiéndose, llenándote de amor y compasión hacia ti mismo. Reconoce que es natural para ti querer alcanzar el éxito, pero también es importante valorarte a ti mismo por quien eres, más allá de tus logros.
5. A medida que exhalas, permite que esta luz se extienda

hacia fuera, abrazando a todas las personas a las que deseas impresionar y agradar. Visualiza cómo tu amor propio fluye hacia ellas de manera auténtica y desinteresada.

6. Ahora lleva tu atención al eneatipo 3 y reconoce que la vanidad es una emoción que a veces puede surgir debido a la necesidad de ser admirado y reconocido por los demás. Permítete observar esta emoción sin juzgarte.
7. Con cada inhalación visualiza que estás respirando hacia la vanidad en tu interior. A medida que vas respirando, esta emoción se vuelve más transparente y menos intensa.
8. Mientras sigues respirando y liberando la vanidad, siente cómo se convierte en una bruma ligera y finalmente se disipa en el aire. En su lugar, experimenta una sensación de autoestima y autenticidad.
9. Si tu mente comienza a divagar o a juzgar, no te preocupes ni te culpes. Simplemente reconoce los pensamientos con amabilidad y gentileza y luego vuelve a centrarte suavemente en la respiración y en la sensación de autoestima en el corazón.
10. Continúa practicando esta meditación durante 15-20 minutos o el tiempo que te sientas cómodo. No dudes en adaptarla a tus necesidades.
11. Cuando estés listo para finalizar, respira profundamente de nuevo unas cuantas veces y abre los ojos con suavidad. Imagina que estás regresando a ese lugar ideal para la meditación, lleno de autoestima y autenticidad. Lleva contigo esta sensación de autoestima y liberación de la vanidad a tu día a día, recordándote a ti mismo que eres valioso tal como eres, con tus virtudes y tus defectos, y que puedes alcanzar el éxito desde un lugar auténtico y genuino.

Eneatipo 4

- **Intención**: cultivar la virtud esencial de la ecuanimidad.
- **Obstáculo**: la dificultad de dejar de poner su atención en

las lamentaciones y el sufrimiento comparativo del ego y distinguirlo de su verdadera esencia.

- **Toma de conciencia**: envidia.

A continuación:

1. Encuentra un lugar tranquilo y cómodo donde puedas sentarte o recostarte sin distracciones. Imagina que estás en un lugar ideal para la meditación, un espacio sereno y seguro donde puedes explorar tus emociones.
2. Cierra suavemente los ojos y comienza con algunas respiraciones profundas y conscientes para relajarte. Inhala profundamente y exhala lentamente; libera cualquier tensión en el cuerpo.
3. Lleva tu atención al corazón. Imagina que en el centro del pecho tienes una luz cálida y amorosa que representa tu deseo innato de ser único y especial, pero también la tendencia a la envidia y la comparación.
4. Con cada inhalación visualiza esta luz creciendo y expandiéndose, llenándote de amor y compasión hacia ti mismo. Reconoce que es natural para ti querer ser diferente y especial, pero también es importante aceptarte a ti mismo tal como eres, con ecuanimidad.
5. A medida que exhalas, permite que esta luz se extienda hacia fuera, abrazando a todas las personas a las que tiendes a envidiar o con las que te comparas. Visualiza cómo tu amor propio fluye hacia ellas de manera genuina y desinteresada.
6. Ahora lleva tu atención al eneatipo 4 y reconoce que la envidia y la comparación son emociones que a veces pueden surgir debido a la búsqueda de singularidad y autenticidad. Permítete observar estas emociones sin juzgarte.
7. Con cada inhalación visualiza que estás respirando hacia la envidia y la comparación en tu interior. A medida que lo haces, estas emociones se vuelven más transparentes y menos intensas.
8. Mientras continúas respirando y liberando la envidia y la comparación, siente cómo se convierten en una bruma lige-

ra y finalmente se disipan en el aire. En su lugar, experimenta una sensación de equilibrio y amor propio.

9. Si tu mente comienza a divagar o a juzgar, no te preocupes ni te culpes. Simplemente reconoce los pensamientos con amabilidad y gentileza y luego vuelve a centrarte suavemente en la respiración y en la sensación de ecuanimidad en el corazón.
10. Continúa practicando esta meditación durante 15-20 minutos o el tiempo que te sientas cómodo. No dudes en adaptarla a tus necesidades.
11. Cuando estés listo para finalizar, respira profundamente de nuevo unas cuantas veces y abre los ojos con suavidad. Imagina que estás regresando a ese lugar ideal para la meditación, lleno de equilibrio y amor propio. Lleva contigo esta sensación de armonía y liberación de la envidia y la comparación a tu día a día, recordándote a ti mismo que eres valioso tal como eres, único y especial en tu propia forma, y que puedes vivir desde un lugar auténtico y sincero.

Eneatipo 5

- **Intención**: cultivar la virtud esencial de la generosidad.
- **Obstáculo**: la dificultad de poner la atención en aislarse de las emociones creando una barrera con los demás mediante la acumulación de bienes o conocimientos.
- **Toma de conciencia**: la avaricia.

A continuación:

1. Encuentra un lugar tranquilo y cómodo donde puedas sentarte o recostarte sin distracciones. Imagina que estás en un lugar ideal para la meditación, un espacio sereno y seguro donde puedes explorar tus emociones.
2. Cierra suavemente los ojos y comienza con algunas respiraciones profundas y conscientes para relajarte. Inhala profundamente y exhala lentamente; libera cualquier tensión en el cuerpo.

3. Lleva tu atención al corazón. Imagina que en el centro del pecho tienes una luz cálida y amorosa que representa tu deseo innato de comprender el mundo y protegerte, pero también la tendencia a la avaricia y la distancia emocional.
4. Con cada inhalación visualiza esta luz creciendo y expandiéndose, llenándote de amor y compasión hacia ti mismo. Reconoce que es natural para ti querer aprender y preservar tu energía, pero también es importante conectarte emocionalmente con los demás.
5. A medida que exhalas, permite que esta luz se extienda hacia fuera, abrazando a todas las personas de las que tiendes a distanciarte emocionalmente. Visualiza cómo tu amor propio fluye hacia ellas de manera auténtica y desinteresada.
6. Ahora lleva tu atención al eneatipo 5 y reconoce que la avaricia y la distancia con los demás son emociones que a veces pueden surgir debido a la necesidad de proteger tus recursos y conocimientos. Permítete observar estas emociones sin juzgarte.
7. Con cada inhalación visualiza que estás respirando hacia la avaricia y la distancia en tu interior. A medida que lo haces, estas emociones se vuelven más transparentes y menos intensas.
8. Mientras continúas respirando y liberando la avaricia y la distancia, siente cómo se convierten en una bruma ligera y finalmente se disipan en el aire. En su lugar, experimenta una sensación de generosidad y apertura hacia los demás.
9. Si tu mente comienza a divagar o a juzgar, no te preocupes ni te culpes. Simplemente reconoce los pensamientos con amabilidad y gentileza y luego vuelve a centrarte suavemente en la respiración y en la sensación de magnificencia en el corazón.
10. Continúa practicando esta meditación durante 15-20 minutos o el tiempo que te sientas cómodo. No dudes en adaptarla a tus necesidades.
11. Cuando estés listo para finalizar, respira profundamente de nuevo unas cuantas veces y abre los ojos con suavidad. Imagina que estás regresando a ese lugar ideal para la meditación, lleno de esplendidez y apertura hacia los demás. Lleva

contigo esta sensación de conexión y liberación de la avaricia y la distancia a tu día a día, recordándote a ti mismo que puedes compartir tus conocimientos y recursos con generosidad y confianza y que la verdadera riqueza está en las relaciones humanas.

Eneatipo 6

- **Intención**: cultivar la virtud esencial del coraje.
- **Obstáculo**: la dificultad de salir del bucle de los pensamientos anticipatorios que revelan riesgos y ansiedades y, en consecuencia, una gran tensión en el cuerpo.
- **Toma de conciencia**: el miedo y la tensión en el cuerpo.

A continuación:

1. Encuentra un lugar tranquilo y cómodo donde puedas sentarte o recostarte sin distracciones. Imagina que estás en un lugar ideal para la meditación, un espacio sereno y seguro donde puedes explorar tus emociones.
2. Cierra suavemente los ojos y comienza con algunas respiraciones profundas y conscientes para relajarte. Inhala profundamente y exhala lentamente; libera cualquier tensión en el cuerpo.
3. Lleva tu atención al corazón. Imagina que en el centro del pecho tienes una luz cálida y amorosa que representa tu deseo innato de seguridad y protección, pero también la tendencia al miedo.
4. Con cada inhalación, visualiza esta luz creciendo y expandiéndose, llenándote de amor y compasión hacia ti mismo. Reconoce que es natural para ti querer sentirte seguro, pero también es importante cultivar el coraje y la confianza en ti mismo.
5. A medida que exhalas, permite que esta luz se extienda hacia fuera, abrazando todas las situaciones que tiendes a temer o a las que reaccionas con tensiones inútiles en el cuer-

po. Visualiza cómo tu amor propio fluye hacia ellas de manera valiente y decidida y confiando en el fluir de la vida.

6. Ahora lleva tu atención al eneatipo 6 y reconoce que el miedo es una emoción que a menudo está presente en tu vida debido a la necesidad de anticipar posibles peligros. Permítete observar este miedo sin juzgarte.
7. Con cada inhalación visualiza que estás respirando hacia el miedo en tu interior. A medida que lo haces, este miedo se vuelve más transparente y menos abrumador.
8. Mientras continúas respirando y liberando el miedo, siente cómo se convierte en una bruma ligera y finalmente se disipa en el aire. En su lugar, experimenta una sensación de coraje y confianza en ti mismo.
9. Si tu mente comienza a divagar o a juzgar, no te preocupes ni te culpes. Simplemente reconoce los pensamientos con amabilidad y gentileza, y luego vuelve a centrarte suavemente en la respiración y en la sensación de coraje en el corazón.
10. Continúa practicando esta meditación durante 15-20 minutos o el tiempo que te sientas cómodo. No dudes en adaptarla a tus necesidades.
11. Cuando estés listo para finalizar, respira profundamente de nuevo unas cuantas veces y abre los ojos con suavidad. Imagina que estás regresando a ese lugar ideal para la meditación, lleno de coraje y confianza en ti mismo. Lleva contigo esta sensación de coraje y liberación del miedo a tu día a día, recordándote a ti mismo que puedes enfrentar los desafíos con valentía y confianza y que el miedo no define quién eres.

Eneatipo 7

- **Intención**: cultivar la virtud esencial de la sobriedad.
- **Obstáculo**: la dificultad para conectar con el dolor y su tendencia a la estimulación como mecanismo de huida hacia delante.
- **Toma de conciencia**: la gula.

A continuación:

1. Encuentra un lugar tranquilo y cómodo donde puedas sentarte o recostarte sin distracciones. Imagina que estás en un lugar ideal para la meditación, un espacio sereno y seguro donde puedes explorar tus emociones.
2. Cierra suavemente los ojos y comienza con algunas respiraciones profundas y conscientes para relajarte. Inhala profundamente y exhala lentamente; libera cualquier tensión en el cuerpo.
3. Lleva tu atención al corazón. Imagina que en el centro del pecho tienes una luz cálida y amorosa que representa tu deseo innato de buscar placer y evitar el dolor, pero también la tendencia a la gula y la negación de emociones difíciles.
4. Con cada inhalación visualiza esta luz creciendo y expandiéndose, llenándote de amor y compasión hacia ti mismo. Reconoce que es natural para ti querer disfrutar de la vida, pero también es importante enfrentar y procesar tus emociones dolorosas.
5. A medida que exhalas, permite que esta luz se extienda hacia fuera, abrazando todas las situaciones en las que tiendes a buscar la evasión o la distracción para evitar el dolor emocional. Visualiza cómo tu amor propio fluye hacia ellas de manera equilibrada y consciente.
6. Ahora lleva tu atención al eneatipo 7 y reconoce que la gula y la negación del dolor son patrones que a veces están presentes en tu vida debido a la búsqueda constante de experiencias placenteras. Permítete observar estos patrones sin juzgarte.
7. Con cada inhalación visualiza que estás respirando hacia la gula y la negación del dolor en tu interior. A medida que lo haces, estos patrones se vuelven más transparentes y menos abrumadores.
8. Mientras continúas respirando y liberando la gula y la negación del dolor, siente cómo se convierten en una bruma ligera y finalmente se disipan en el aire. En su lugar, experimenta una sensación de sobriedad y aceptación de todas tus emociones.

9. Si tu mente comienza a divagar o a juzgar, no te preocupes ni te culpes. Simplemente reconoce los pensamientos con amabilidad y gentileza y luego vuelve a centrarte suavemente en la respiración y en la sensación de moderación y equilibrio en el corazón.
10. Continúa practicando esta meditación durante 15-20 minutos o el tiempo que te sientas cómodo. No dudes en adaptarla a tus necesidades.
11. Cuando estés listo para finalizar, respira profundamente de nuevo unas cuantas veces y abre los ojos con suavidad. Imagina que estás regresando a ese lugar ideal para la meditación, lleno de equilibrio y aceptación de todas tus emociones. Lleva contigo esta sensación de equilibrio y liberación de la gula y la negación del dolor a tu día a día, recordándote a ti mismo que puedes disfrutar de la vida de manera consciente y enfrentar tus emociones sin miedo, desde la templanza, y encontrar en ellas un camino hacia un crecimiento y una satisfacción mayores.

Eneatipo 8

- **Intención**: cultivar la virtud esencial de la inocencia.
- **Obstáculo**: la dificultad para conectar con la vulnerabilidad y su excesiva agresividad.
- **Toma de conciencia**: la lujuria (necesidad de intensidad).

A continuación:

1. Encuentra un lugar tranquilo y cómodo donde puedas sentarte o recostarte sin distracciones. Imagina que estás en un lugar ideal para la meditación, un espacio sereno y seguro donde puedes explorar tus emociones.
2. Cierra suavemente los ojos y comienza con algunas respiraciones profundas y conscientes para relajarte. Inhala profundamente y exhala lentamente; libera cualquier tensión en el cuerpo.
3. Lleva tu atención al corazón. Imagina que en el centro del

pecho tienes una luz cálida y amorosa que representa tu deseo innato de proteger y controlar tu entorno, pero también la tendencia a la lujuria y la agresividad.

4. Con cada inhalación visualiza esta luz creciendo y expandiéndose, llenándote de amor y compasión hacia ti mismo. Reconoce que es natural para ti querer ser fuerte y estar al mando, pero también es importante manejar tus emociones de manera saludable para ti y para los demás.
5. A medida que exhalas, permite que esta luz se extienda hacia fuera, abrazando todas las situaciones en las que tiendes a expresar lujuria o agresividad de manera descontrolada. Visualiza cómo tu amor propio fluye hacia ellas de manera equilibrada y consciente.
6. Ahora lleva tu atención al eneatipo 8 y reconoce que la lujuria y la agresividad son emociones que a veces pueden surgir debido a la necesidad de mantener el control y protegerte a ti mismo y a los demás. Permítete observar estas emociones sin juzgarte.
7. Con cada inhalación visualiza que estás respirando hacia la lujuria y la agresividad en tu interior. A medida que lo haces, estas emociones se vuelven más transparentes y menos intensas.
8. Mientras continúas respirando y liberando la lujuria y la agresividad, siente cómo se convierten en una bruma ligera y finalmente se disipan en el aire. En su lugar, experimenta una sensación de equilibrio y control consciente de tus emociones, conectando con la inocencia que hay en tu corazón.
9. Si tu mente comienza a divagar o a juzgar, no te preocupes ni te culpes. Simplemente reconoce los pensamientos con amabilidad y gentileza, y luego vuelve a centrarte suavemente en la respiración y en la sensación de equilibrio en tu corazón.
10. Continúa practicando esta meditación durante 15-20 minutos o el tiempo que te sientas cómodo. No dudes en adaptarla a tus necesidades.
11. Cuando estés listo para finalizar, respira profundamente de

nuevo unas cuantas veces y abre los ojos con suavidad. Imagina que estás regresando a ese lugar ideal para la meditación, lleno de equilibrio, calidez y control consciente de tus emociones. Lleva contigo esta sensación de equilibrio y liberación de la lujuria y la agresividad a tu día a día, recordándote a ti mismo que puedes ser poderoso y protector de una manera saludable y consciente, conservando la mirada inocente del mundo, sin necesidad de reaccionar de manera impulsiva o agresiva.

Eneatipo 9

- **Intención**: cultivar la virtud esencial de la acción diligente.
- **Obstáculo**: la dificultad para conectar con los propios deseos y anhelos para evitar el conflicto.
- **Toma de conciencia**: la pereza (con uno mismo).

A continuación:

1. Encuentra un lugar tranquilo y cómodo donde puedas sentarte o recostarte sin distracciones. Imagina que estás en un lugar ideal para la meditación, un espacio sereno y seguro donde puedes explorar tus emociones.
2. Cierra suavemente los ojos y comienza con algunas respiraciones profundas y conscientes para relajarte. Inhala profundamente y exhala lentamente; libera cualquier tensión en el cuerpo.
3. Lleva tu atención al corazón. Imagina que en el centro del pecho tienes una luz cálida y amorosa que representa tu deseo innato de mantener la paz y la armonía, pero también la tendencia a la pereza y la evitación del conflicto.
4. Con cada inhalación visualiza esta luz creciendo y expandiéndose, llenándote de amor y compasión hacia ti mismo. Reconoce que es natural para ti querer sentirte en paz, pero también es importante pasar a la acción cuando sea necesario, ya que el conflicto forma parte de la vida.

5. A medida que exhalas, permite que esta luz se extienda hacia fuera, abrazando todas las situaciones en las que tiendes a posponer o evitar el conflicto, renunciando a conectar con tus anhelos. Visualiza cómo tu amor propio fluye hacia ellas de manera equilibrada y consciente.
6. Ahora lleva tu atención al eneatipo 9 y reconoce que la pereza con uno mismo y la aversión al conflicto son patrones que a veces están presentes en tu vida debido a la necesidad de mantener la tranquilidad. Permítete observar estos patrones sin juzgarte.
7. Con cada inhalación visualiza que estás respirando hacia la pereza y la aversión al conflicto en tu interior. A medida que lo haces, estos patrones se vuelven más transparentes y menos abrumadores.
8. Mientras continúas respirando y liberando la pereza y la aversión al conflicto, siente cómo se convierten en una bruma ligera y finalmente se disipan en el aire. En su lugar, experimenta una sensación de equilibrio y acción consciente.
9. Si tu mente comienza a divagar o a juzgar, no te preocupes ni te culpes. Simplemente reconoce los pensamientos con amabilidad y gentileza y luego vuelve a centrarte suavemente en la respiración y en la sensación de equilibrio en el corazón.
10. Continúa practicando esta meditación durante 15-20 minutos o el tiempo que te sientas cómodo. No dudes en adaptarla a tus necesidades.
11. Cuando estés listo para finalizar, respira profundamente de nuevo unas cuantas veces y abre los ojos con suavidad. Imagina que estás regresando a ese lugar ideal para la meditación, lleno de equilibrio y acción consciente. Lleva contigo esta sensación de equilibrio y liberación de la pereza y la aversión al conflicto a tu día a día, recordándote a ti mismo que puedes mantener la paz y la armonía de manera consciente y proactiva, sin rehuir el conflicto cuando sea necesario.

Este libro se iniciaba con la necesidad de saber responder a una pregunta cuando la travesía de nuestra vida llegue a su final;

una pregunta que muchos seres humanos se han planteado antes que nosotros y que nos vincula como seres vulnerables que afrontan un destino común e incierto.

Hace más de cien años Jeanne de Salzmann, alumna y seguidora de Gurdjieff, se planteaba esta misma cuestión que nos une a todos los seres humanos en la dimensión del tiempo y el espacio, en la búsqueda del sentido de la vida. Me planteo que el simple hecho de buscar quizá sea en sí mismo una manera de encontrar.

> ¿Quién soy? Necesito saberlo. Si no lo sé, ¿qué sentido tiene mi vida? ¿Quién va a responder en mí a la vida? Entonces, debo tratar de responder. Mi cabeza trata de responder. Me aporta sugerencias sobre lo que soy: un ser humano que puede esto, que ha hecho eso, que posee aquello. Ofrece posibilidades de todo lo que conoce. Pero ella no me conoce, no conoce lo que soy en este momento. Y mi sentimiento ¿puede responder? Entre los centros es él quien podría responder mejor, pero no está libre. Está al servicio del que quiere ser el más fuerte, el más grande, el más poderoso y que sufre todo el tiempo por no ser el primero. Entonces no se atreve, tiene miedo, duda. ¿Cómo puede saber?
>
> Ciertamente hay una sensación, la sensación de mi cuerpo. Pero ¿mi cuerpo soy yo? De hecho, no me conozco. No sé lo que soy. No conozco ni mis posibilidades, ni mis limitaciones. Existo y, sin embargo, no sé cómo existo. Creo afirmar mi propia existencia y dirigirla en una dirección determinada. Pero respondo a la vida emocional, intelectual o físicamente. Nunca soy yo quien responde. Creo que yo puedo hacer, cuando en realidad «soy accionado», movido por fuerzas de las que nada sé. Todo pasa en mí. Todo sucede. Los hilos son hilados sin que me dé cuenta. No veo que soy como una marioneta, como una máquina puesta en movimiento por fuerzas exteriores.
>
> Al mismo tiempo, veo que mi vida transcurre como si fuera la vida de otro. Veo que me agito, espero, me lamento, tengo miedo, me aburro, sin que me sienta participar en ello. La mayor parte del tiempo me doy cuenta *a posteriori* de que soy yo quien ha hecho esto o ha dicho aquello. Actué antes de darme cuenta de ello. Es como si mi vida se desenvolviese sin que yo participe conscientemente de ello. Se desenvuelve mientras yo estoy dormida. De vez en cuando, los sobresaltos o los choques me despiertan por un instante. En medio de una rabia, o de un dolor o de un peligro, abro los ojos:

—Fíjate: soy yo, aquí, en esta situación, ¡viviendo esto!

Pero después del choque me vuelvo a dormir y puede pasar mucho tiempo hasta que un nuevo choque me despierte.

JEANNE DE SALZMANN, *La realidad del ser* (2011)

Por último, me permito compartir contigo, lector, unos consejos políticamente (poco) correctos:

1. **Si tienes una base en eneagrama, los test pueden resultar poco efectivos.** Pueden condicionarte tanto consciente como inconscientemente. Si no tienes conocimientos previos, pueden servir como una referencia comparativa para cuando adquieras más información. Algunos, los menos, verán su tipo identificado enseguida; otros dudarán entre dos o tres con los que se identifican bastante y el suyo será uno de ellos. Sin embargo, también puede ocurrir que el resultado del test refleje tu personaje idealizado, no tu eneatipo real. Además, la mayoría de los test se centran en los eneatipos, pero no en los subtipos, lo que a menudo lleva a confusiones y contradicciones. Llevar a cabo una evaluación con un test antes de un proceso de formación puede ser una estrategia útil para comparar resultados una vez terminado. A continuación, te dejo algunos test que puedes completar fácilmente en internet:

- <https://testeneagrama.com/web/index.html>
- <https://enneagramuniverse.com/es/eneagrama/test-eneagrama>
- <https://www.enneagramtests.org>

2. **Cuidado con los sacerdotes del eneagrama.** Utilizan el eneagrama como andamiaje para construir una burbuja sectaria exigiendo que alcances lo que ellos no han logrado, ya sea un dios o una montaña sagrada. Si no sigues su camino, te etiquetarán de sacrílego o superficial. Lo importante para ellos no es tu senda individual de autoconocimiento, sino que sigas su ruta, que generalmente está ligada a su medio de vida.

3. **Presta atención al contenido, no al instructor.** En los procesos formativos podrías encontrarte con instructores que predican lo perjudicial de «estar en modo personaje» mientras ellos

mismos lo exhiben. Ten paciencia y, si es un buen maestro, aprende y experimenta por ti mismo. No dejes que la apariencia del instructor te prive de un buen aprendizaje. El humor es una herramienta útil para manejar las discrepancias.

4. Oirás a menudo comentarios como «¡Yo no soy un número!» o «¡Esto es un horóscopo!». **No contrarrestes; simplemente anima a la persona a explorar el eneagrama por sí misma**. Si es el momento adecuado para ella, encontrará utilidad en la respuesta; de lo contrario, tus explicaciones serán en vano. Los mecanismos de defensa protegen eficazmente a quienes no desean profundizar en sí mismos. Su momento llegará, si es que debe llegar.

5. **Juega**. Entre los conocedores del eneagrama se suele oír la frase siguiente: «No es correcto identificar a otros». Esto es cierto si la otra persona no desea que la identifiquen. Sólo uno mismo puede identificar y conocer su eneatipo y su subtipo, pero no dejes de jugar con alguien dispuesto a hacerlo. La mayoría descubre el eneagrama con estos juegos de identificación. Para nadar en el mar primero debes aprender a nadar en una piscina. Estaré eternamente agradecido a Ángel, un profesor de *coaching*, que me introdujo en este campo de conocimiento de forma lúdica. Si me hubiera confrontado con la complejidad del eneagrama desde el principio, probablemente hubiera huido.

6. **No te desesperes**. En tu camino de identificación, es probable que estés convencido de tu eneatipo y al mes siguiente estés seguro de ser otro. Continúa explorando. Como en el poema *Ítaca* de Kavafis, «la riqueza está en la exploración del viaje». Cuando reconozcas tu personaje podrás distinguir claramente tu paisaje interior, que se siente completamente diferente. Prepárate para una revelación incómoda al descubrir tus propias trampas, pero es en ese momento cuando realmente comienza tu camino.

7. **«Hay que vivir en esencia»** (frase preferida de algunos gurús). Sigue este consejo si quieres ser devorado por la frustración de no lograrlo. Los gurús mantienen el listón inalcanzable y pagan sus hipotecas a tu costa. Vivir en esencia constantemente en esta sociedad consumista te dejará incapaz de pagar tus propias hipotecas. El personaje es necesario para sobrevivir; el objetivo es no dejarse devorar por él y mantener el contacto con nuestra esencia y el verdadero sentido de la vida. Incluso Claudio Naranjo decía

que a veces quienes nos tratan de manera superficial merecen conocer sólo nuestro personaje.

8. **Desconfía de los cursos que desde el primer día se centran en los eneatipos**. Aunque es el tema que más interés genera y los alumnos están ansiosos por discutir sobre su eneatipo o el de otros, abordarlo de inmediato no es profesional. Primero es esencial entender las bases estructurales del eneagrama, que son las que realmente demuestran que no se trata simplemente de asignar números o leer un horóscopo. Estoy especialmente agradecido a la psicóloga Victoria Cadarso. En mi primer curso sobre el eneagrama con ella, no abordamos los eneatipos hasta tres meses después de haber comenzado la formación.

9. **Si alguien te dice que sabe mucho del eneagrama o cree conocer su tipo, pregúntale por los subtipos**. Si no sabe responder, anímalo a seguir profundizando. Los subtipos son claves y muchos no llegan a conocer su verdadero eneatipo hasta llegar a familiarizarse con los subtipos. La complejidad de la identificación se observa bien en este campo. Por ejemplo, puede haber más similitudes en comportamientos externos entre los subtipos que entre personas con el mismo eneatipo en grados diferentes de desarrollo.

10. **No te adentres en el eneagrama esperando soluciones mágicas**. Se trata de un trabajo de toda una vida. Durante el tiempo que he dedicado a escribir este libro, mi eneatipo y mi subtipo me han atrapado una y otra vez en sus trampas egoístas, a veces diabólicas, lo que me ha llevado a desesperarme al pensar que mi supuesto conocimiento y mi experiencia deberían proporcionarme la sabiduría para evitarlas. Aunque caigo menos veces, muchas menos, sigo cayendo y seguiré haciéndolo toda mi vida. Ése es el verdadero trabajo: expandir la conciencia con el fin de vivir una vida más plena.

Decía James McCosh que «un buen libro no es aquel que piensa por ti, sino aquel que te hace pensar».

Hemos llegado juntos a puerto, querido lector. De alguna manera, con este libro siento que hemos compartido camino y, en cierto modo, hemos ido abriendo puertas que espero que te hayan hecho reflexionar sobre aspectos de la vida y de ti mismo y que te acompañen en la búsqueda de una vida más plena.

Fin del viaje. Principio del viaje. Seguimos caminando.

Agradecimientos

A mi mujer, Moni, compañera de vida y madre de mis dos hijos. Ordenar, inspirar, debatir, contrastar, coordinar. Sin ella este libro no existiría.

A Margarita Guerra, presidenta de la Asociación Española de Eneagrama, por su ayuda y colaboración, en especial, en los capítulos 9, 12 y el anexo. Ha aportado sus grandes conocimientos y experiencia en la aplicación del eneagrama en el ámbito del trabajo y de las relaciones humanas, apoyados en su larga trayectoria formativa con grandes maestros nacionales e internacionales.

A Ana Peñuelas, por sus correcciones gramaticales y de estilo, así como por sus opiniones tan valiosas de contrastes y sugerencias.

A Roger Domingo, de Alienta Editorial, por poner la primera piedra y depositar su confianza en mí en aquel entrañable café en Mallorca, en el mágico entorno de Talentya.[15]

A mis compañeros, Beatriz, Gema, Gonzalo, Isabel, Talía, Susana, Pedro, Margarita y Adelaida, profesores acreditados de Eneagrama, por facilitar valientemente su testimonio, compartiendo sus procesos de identificación.

15. Véase: <https://www.talentya.com/talentya-es>.

Bibliografía

Almaas, A. H., *La esencia. El enfoque diamante para la realización interior*, Equipo Difusor del Libro, Madrid, 2003.

Alonso, J. R., «El mito del cerebro reptiliano», *Neurociencia* [blog], 2017. Recuperado de <https://jralonso.es/2017/08/24/el-mito-del-cerebro-reptiliano>.

American Psychiatric Association, *DSM-5: Manual diagnóstico y estadístico de los trastornos mentales*, Editorial Panamericana, Madrid, 2014.

Barba, D., *El eneagrama del mulá Nasrudín*, Plataforma Editorial, Barcelona, 2015.

Cadarso, V.; y Espadas, P., Manual del curso «Neuroenneagram Coaching», 2015.

Calle, R. A., *El gran libro de la meditación*, Booket, Barcelona, 2015.

Cavallé, M., *La sabiduría de la no-dualidad*, Editorial Kairós, Barcelona, 2008.

Chestnut, B.; y Paes, U., *El eneagrama: Guía para el despertar*, Editorial Sirio, Málaga, 2022.

Chödrön, P., *Cuando todo se derrumba*, Gaia Ediciones, Madrid, 1999.

Claxton, G., *Inteligencia corporal*, Plataforma Editorial, Barcelona, 2016.

Csikszentmihályi, M., *Fluir (Flow): una psicología de la felicidad*, Editorial Kairós, Barcelona, 1997.

De Salzmann, J., *La realidad del ser: El Cuarto Camino de Gurdjieff*, Editorial Ganesha, Madrid, 2011.

Dhiravamsa, *Meditación, Vipassana y Eneagrama: hacia un desarrollo humano armonioso*, La liebre de marzo, Barcelona, 2011.

Ekman, P., *El rostro de las emociones*, RBA Libros, Barcelona, 2015.

Erskine, R. G.; Moursund, J. P.; y Trautmann, R. L., *Más allá de la empatía: Una terapia de contacto en la relación*, Desclée de Brouwer, Bilbao, 2012.

Fernández Christlieb, F., *¿De dónde demonios salió el Eneagrama?*, PAX, México, 2017.

Gallen, M. A.; y Neidhardt, H., *El eneagrama de nuestras relaciones: enredos, interacciones, crecimiento*, Desclée de Brouwer, Bilbao, 1997.

Goldberg, M. J., *Eneagrama: Las 9 formas de trabajar*, Arkano Books, Madrid, 2000.

Goleman, D., *El punto ciego*, Debolsillo Clave, Barcelona, 2017.

Gore, B., *Finding freedom: Understanding our relationships using object relations and the enneagram*, Amazon, Estados Unidos, 2023.

Gurdjieff, G. I., *En busca del ser: El Cuarto Camino hacia la conciencia*, Ediciones La Llave, Barcelona, 2018.

Halifax, J., *Estar con los que mueren*, Editorial Kairós, Barcelona, 2019.

Harari, Y. N., *Sapiens: De animales a dioses*, Debate, Barcelona, 2014.

Isaacson, W., *Steve Jobs: la biografía*, Debate, Barcelona, 2011.

Jung, C. G., *Arquetipos e inconsciente colectivo*, Ediciones Paidós, Barcelona, 2009.

—, *Energética psíquica y esencia del sueño*, Paidós Ibérica, Barcelona, 1995.

Kabat-Zinn, J., *Vivir con plenitud las crisis*, Editorial Kairós, Barcelona, 2016.

Krishnamurti, J., *La libertad primera y última*, Editorial Kairós, Barcelona, 1996.

Lapid-Bogda, G., *Eneagrama y éxito personal*, Ediciones Urano, Barcelona, 2006.

—, *Bring out the best in everyone you coach*, McGraw Hill, Estados Unidos, 2009.

Leuro, E., *Comunicación eficaz y positiva*, Libro Hobby Club, Madrid, 2000.

Lipton, B. H., *La biología de la creencia*, Palmyra, Madrid, 2016.

Lozano Doménech, A., *La sabiduría del no saber*, Editorial Kairós, Barcelona, 2023.

MacLean, P., *The triune brain in evolution*, Springer, Estados Unidos, 1990.

Maslow, A. H., «A theory of human motivation», *Psychological Review*, 50, 4 (1943), pp. 370-396.

Naranjo, C., *Carácter y neurosis: una visión integradora*, Ediciones La Llave, Barcelona, 1996.

Naranjo, C., *27 personajes en busca del ser*, Ediciones La Llave, Barcelona, 2017.

Ostaseski, F., *Las cinco invitaciones*, Editorial Océano, México, 2017.

Pacheco, A., *Eneagrama y trabajo sobre sí: Virtudes y Mudras*, Hermes Terapia Integral, Vitoria, 2013.

Palmer, H., *El eneagrama en el amor y en el trabajo*, Neo Person, Madrid, 2003.

—, *El eneagrama: Un prodigioso sistema de identificación de los tipos de personalidad*, La liebre de marzo, Barcelona, 1996.

Philippe, J., *La libertad interior*, Editorial Rialp, 2003.

Real Academia Española, *Diccionario de la lengua española*, actualización de 2017. Recuperado de <http://dle.rae.es/?id=J6YNqj2>.

Rimponché, S., *El libro tibetano de la vida y de la muerte*, Ediciones Urano, Barcelona, 2015.

Riso, R.; y Hudson, R., *La sabiduría del Eneagrama*, Ediciones Urano, Barcelona, 2012.

Sapolsky, R. M., *¿Por qué las cebras no tienen úlcera? La guía del estrés*, Alianza Editorial, Madrid, 2008.

Sopena, C.; y Herrero, R., *Los siete pecados capitales: Una visión psicoanalítica*, Biblioteca Nueva, Madrid, 2012.

Tallon, R.; y Sikora, M., *Conciencia en acción: Eneagrama, inteligencia emocional y cambio*, Gulaab, Madrid, 2012.

Tolkien, J. R. R., *El Señor de los Anillos*, Minotauro, Barcelona, 1978.

Tracy, B., *Negociación*, Grupo Nelson, Madrid, 2015.

Trías De Bes, F., *Una historia diferente del mundo*, Editorial Espasa, Madrid, 2021.

Turchet, P., *El lenguaje del cuerpo*, Ediciones Mensajero, Bilbao, 2010.

Wagner, J., *Nine lenses on the world: The Enneagram perspective*, Enneagram Studies and Applications, Estados Unidos, 2010.

Watzlawick, P., *El lenguaje del cambio*, Herder Editorial, Barcelona, 1994.

Anexo

¿Cómo se relacionan en el trabajo las personas con eneatipo 1?

E1 con E1	Las relaciones en el trabajo con personas de su mismo tipo pueden ser muy buenas si éstas se centran en las cualidades que aprecian y comparten, como la responsabilidad, la disciplina en el trabajo, la puntualidad en reuniones y entregas, el alto nivel de implicación y la voluntad de mejorar las cosas. Saber que su compañero es una persona tan cumplidora como ellos puede hacer que se sientan relajados. Sin embargo, un E1 también puede tener puntos de fricción con otras personas de su mismo tipo, sobre todo, porque que a ambos les gustará tener el control de las situaciones, tenderán a imponer su propio criterio a la hora de hacer las cosas si no comparten la visión de qué es lo que hay que hacer y cómo y pueden entrar en una dinámica muy competitiva entre ellos.
E1 con E2	Pueden trabajar bien juntos, pues es posible que tengan enfoques muy complementarios en el trabajo. El E1 se centra más en la tarea, en lo que hay que hacer, y el E2 se enfoca más en las relaciones, en las personas. Los E2 apreciarán la habilidad y el interés de los E1 a la hora de organizar el trabajo y los E1 apreciarán la sensibilidad de los E2 hacia las relaciones personales y las dinámicas de los grupos. Sin embargo, también pueden tener puntos de desencuentro, ya que los E1 no son siempre personas cálidas en el trato, pueden ser más secos o cortantes, lo

	que incomodaría al sensible E2. El E2, a su vez, puede demandar mucha atención y validación de sus compañeros en el desarrollo de sus labores, lo que puede incomodar al práctico E1.
E1 con E3	Ambos están fuertemente orientados a la tarea y se esfuerzan en ser competentes y sacar el trabajo adelante. Pueden compartir un ambiente de trabajo de dedicación y esfuerzo para conseguir resultados. No obstante, pueden tener desavenencias debido a que, mientras que el E1 invertirá tiempo y energía en hacer las cosas perfectas y alcanzar estándares altos de calidad, el E3 estará más enfocado en la practicidad de un resultado que sea apreciado por los demás. Sustituirá la E de excelencia por la E de eficacia. Además, el E3 puede ser percibido como poco honesto y transparente, lo que incomodaría al E1, que valora mucho la honestidad y el respeto por las reglas. Pueden entrar en una dinámica en la que el E1 podría juzgar y criticar las actitudes del E3, quien se sentiría molesto por poner en peligro su buena imagen.
E1 con E4	Pueden ser muy complementarios en el trabajo, ya que el E1 se centra más en la tarea, en lo que se debe hacer, y el E4 en las relaciones, en las personas. Estos dos tipos de personalidad están conectados por una flecha, por lo que pueden compartir cualidades y orientaciones, como la capacidad del E1 de apreciar la estética y la originalidad y la capacidad del E4 de ser exigente y autocrítico en su trabajo. Sin embargo, cuando trabajan juntos, sus cualidades complementarias pueden convertirse también en fuente de tensiones por su enfoque distinto. Además, ambos tipos pueden ser muy críticos y, a la vez, muy sensibles a la crítica.
E1 con E5	Pueden trabajar bien juntos por sus valores en común y desarrollar una relación profesional con base en el respeto y la competencia. Abordan el trabajo desde la lógica y el análisis, con una fuerte orientación a la tarea. Pueden

surgir desavenencias en caso de tener diferentes opiniones sobre un tema, ya que ambos defenderán sus posturas con firmeza y convicción y pueden llegar a ser reacios a aceptar otros puntos de vista distintos a los suyos. A esto se añade que ambos tienden a ser poco empáticos cuando están en tensión, lo que dificultará la resolución de las desavenencias, aunque sería raro que perdieran las formas entre ellos discutiendo y preferirán alejarse.

E1 con E6

Pueden trabajar muy bien juntos porque pueden ser muy similares en el trabajo y valorarse mutuamente el hecho de enfocarse en hacer las cosas bien y exigirse mucho en el desempeño de las tareas, aunque la motivación de fondo sea distinta. El E1 hará las cosas bien y hará «lo correcto», mientras que el E6 hará las cosas bien para que «todo vaya bien» y nada malo ocurra. No obstante, pueden surgir puntos de fricción debido a que el E1 está más orientado a la acción y es resolutivo y el E6 tiende a dudar y sobreanalizar las posibilidades y las consecuencias antes de actuar. Asimismo, el E6 será muy sensible a las críticas del E1 y el E1 no llevará bien las quejas ni las actitudes negativas del E6.

E1 con E7

Pueden trabajar bien juntos si se complementan, ya que el E1 puede ayudar al E7 a enfocarse más en los detalles y el E7 puede ayudar al E1 a disfrutar más de la tarea y a ser creativo. Ambos tipos están conectados por una flecha, por lo que pueden compartir cualidades y orientaciones, como la capacidad del E7 de centrarse intensamente en la tarea, ser exigente y pragmático y la capacidad del E1 a la hora de ser más creativo en la resolución de problemas. Sin embargo, cuando trabajan juntos, sus cualidades complementarias pueden convertirse también en fuente de tensión. El E1 se puede sentir frustrado por trabajar con una persona que no comparte su sentido de la responsabilidad y la importancia de la calidad y el cumplimiento de los plazos, y el E7 se puede sentir constreñido al verse obligado a cumplir normas y

	procedimientos en su labor y perder de este modo su sensación de libertad en el trabajo.
E1 con E8	Pueden trabajar bien juntos, ya que comparten algunas características que los hacen muy compatibles. Ambos están orientados a la acción, se ponen manos a la obra para que las cosas se hagan y les gusta tener todo bajo control. También se complementan, puesto que el E1 se orientará más a la organización y a los detalles y el E8 a los grandes conceptos y las ideas globales. En el trabajo conjunto, pueden surgir desavenencias por estos enfoques distintos. Además, para estos dos tipos es importante tener el control de las situaciones, lo que los puede llevar a fuertes desencuentros que harán aflorar la brusquedad del E8 y la crítica del E1.
E1 con E9	Pueden trabajar bien juntos, ya que los dos son tipos viscerales que tienen en común la incomodidad que sienten expresando su ira, por lo que valorarán compartir entornos de trabajo tranquilos, donde se guarden las formas y las personas se tengan en cuenta y se traten bien. Los E1 son correctos y los E9, afables. No obstante, pueden surgir desavenencias a causa de las diferencias importantes que existen entre ellos: el E1 emite juicios sobre las personas con facilidad, lo que incomoda especialmente al E9, que no quiere conflictos. El E9, por su parte, a veces puede ser muy indeciso sopesando y valorando opiniones y posturas y le cuesta pasar a la acción, por lo que el E1, que es muy resolutivo y tiene clara la acción correcta que hay que tomar, se impacientará.

¿Cómo se relacionan en el trabajo las personas con eneatipo 2?

E2 con E1	Pueden trabajar bien juntos porque tienen enfoques muy complementarios en el trabajo. El E1 se centra más en la

tarea, en lo que hay que hacer, y el E2 se enfoca más en las relaciones, en las personas. Los E2 apreciarán la habilidad y el interés de los E1 a la hora de organizar el trabajo y los E1 valorarán la sensibilidad de los E2 en las relaciones personales y las dinámicas de los grupos. Por el contrario, también pueden tener puntos de desencuentro, ya que los E1 no son siempre personas cálidas en el trato, pueden ser secos o cortantes, lo que incomodaría a los sensibles E2, y los E2 pueden demandar mucha atención y validación de sus compañeros en el desarrollo de las labores, lo que incomodaría a los prácticos E1.

E2 con E2

Las relaciones con personas de su mismo tipo pueden ser muy buenas, ya que disfrutarán compartiendo un ambiente de trabajo duro pero también relajado y cordial, centrado no sólo en la tarea, sino también en las personas. Con todo, pueden surgir tensiones en el trabajo, puesto que los E2 se preocupan por la vida de los demás y hacen preguntas. No obstante, a ellos no les suele gustar compartir cómo están, salvo cuando se enfadan, y se pueden sentir abrumados por otros E2 si éstos demandan mucha atención. Además, los E2 pueden entrar en competencia por ser quienes orquestan las cosas en sus entornos.

E2 con E3

Pueden trabajar bien juntos, ya que son dos tipos emocionales que comparten el hecho de dar importancia a las relaciones y a su imagen profesional. Por otro lado, pueden ser muy complementarios, ya que los E3 tienden a centrarse en la tarea y los resultados y los E2 se orientan más a las personas. Sin embargo, también pueden tener tensiones en el trabajo si esas diferencias están muy marcadas, es decir, si los E3 están exclusivamente centrados en los objetivos y los E2 se enfocan sólo en las relaciones personales. Para resolver sus problemas, los E3 tendrán un enfoque muy práctico, mientras que los E2 querrán desahogar sus sentimientos en torno al tema, lo que incomoda a los E3, que evitarán conectar con sus emociones.

E2 con E4	Pueden trabajar bien juntos, puesto que son dos tipos emocionales que se enfocarán no sólo en la imagen, sino también en el contenido personal de las relaciones laborales, ya que ambos tipos son empáticos y disfrutan conectando con los demás. Aun así, hay diferencias notables entre ellos que pueden provocar desavenencias. Los E2 están muy pendientes de los demás y se interesan por su vida y los E4 pueden percibir esto como una intromisión. Los E4, por su parte, se centran en sí mismos y en sus sentimientos. Normalmente hablan mucho de sí mismos, lo que los E2 pueden percibir como una actitud egoísta, y esto puede llegar a generar conflictos con un alto grado de intensidad emocional entre ellos.
E2 con E5	Tienen el reto de ser tipos muy distintos, casi opuestos, pero pueden llegar a trabajar bien juntos cuando se centran en complementarse. Mientras que los E2 se orientan a las personas, disfrutan de la cercanía, son muy empáticos y se interesan por la vida de los demás en el trabajo, los E5 se centran en la tarea, son muy analíticos y observadores, prefieren guardar las distancias y no están cómodos compartiendo información sobre su vida. Sin embargo, los E5 pueden agradecer la calidez y cercanía de los E2, siempre que éstos no sean muy invasivos, y apreciar su capacidad de relacionarse con los demás y los E2, por su parte, suelen valorar la visión analítica, inteligente y objetiva que los E5 aportan en el trabajo.
E2 con E6	Pueden trabajar bien juntos disfrutando ambos de un ambiente de calidez y cercanía en el trabajo y ofreciéndose apoyo mutuo. A pesar de ello, presentan diferencias que pueden generar desavenencias o malestar entre ellos. Mientras que el E2 suele tener una actitud optimista ante los problemas, el E6 tiende a una visión pesimista, calculando constantemente los riesgos y los peores escenarios. Además, en situaciones de estrés, el E6 tiende a proyectar en los demás sus preocupaciones, emociones y conductas, lo que le puede generar problemas con el E2,

	que es sensible si siente que lo acusan de cosas que no le corresponden, lo que va en detrimento de su cuidada imagen de persona buena y trabajadora.
E2 con E7	Pueden trabajar bien juntos, ya que comparten una visión positiva de las cosas y generan un clima desenfadado y estimulante para ambos. La creatividad a la hora de aportar ideas e iniciar proyectos del E7 y el tesón y la responsabilidad del E2 para llevar a cabo las tareas necesarias para completar el trabajo se complementan. Sin embargo, estas diferencias pueden generar desavenencias entre ellos, ya que el E7 suele iniciar tareas, pero pronto se distrae con alguna idea nueva y no finaliza lo anterior, lo que puede hacer que el E2 se sienta frustrado y responsable de tener que ser él quien se encargue de terminar el trabajo. Esto provocará que empiece a vigilar y a tratar de controlar que el E7 acabe sus tareas, lo que incomodará mucho al E7, que es muy proclive a sentirse libre trabajando y se resistirá a que lo controlen.
E2 con E8	Ambos tipos están conectados por una flecha, lo que hace que se entiendan especialmente bien en el trabajo. De esta manera, el empático E2 puede apreciar que, bajo la forma ruda y directa de expresarse del E8, puede haber ansiedad o conexión con su vulnerabilidad, y el E8 es capaz de ver y apreciar la fortaleza y la determinación que tiene el E2 bajo su amabilidad y apoyarse en él para manejar mejor las relaciones personales en el trabajo. No obstante, pueden surgir dificultades cuando trabajan juntos, especialmente, cuando se trata de un E8 que no presta ninguna atención al impacto de su conducta y sus formas en los demás, y de un E2 poco asertivo y muy sensible a la forma en la que los demás lo tratan, lo cual provocará que el E8 no respete al E2 por considerarlo débil y que el E2 vea al E8 como una persona agresiva y avasalladora.
E2 con E9	Pueden trabajar bien juntos, disfrutando de un ambiente relajado y de colaboración. Estos tipos comparten varias

características, lo que provoca que a veces las personas se confundan a la hora de identificarse. Así, comparten su interés por las personas, su tendencia a apoyar a los demás y su incomodidad ante los conflictos. Ambos pueden ser muy trabajadores. Sin embargo, también hay diferencias importantes entre ellos que pueden generar desavenencias en el trabajo. Los E2 son más resolutivos y orientados a la tarea, pasan antes a la acción, mientras que a los E9 a menudo les cuesta decidirse y pueden tender a dejar las cosas incompletas o acumular tareas, lo que puede impacientar a los E2. Por otro lado, los E2 pueden intentar presionar a los E9 para que decidan o para que lleven a término una tarea, lo que incomodará a los tranquilos E9 y les generará resistencia pasiva y a veces enfado.

¿Cómo se relacionan en el trabajo las personas con eneatipo 3?

E3 con E1	Ambos están fuertemente orientados a la tarea y se esfuerzan en ser competentes y sacar el trabajo adelante. Pueden compartir un ambiente de trabajo de dedicación y esfuerzo para conseguir resultados. Sin embargo, pueden tener desavenencias debido a que, mientras que el E1 invertirá tiempo y energía en hacer las cosas perfectas y alcanzar estándares altos de calidad, el E3 estará más enfocado en la practicidad de un resultado que sea apreciado por los demás, sustituyendo la E de excelencia por la E de eficacia. Además, el E3 puede ser percibido como poco honesto y transparente, lo que incomodaría al E1, que valora mucho la honestidad y el respeto por las reglas. Pueden entrar en una dinámica en la que el E1 podría juzgar y criticar las actitudes del E3, quien se sentiría molesto por poner en peligro su buena imagen.
E3 con E2	Pueden trabajar bien juntos, ya que son dos tipos emocionales que comparten el hecho de dar importancia a

	su relación con los demás y a su imagen profesional. Por otro lado, pueden ser muy complementarios, ya que los E3 tienden a orientarse a la tarea y los resultados y los E2 se centran más en las personas. A pesar de ello, también pueden tener tensiones en el trabajo si esas diferencias son muy marcadas, es decir, si los E3 están exclusivamente centrados en los objetivos y los E2 se enfocan sólo en las relaciones personales. Para resolver sus problemas, los E3 tendrán un enfoque muy práctico, mientras que los E2 querrán desahogar sus sentimientos en torno al tema, lo que incomodará a los E3, que evitarán conectar con sus emociones.
E3 con E3	Pueden trabajar bien juntos, enfocados en lograr un desempeño eficiente y eficaz, sobre todo, si tienen objetivos comunes en su labor profesional. Si la relación es buena, les permitirá relajarse al saber que tienen al lado a un compañero que en el trabajo cuidará tanto las formas como los buenos resultados, tan importantes para ellos. Sin embargo, pueden surgir desavenencias en el trabajo, ya que los E3 son altamente competitivos y esta competitividad, en exceso, puede provocar que la relación entre ambos entre en una espiral de comparación constante de resultados y afán por lograr el reconocimiento y el primer puesto en lo que hacen. Si ése fuese el caso, los E3 dejarán a un lado sus emociones para lograr ganar la batalla por tener una mejor imagen y reputación profesional.
E3 con E4	Pueden trabajar bien juntos si saben complementarse, ya que el E3 tendrá un enfoque muy práctico orientado a los resultados y a la eficacia, mientras que el E4 se centrará en producir resultados singulares teniendo en cuenta a las personas. No obstante, tienen en común que ambos le dan mucha importancia a la imagen que ofrecen a los demás y la cuidarán. Pueden surgir diferencias entre ellos, especialmente, en los casos en los que los E3 estén bajo presión, lo que puede hacer que se vuelvan fríos y

	cortantes, sin tener en cuenta los sentimientos de los demás. También cuando los E4 están atravesando una etapa emocionalmente complicada, lo que puede hacer que se encierren en ellos mismos, que pierdan de vista los objetivos prácticos del trabajo y algunos E4 puede que hasta se vuelvan tremendamente competitivos, con una actitud retadora hacia el E3.
E3 con E5	Pueden trabajar bien juntos, pues comparten una fuerte orientación a la tarea. Valoran que se los perciba como profesionales competentes en su trabajo y no les importa trabajar duro para cumplir con sus cometidos, sin perder el tiempo en conversaciones banales. Sin embargo, pueden surgir desavenencias debido a sus diferencias. Los E5 son analíticos y planificadores; se preparan a fondo reuniendo mucha información antes de emprender la tarea y les cuesta pasar a la acción. Por su parte, los E3 son planificadores rápidos e impacientes e inmediatamente quieren pasar a la acción. Además, el E5 priorizará obtener resultados sólidos y bien fundamentados, mientras que el E3 dará mucha más importancia a la imagen de éxito de los resultados obtenidos y no tanto a los fundamentos, lo que puede hacer que entren en competición entre ellos.
E3 con E6	Son dos eneatipos conectados por una flecha, lo que hace que puedan trabajar bien juntos al compartir características y tener más facilidad para comprenderse entre ellos. Así, los E6 aprecian el estilo confiado y la capacidad de los E3 de pasar rápidamente a la acción, mientras que los E3 suelen apreciar la perspicacia y la profundidad de pensamiento de los E6, así como la consideración con la que tratan a los demás. Sin embargo, pueden surgir diferencias en el trabajo, ya que el E3 puede no atenerse a lo planeado, adaptándose y cambiándolo para lograr sus objetivos, lo que alterará al E6. Éste, a su vez, tiende a tener dudas y plantear una visión más pesimista y centrada en los obstáculos que

	puedan surgir, lo que incomodará al E3 si siente que lo entorpece.
E3 con E7	Pueden trabajar bien juntos, ya que comparten una importante orientación a la tarea, son optimistas en el trabajo, confían en su capacidad, ven con facilidad múltiples posibilidades y opciones para lograr sus objetivos y les gusta trabajar a un ritmo rápido. No obstante, pueden surgir desavenencias debido a sus diferencias, ya que, mientras que los E3 se fijan un objetivo y enfocan en él toda su energía hasta alcanzarlo, los E7 suelen aburrirse con facilidad y enseguida se sienten atraídos por nuevas ideas o nuevos proyectos que les hacen perder el interés en el objetivo inicial. Esto puede resultar frustrante para el E3. El E3, por su parte, intentará mantener la agenda y condicionarla en torno a los objetivos que se ha propuesto, lo que puede ser frustrante para el E7, a quien no le gusta verse constreñido ni limitado en su creatividad.
E3 con E8	Pueden trabajar bien juntos, ya que comparten la orientación a la tarea y pueden poner el trabajo por delante de su vida personal. Ponen mucho esfuerzo en lograr sus objetivos y producir resultados. Pasan rápido a la acción y tienden a dejar a un lado sus emociones a la hora de trabajar. No obstante, pueden surgir desavenencias entre ellos, sobre todo, porque ambos tipos son altamente competitivos y tienen muy clara la forma en la que les gusta hacer las cosas. Les importa manejar cómo ocurren las cosas en la organización y ambos tienen estilos confrontadores, lo que los puede llevar a enfrentarse de una forma muy directa, sin que ninguno de los dos quiera dar un paso atrás fácilmente. A ninguno de los dos les gusta perder: al E3 porque sería un fracaso y al E8 porque lo haría sentir vulnerable.
E3 con E9	Pueden trabajar bien juntos, ya que son dos eneatipos conectados por una flecha, lo que hace que puedan

compartir características en algunos momentos y que puedan ser muy complementarios. Así, el E3 agradece tener alrededor la energía relajada e inclusiva del E9, que lo ayuda a bajar un poco el ritmo, y el E9 valora el entusiasmo y la gran dedicación al trabajo del E3, que comparte su visión optimista de que las cosas se pueden lograr. Con todo, pueden surgir desavenencias entre ellos. El E3 puede irritarse ante la tendencia del E9 a procrastinar y la resistencia pasiva que puede mostrar cuando no está de acuerdo con algo. Al E9, por su parte, no le gustará sentirse presionado ni empujado a hacer las cosas. Le molestará especialmente el estilo agresivo y poco considerado con los demás que puede tener el E3 en situaciones de estrés.

¿Cómo se relacionan en el trabajo las personas con eneatipo 4?

E4 con E1 Pueden ser muy complementarios en el trabajo, ya que el E1 se enfoca más en la tarea, en lo que se debe hacer, y el E4 se centra más en las relaciones, en las personas. Estos dos tipos de personalidad están conectados por una flecha, por lo que pueden compartir cualidades y orientaciones, como la capacidad del E1 de apreciar la estética y la originalidad y la capacidad del E4 de ser exigente y autocrítico en su trabajo. Sin embargo, trabajando juntos sus cualidades complementarias, pueden convertirse también en fuente de tensiones por su visión distinta de las cosas. Además, ambos tipos pueden ser muy críticos y a la vez muy sensibles a la crítica.

E4 con E2 Pueden trabajar bien juntos, ya que son dos tipos emocionales y se enfocarán no sólo en la imagen, sino en el contenido personal de las relaciones laborales, debido a que ambos eneatipos son empáticos y disfrutan vinculándose con los demás. A esto se añade que ambos

	tipos están conectados por una flecha, lo que hace que puedan comprenderse mejor y compartir algunas cualidades. Aun así, hay diferencias notables entre ambos que pueden provocar desavenencias entre ellos. Los E2 están muy pendientes de los demás y se interesan por su vida, lo que los E4 pueden percibir como una intromisión, y los E4 se centran en sí mismos y en sus sentimientos y normalmente hablan mucho de sí mismos. Los E2 pueden percibir esto como una actitud egoísta, lo que puede llegar a generar conflictos con un alto grado de intensidad emocional entre ellos.
E4 con E3	Pueden trabajar bien juntos si saben complementarse, ya que el E3 tendrá un enfoque muy práctico, orientado a los resultados y a la eficacia, mientras que el E4 se centrará en producir resultados singulares teniendo en cuenta a las personas. No obstante, tienen en común que ambos le dan mucha importancia a la imagen que ofrecen a los demás y la cuidarán. Pueden surgir diferencias entre ellos, especialmente, en los casos en los que los E3 estén bajo presión, lo que puede hacer que se vuelvan fríos y cortantes y no tengan en cuenta los sentimientos de los demás. También cuando los E4 están atravesando una etapa emocionalmente complicada, lo que puede hacer que se encierren en ellos mismos, que pierdan de vista los objetivos prácticos del trabajo y algunos E4 puede que hasta se vuelvan tremendamente competitivos, con una actitud retadora hacia los E3.
E4 con E4	Pueden trabajar muy bien juntos o tener muchas dificultades para hacerlo. Lo harán muy bien si se enfocan en disfrutar de trabajar con alguien con quien comparten la visión del trabajo y del mundo como algo complejo y singular, la pasión por su trabajo y ser fieles a sus valores para lograr resultados extraordinarios. Por el contrario, pueden surgir importantes desavenencias debido a que la motivación principal de los E4 es sentirse únicos y especiales, lo que puede llevarlos a entrar en una fuerte

	competencia por obtener la atención y la validación de su trabajo por parte de los demás. Además, suelen hablar mucho de ellos mismos, lo que también puede llevarlos a competir por atraer la atención de su entorno.
E4 con E5	Son compatibles en el trabajo cuando se enfocan en colaborar, ya que el E4 se centra en las personas y trabaja con una conexión directa y estrecha con sus emociones, mientras que el E5 se orienta a la tarea y tiende a permanecer desconectado de sus emociones para ser lo más objetivo y analítico posible. Asimismo, tienen en común la necesidad de tener momentos a solas para la reflexión y la introspección. En resumen, uno es más analítico y el otro más emocional. Sin embargo, pueden surgir diferencias entre ellos en el trabajo. Los E5 tienden a mantenerse distantes y no les gusta compartir información personal. Los E4, por el contrario, se relacionan con los demás desde lo emocional. Comparten detalles sobre su vida, lo que puede incomodar a los E5, quienes tomarán más distancia y actuarán con mayor frialdad si se sienten violentados. Esto puede incomodar a los E4, que son sensibles al rechazo.
E4 con E6	Pueden trabajar bien juntos, compartiendo su actitud de compromiso y motivación por el trabajo, cuando sienten que forman parte de un proyecto con un propósito. Pueden llegar a ser muy trabajadores para no decepcionar a sus compañeros. Además, pueden ser muy complementarios a la hora de resolver problemas en el trabajo, ya que los E6 tienen un pensamiento rápido y analítico, mientras que los E4 son creativos y pueden aportar nuevos enfoques. Por el contrario, también pueden surgir desavenencias entre ellos debido a sus diferencias. Así, los E4 son muy idealistas y creativos, mientras que los E6 son mucho más realistas y a veces pesimistas, pues tienden a centrarse en todo lo que puede salir mal y pueden llegar a proyectar su ansiedad en el E4. Éste puede sentirse herido por su sensibilidad, así que el

	E4 tenderá a retraerse, a refugiarse en su mundo interior y a personalizar el problema. Se mostrará herido y molesto y culpará al E6 por su actitud, lo que puede dar lugar a un conflicto de alta intensidad, ya que ambos tipos son muy reactivos.
E4 con E7	Pueden trabajar bien juntos si aprenden a centrarse en lo que los diferencia para complementarse, ya que son tipos muy opuestos. El E4 es un tipo altamente emocional, que conecta directamente con la tristeza y la melancolía y que transita y comprende el sufrimiento como una parte necesaria de la vida. Por su parte, el E7 es un tipo muy mental, que planifica y proyecta a futuro y que evita afrontar situaciones de tristeza o sufrimiento. No obstante, el E4 puede apreciar la gran creatividad y el enfoque positivo del E7 y el E4 puede aportar al E7 su visión y su conocimiento sobre las personas y los sentimientos. Sin embargo, sus importantes diferencias pueden provocar conflictos entre ellos, ya que la actitud desenfadada y optimista de los E7 puede resultar molesta para los E4, que la pueden tomar como una conducta superficial e incluso infantil por no querer hacer frente a los problemas y las dificultades. Por su parte, los E7 pueden ver a los E4 como personas con actitudes demasiado intensas y negativas ante la vida, que expresan una emocionalidad que los puede incomodar.
E4 con E8	Son compatibles en el trabajo cuando se centran en lo que comparten. Un ejemplo es la atención intensa y la pasión que ponen cuando participan en proyectos que les motivan. Pueden llegar a ser muy entusiastas y pueden complementarse, ya que los E4 admirarán la fortaleza y la capacidad de hacer que las cosas ocurran de los E8. Los E8, por su parte, disfrutarán de las conversaciones con los E4 sobre psicología y el mundo de las emociones, temas que producen una gran curiosidad en algunos E8. Sin embargo, estos tipos presentan grandes diferencias, pues tienen extremos opuestos, lo que puede llevarlos a tener

	desavenencias. Así, los E4 tienden a centrarse en los sentimientos de las personas y los E8 se enfocan principalmente en pasar a la acción. Además, el E4 puede caer en la queja y en sentirse víctima de situaciones en las que, tras compararse con los demás, siente que sale perdiendo. Esto puede molestar al E8, que no respeta las actitudes de debilidad o victimismo, y el E4 puede sentirse molesto por la forma de tratar a las personas del E8, sin tener en cuenta a los demás e incluso pasándolos por encima cuando sólo quieren pasar a la acción.
E4 con E9	Forman un buen equipo de trabajo cuando se centran en sus cualidades complementarias. El E4 puede disfrutar del ambiente tranquilo, relajado y confiable que le puede proporcionar el E9 en el trabajo y el E9 puede disfrutar de la visión profunda y creativa de las cosas del E4, que puede ser para ellos muy estimulante. Comparten, además, la orientación a las personas, que les permite crear un entorno de trabajo de apoyo y compañerismo. No obstante, ambos tipos presentan importantes diferencias que podrán provocar desavenencias entre ellos. Los E4 pueden ser muy intensos y poco respetuosos con la intimidad de los demás y, por otro lado, pueden centrarse mucho en ellos mismos y entrar en dinámicas de quejas y lamentos. Ambas actitudes harán sentir incómodos a los tranquilos E9, que tenderán a distanciarse. Los E9, por el contrario, tienen dificultades para expresar sus opiniones y ser asertivos en su trabajo y a veces procrastinan y les cuesta pasar a la acción, lo que puede molestar e impacientar a los sensibles E4.

¿Cómo se relacionan en el trabajo las personas con eneatipo 5?

E5 con E1	Pueden trabajar bien juntos, desarrollando una relación profesional basada en el respeto y la competencia y

enfocando el trabajo desde la lógica y el análisis, con una fuerte orientación a la tarea. Pueden surgir problemas en caso de tener diferentes opiniones sobre un tema, ya que ambos defenderán su postura con firmeza y convicción y pueden mostrarse reacios a aceptar otros puntos de vista distintos a los suyos. Además, cuando ambos están en tensión, tienden a ser poco empáticos, lo que dificultará la resolución de las diferencias, aunque raramente llegarán a tener enfrentamientos abiertos entre ellos, sino que tenderán más a distanciarse.

E5 con E2

Tienen el reto de ser tipos muy distintos, casi opuestos, pero pueden trabajar bien juntos cuando se centran en sus cualidades complementarias. Mientras que los E2 se centran en las personas, disfrutan de la cercanía, son muy empáticos y se interesan por la vida de los demás en el trabajo, los E5 se centran en la tarea, son muy analíticos y observadores, prefieren guardar las distancias y no están cómodos compartiendo información sobre su vida. Sin embargo, los E5 pueden agradecer la calidez y la cercanía de los E2, siempre que éstos no sean muy invasivos, y apreciar su capacidad de relacionarse con los demás. Los E2, por su parte, suelen valorar la visión analítica, inteligente y objetiva que los E5 aportan en el trabajo.

E5 con E3

Pueden trabajar bien juntos, puesto que comparten una fuerte orientación a la tarea. Valoran que se los perciba como profesionales competentes en su trabajo y no les importa trabajar duro para cumplir con sus cometidos, sin perder el tiempo en conversaciones banales. Sin embargo, pueden surgir desavenencias debido a sus diferencias. Los E5 son analíticos y planificadores, se preparan a fondo reuniendo mucha información antes de emprender la tarea y les cuesta pasar a la acción. Por su parte, los E3 son planificadores rápidos e impacientes e inmediatamente quieren pasar a la acción. Además, el E5 priorizará obtener resultados sólidos y bien fundamentados, mientras que el E3 dará mucha más importancia a la

	imagen de éxito de los resultados obtenidos y no tanto a los fundamentos, lo que puede hacer que entren en competición entre ellos.
E5 con E4	Son compatibles en el trabajo cuando se enfocan en complementarse, ya que el E4 se centra en las personas y trabaja con una conexión directa y estrecha con sus emociones, mientras que el E5 se orienta a la tarea y tiende a permanecer desconectado de sus emociones para ser lo más objetivo y analítico posible. A esto se añade que tienen en común la necesidad de tener momentos a solas de reflexión e introspección, uno de forma más analítica y el otro de un modo más emocional. Con todo, pueden surgir desavenencias entre ellos en el trabajo debido a sus diferencias. Así, mientras los E5 tienden a mantenerse distantes y no les gusta compartir información personal, los E4 se relacionan con los demás desde lo emocional y comparten detalles sobre su vida, lo que puede incomodar a los E5, quienes, a su vez, si se sienten violentados, tomarán más distancia y actuarán con mayor frialdad, lo que puede incomodar a los E4, que son sensibles al rechazo.
E5 con E5	Pueden trabajar bien juntos compartiendo un ambiente de trabajo centrado en la tarea, de forma analítica, trabajando ambos con mucha autonomía y con las mínimas interacciones personales. A pesar de ello, pueden surgir diferencias en el trabajo, precisamente por esa tendencia a la independencia y la autonomía a la hora de trabajar. Esto puede generar que hablen poco a la hora de coordinarse, lo que dificulta que su trabajo esté bien alineado para lograr resultados y objetivos comunes. Además, en el caso de no ponerse de acuerdo en algún tema importante, pueden surgir fuertes discrepancias, ya que los E5 suelen ser de opiniones firmes, tenaces y persistentes en sus posturas.
E5 con E6	Comparten el enfoque analítico del trabajo, con base en la recogida de datos para la toma de decisiones, así como la

	tendencia a prevenir y adelantarse a lo que pueda ocurrir para evitar las sorpresas, lo que facilitará que se entiendan a la hora de trabajar juntos. Sin embargo, existen diferencias entre ambos tipos que pueden provocar divergencias en el trabajo. Los E6 pueden tener un enfoque más pesimista a la hora de evaluar riesgos y ponerse más emocionales, lo que puede incomodar a los E5, con una visión mucho más práctica y nada emocional. Además, los E6 tienen una relación ambivalente con el riesgo, ya que les preocupa prever los riesgos, pero cuando éstos se hacen realidad, pueden tener actitudes muy valientes y afrontarlos sin dudar. Los E5, por el contrario, no estarán cómodos ante estas situaciones, tenderán a alejarse todo lo que puedan y mantendrán una mentalidad muy práctica.
E5 con E7	Pueden trabajar bien juntos, ya que ambos son mentales y están conectados por una flecha, lo que les permitirá comprenderse mejor y compartir algunas características. Están muy orientados a la tarea y suelen ser personas con mentes muy activas, lo que los hace ser muy complementarios. El E7 es tremendamente creativo y disfruta conectando unos conceptos con otros y generando nuevas ideas y posibilidades, mientras que el E5 tenderá a profundizar en los temas, acumulando toda la información posible sobre lo que le interesa y analizándola a fondo, por lo que pueden hacer un gran equipo a la hora de innovar. No obstante, pueden surgir desavenencias entre ellos, especialmente, cuando estamos ante E5 muy introvertidos que evitan las relaciones con otros compañeros. Esto incomodará al E7, al que le gusta relacionarse y la conversación. También puede haber diferencias si estamos ante un E7 con especial dificultad en enfocarse en la tarea, terminar lo que empieza y cumplir sus compromisos en tiempo y forma. Esto incomodará al E5, quien valora la previsibilidad y la responsabilidad en sus compañeros de trabajo.

E5 con E8	Pueden trabajar bien juntos, ya que los dos tienden a orientarse en la tarea y pueden ser muy complementarios, ya que el E8 se centra en una visión amplia de las cosas y tiende rápidamente a la acción, mientras que el E5 siempre se inclinará a ser analítico y objetivo, cuidará mucho los detalles y profundizará en los temas antes de actuar. Además, ambos tipos están conectados por una flecha, lo que hace que valoren cualidades del otro mutuamente y puedan comprenderse mejor. No obstante, entre ambos tipos existen diferencias muy importantes que pueden generar desavenencias entre ellos. Los dos eneatipos son de opiniones firmes y, cuando creen estar en lo cierto, pueden ser muy tercos y no ceder en su postura. A esto se añade que los E8 son impacientes y les gusta pasar rápidamente a la acción, lo que puede provocar el enfado con los analíticos y reflexivos E5. A los E5 muchas veces les cuesta pasar a la acción y pueden molestarse y sentirse invadidos por los E8, muy directos, asertivos e insistentes para que las cosas se hagan a su ritmo.
E5 con E9	Pueden trabajar juntos disfrutando de un ambiente de trabajo relajado entre ellos, pues se trata de dos tipos que comparten algunas características, hasta el punto de que a veces pueden confundirse. Así, ambos eneatipos aprecian los entornos de trabajo tranquilos y son respetuosos con el ritmo de los demás. No les gusta el conflicto ni compartir información sobre su vida y tienden a escuchar más que a hablar. No obstante, existen diferencias entre ellos que pueden provocar desavenencias en el trabajo. Mientras que los E5 son analíticos, precisos y tienden a ir al grano en los temas, los E9 son muchos menos precisos, dan rodeos y a menudo tienen dificultades para formarse y expresar una opinión concreta sobre algo. Además, la tendencia a procrastinar de los E9 puede molestar a los E5, quienes necesitan previsibilidad y planificación en su trabajo. Por su parte, el estilo más frío y distante que pueden tener los E5 puede incomodar a los E9, quienes

	tienden a ser más cercanos y a estar más apegados a las personas con las que tienen confianza.

¿Cómo se relacionan en el trabajo las personas con eneatipo 6?

E6 con E1	Pueden trabajar muy bien juntos porque tienden a ser muy similares en el trabajo. Se valoran mutuamente que se enfocan en hacer las cosas bien y se exigen mucho en el desempeño de sus tareas, aunque la motivación de fondo es distinta. El E1 hace las cosas bien buscando hacer «lo correcto», mientras que el E6 hace las cosas bien para que «todo salga bien» y «nada malo ocurra». No obstante, pueden surgir puntos de fricción debido a que el E1 está más orientado a la acción y es resolutivo y el E6 tiende a dudar y sobreanalizar las posibilidades y las consecuencias antes de actuar. Además, el E6 será muy sensible a las críticas del E1 y el E1 no llevará bien las quejas ni las actitudes negativas del E6.
E6 con E2	Pueden trabajar bien juntos disfrutando ambos de un ambiente de calidez y cercanía en el trabajo y ofreciéndose apoyo mutuo. Sin embargo, presentan diferencias que pueden generar desavenencias o malestar entre ellos, ya que mientras que el E2 suele tener una actitud optimista ante los problemas, el E6 tiende a una visión pesimista que lo lleva a calcular constantemente los riesgos y los peores escenarios. Asimismo, en una situación de estrés, el E6 tiende a proyectar en los demás sus preocupaciones, emociones y conductas, lo que le puede generar problemas con el E2, que es sensible a verse acusado de cosas que no le corresponden, en detrimento de su cuidada imagen de persona buena y trabajadora.
E6 con E3	Son dos eneatipos conectados por una flecha, lo que hace que puedan trabajar bien juntos, al compartir

	características y tener más facilidad para comprenderse entre ellos. Así, los E6 aprecian el estilo confiado y la capacidad de los E3 de pasar rápidamente a la acción, mientras que los E3 suelen valorar la perspicacia y la profundidad de pensamiento de los E6, así como la consideración con la que tratan a los demás. Sin embargo, pueden surgir diferencias en el trabajo, ya que el E3 puede no atenerse a lo planeado, adaptándose y cambiándolo para lograr sus objetivos, lo que alterará al E6. Éste, a su vez, tiende a tener dudas y plantear una visión más pesimista y centrada en los obstáculos que puedan surgir, lo que incomodará al E3 si siente que lo entorpece.
E6 con E4	Pueden trabajar bien juntos, puesto que comparten su actitud de compromiso y motivación por el trabajo cuando sienten que forman parte de un proyecto con un propósito. Pueden ser muy trabajadores para no decepcionar a sus compañeros. Además, pueden ser muy complementarios a la hora de resolver problemas en el trabajo, ya que los E6 tienen un pensamiento rápido y analítico, mientras que los E4 son creativos y pueden aportar nuevos enfoques. Por el contrario, entre ellos también pueden surgir desavenencias debido a sus diferencias. Los E4 son muy idealistas y creativos y los E6, en cambio, son mucho más realistas, y a veces pesimistas, y tienen tendencia a enfocarse en todo lo que puede salir mal. Pueden llegar a proyectar su ansiedad ante esa posibilidad en el E4, quien puede sentirse herido en su sensibilidad. Por ello, el E4 tenderá a retraerse, a refugiarse en su mundo interior y a personalizar el problema, se mostrará herido y molesto y culpará al E6 por su actitud. Esto molestará al E6, lo que puede dar lugar a un conflicto de alta intensidad, ya que ambos tipos son muy reactivos.
E6 con E5	Comparten un enfoque analítico del trabajo, con base en la recogida de datos para la toma de decisiones, así como la tendencia a prevenir y adelantarse a lo que pueda

	ocurrir, evitando las sorpresas, lo que facilita que se entiendan a la hora de trabajar juntos. Con todo, existen diferencias entre ambos eneatipos que pueden provocar desavenencias en el trabajo. Los E6 pueden tener un enfoque más pesimista a la hora de evaluar riesgos y ponerse más emocionales, lo que puede incomodar a los E5, con una visión mucho más práctica y nada emocional. Además, los E6 tienen una relación ambivalente con el riesgo, ya que les preocupa prever los riesgos, pero cuando éstos se hacen realidad, pueden tener actitudes muy valientes y afrontarlos sin dudar. Los E5, en cambio, no estarán cómodos en estas situaciones y se alejarán todo lo que puedan, manteniendo una mentalidad muy práctica.
E6 con E6	Pueden trabajar bien juntos si se centran en compartir un ambiente de trabajo de confianza con personas que demuestran su lealtad y su compromiso y que comparten su visión del mundo. Sin embargo, los E6 son personas complejas, con comportamientos a veces aparentemente contradictorios, lo que puede provocar que surjan entre ellos importantes desavenencias en el trabajo. Así, los E6 buscan un ambiente de confianza en el trabajo, pero no por ello dejarán de sospechar de sus compañeros y vigilarlos en busca de señales de incoherencia o peligro. Cuando dos E6 trabajan juntos, tarde o temprano uno de ellos hará algo que dispare las alarmas en el otro, quien a su vez notará que algo ha cambiado y comenzará a experimentar ansiedad por lo que pudiera ser. Esto provocará que ambos entren en una espiral complicada de inseguridad y desconfianza. Además, cuando un E6 experimenta incertidumbre o ansiedad, tiende a proyectar en el otro sus propios miedos, emociones y motivaciones, lo que contribuirá a complicar la situación.
E6 con E7	Pueden trabajar bien juntos, ya que ambos tipos tienen en común su capacidad de anticipación y planificación de futuro y se centran en las ideas. Además, pueden ser muy complementarios: mientras que los E7 disfrutan

	aportando ideas variadas y opciones creativas, los E6 tienden a contribuir con el análisis del riesgo y la viabilidad de las ideas. Una vez que lo tienen claro, se ponen manos a la obra para llevarlas a la práctica, con un gran cuidado de los detalles. No obstante, estos dos tipos presentan importantes diferencias que pueden generar tensiones y desavenencias entre ellos. Así, al E7, que es muy optimista y reacio a pensar en lo que puede salir mal, puede molestarle el enfoque más pesimista del E6, que siempre estará pensando en los riesgos y en los peores escenarios. A los E7 les gusta dar ideas, pero no tanto ejecutarlas hasta el final, lo que puede provocar que dejen las tareas inacabadas y, por tanto, generar ansiedad y preocupación en los E6.
E6 con E8	A pesar de ser dos tipos muy distintos, pueden trabajar bien juntos si se centran en complementar la propensión más analítica del E6 con la tendencia a la acción del E8. Asimismo, el E8 tenderá a ser protector con sus compañeros si los ve vulnerables, lo que puede encajar bien con el E6, que recibirá de buen grado esa protección para sentirse más seguro y, a cambio, ofrecerá al E8 lealtad y apoyo. Sin embargo, las importantes diferencias entre ambos tipos pueden provocar desavenencias entre ellos. Los E6 son reflexivos y analíticos y necesitan información y sopesar bien las opciones, mientras que los E8 son impulsivos y tienden a tener reacciones viscerales contundentes y rápidas, lo cual puede ser percibido como demasiado agresivo o incluso peligroso por los E6. Los E8 a su vez pueden impacientarse con el proceso más analítico de los E6, que sopesan y dudan antes de decidir, lo que puede despertar la ira de los E8, que percibirán esa actitud como un obstáculo para pasar a la acción. En estas situaciones, el E6 puede sentir ansiedad e incertidumbre, lo que puede provocar la queja y la proyección en los demás de sus miedos y preocupaciones. Esto puede empeorar la situación con el E8, que puede verlo como una actitud de victimismo

	del E6, y despertar su desprecio por aquéllos a quienes considera débiles.
E6 con E9	A pesar de ser muy diferentes, son dos eneatipos conectados por una flecha, por lo que pueden compartir algunas cualidades y entenderse mejor en el trabajo. Los E6 pueden disfrutar del ambiente de trabajo tranquilo y relajado que le proporcionarán los E9, y los E9 pueden verse estimulados por el estilo mental rápido y ágil de los E6, que entran en análisis más profundos de las situaciones. Ambos comparten el gusto por los ambientes en los que existe consideración y escucha a los demás, sin conflictos. Con todo, las diferencias entre ambos tipos pueden generar desavenencias. Así, el E9 tiende a ser más optimista y le gusta tener en consideración la opinión de todo el mundo, lo que puede chocar con la forma de actuar del E6, quien puede resultar muy pesimista y a quien le cuesta aceptar opciones que no sean las elegidas por él tras su proceso de análisis. En cambio, el E9 puede cambiar de opinión tranquilamente y adaptarse a un enfoque distinto, lo que lo hará sentirse muy incómodo con las pegas y las quejas del E6 cuando éste, en el fondo, no está de acuerdo. Además, ambos tipos tienden a procrastinar cuando no ven clara la acción que hay que llevar a cabo, lo que puede generar en el otro enfado, ansiedad o frustración.

¿Cómo se relacionan en el trabajo las personas con eneatipo 7?

E7 con E1	Pueden trabajar bien juntos y complementarse, ya que el E1 puede ayudar al E7 a enfocarse más en los detalles y el E7 puede ayudar al E1 a disfrutar más de la tarea y a ser creativo. Ambos tipos están conectados por una flecha, por lo que pueden compartir cualidades y orientaciones, como la capacidad del E7 de centrarse intensamente en la

	tarea y ser exigente y pragmático y la capacidad del E1 a la hora de ser más creativo en la resolución de problemas. Sin embargo, cuando trabajan juntos, sus cualidades complementarias pueden convertirse también en fuente de tensiones. El E1 se puede sentir frustrado por trabajar con una persona que no comparte su sentido de la responsabilidad y la importancia de la calidad y el cumplimiento de los plazos. El E7, por su parte, se puede sentir constreñido al verse obligado a cumplir normas y procedimientos en su labor y perder de este modo su sensación de libertad en el trabajo.
E7 con E2	Pueden trabajar bien juntos, puesto que comparten una visión positiva de las cosas que genera entre ellos un clima desenfadado y estimulante para ambos. Esto complementará la creatividad a la hora de aportar ideas e iniciar proyectos del E7 y el tesón y la responsabilidad del E2 para llevar a cabo las tareas necesarias para completar el trabajo. A pesar de ello, estas diferencias pueden generar desavenencias, ya que el E7 suele iniciar tareas, pero pronto se distrae con alguna idea nueva y deja sin terminar lo anterior, lo que puede hacer que el E2 se sienta frustrado y responsable de tener que ser él quien se encargue de acabar el trabajo. Esta situación provocará que el E2 empiece a vigilar y a tratar de controlar que el E7 acabe sus tareas, lo que incomodará mucho al E7, que es muy proclive a sentirse libre trabajando y se resistirá a que lo controlen.
E7 con E3	Pueden trabajar bien juntos, ya que ambos tienen una importante orientación a la tarea, son optimistas en el trabajo, confían en su capacidad, ven fácilmente múltiples posibilidades y opciones para lograr sus objetivos y les gusta trabajar a un ritmo rápido. Sin embargo, pueden surgir desavenencias debido a sus diferencias. Los E3 se fijan un objetivo y enfocan en él toda su energía hasta alcanzarlo. En cambio, los E7 suelen aburrirse con facilidad y enseguida se sienten atraídos por nuevas ideas o proyectos que les hacen

	perder el interés en el objetivo inicial, lo que puede ser frustrante para los E3. El E3 intentará mantener la agenda y condicionarla en torno a los objetivos que se ha propuesto, lo que puede ser frustrante para el E7, a quien no le gusta verse constreñido ni limitado en su creatividad y sus opciones.
E7 con E4	Pueden trabajar bien juntos si aprenden a centrarse en lo que los diferencia para complementarse, ya que son tipos muy opuestos. El E4 es un tipo altamente emocional, que conecta directamente con la tristeza y la melancolía y que transita y comprende el sufrimiento como una parte necesaria de la vida, mientras que el E7 es un tipo muy mental, que planifica y proyecta a futuro y que evita afrontar situaciones de tristeza o sufrimiento. No obstante, los E4 pueden apreciar la gran creatividad y el enfoque positivo de los E7, y los E4 pueden aportar a los E7 su visión y su conocimiento sobre las personas y los sentimientos. Por el contrario, sus importantes diferencias pueden provocar desavenencias entre ellos, ya que la actitud desenfadada y optimista de los E7 puede ser molesta para los E4, que la pueden tomar como una conducta superficial e incluso infantil por no querer hacer frente a los problemas y las dificultades. Los E7, por su parte, pueden ver a los E4 como personas con actitudes demasiado intensas y negativas ante la vida, que expresan una emocionalidad que los puede hacer sentir incómodos.
E7 con E5	Pueden trabajar bien juntos, ya que ambos tipos son mentales y están conectados por una flecha, lo que les permitirá comprenderse mejor y compartir algunas características. Ambos están muy orientados a la tarea y suelen ser personas con mentes muy activas. Pueden ser complementarios, ya que, mientras que el E7 es altamente creativo y disfruta conectando unos conceptos con otros y generando nuevas ideas y posibilidades, el E5 tenderá a profundizar en los temas, acumulando toda la información posible sobre aquello que les interesa y

analizándola a fondo, por lo que podrían formar un gran equipo a la hora de innovar. Sin embargo, pueden surgir desavenencias entre ellos, especialmente, cuando estamos ante E5 muy introvertidos que evitan las relaciones con otros compañeros. Esto incomodará al E7, al que le gusta relacionarse y la conversación. También puede haber diferencias si estamos ante un E7 con especial dificultad para enfocarse en la tarea, terminar lo que empieza y cumplir sus compromisos en tiempo y forma, lo que incomodará al E5, quien valora la previsibilidad y la responsabilidad en sus compañeros de trabajo.

E7 con E6

Pueden trabajar bien juntos, ya que ambos tienen en común su capacidad de anticipación y planificación de futuro y se centran en las ideas. Asimismo, pueden ser muy complementarios, puesto que, mientras que los E7 disfrutan aportando ideas variadas y opciones creativas, los E6 tienden a contribuir con el análisis del riesgo y la viabilidad de las ideas. Una vez que lo tienen claro, se ponen manos a la obra para llevarlas a la práctica, cuidando cada detalle. Pese a ello, estos dos tipos presentan importantes diferencias que pueden generar desavenencias entre ellos. Así, al E7, que es muy optimista y reacio a pensar en lo que puede salir mal, puede molestarle el enfoque más pesimista del E6, que siempre estará pensando en los riesgos y en los peores escenarios. A los E7 les gusta dar ideas, pero no tanto ejecutarlas hasta el final, lo que puede provocar que dejen las tareas inacabadas y, por tanto, generar ansiedad y preocupación en los E6.

E7 con E7

Pueden trabajar bien compartiendo un ambiente optimista y desenfadado en el que las ideas fluyan de forma ágil y creativa. Sin embargo, pueden surgir desavenencias entre dos E7 trabajando juntos debido a algunas de las características que tienen en común, como la tendencia a comenzar e implicarse en proyectos nuevos, a pesar de no tener más tiempo disponible para ello. Esto

	supondrá que los proyectos que llevaban a cabo hasta ese momento se resientan o que estén cambiando constantemente los planes, lo que puede irritar al otro E7, al que molestará que no lo tengan en cuenta o no lo tomen en serio. Asimismo, a los E7 les gusta aportar ideas novedosas y que éstas se tomen en consideración, por lo que pueden entrar en competencia entre ellos si siguen el mismo patrón de plantear ideas para que se valoren y elijan.
E7 con E8	Si se enfocan en las características que tienen en común, pueden trabajar bien juntos, ya que ambos tipos son muy enérgicos en el trabajo, se implican a fondo en los proyectos y tienden a centrarse en objetivos y personas que les gusten y a evitar lo que no les gusta. También pueden ser muy complementarios, puesto que el E7 es un eneatipo mental, cuya forma de actuar tiene como base el análisis de datos y disfruta generando ideas, mientras que el E8 es visceral y construye su forma de actuar en función de sus percepciones físicas y sus intuiciones y disfruta haciendo que sucedan cosas grandes e importantes y pasando rápidamente a la acción. Sin embargo, pueden surgir desavenencias entre ambos tipos debido a sus diferencias. Mientras que al E7 le gusta generar muchas ideas, trata de dejar abiertas sus opciones y puede cambiar de forma unilateral lo inicialmente acordado. Por el contrario, cuando el E8 escoge una opción, lo hace con fuerza y determinación, querrá llevarla rápidamente a la práctica e intentará liderar el proceso frente a los demás, reacio a aceptar cambios. Los E8 suelen ser muy asertivos, tienden a imponer sus criterios y son muy mandones, lo que puede irritar a los E7, a quienes no les gusta verse dirigidos ni limitados en sus opciones.
E7 con E9	Pueden trabajar bien juntos compartiendo su visión optimista de las cosas y disfrutan de ambientes de trabajo desenfadados y armoniosos, ya que tanto el E7 como el E9 se sienten muy incómodos en situaciones en las que

existen tensiones y conflictos. Además, pueden complementarse, ya que, mientras que el E7 tiene una forma de pensar analítica y creativa, relacionando diferentes ideas, el E9 tiene un pensamiento secuencial que repasa los hechos de principio a fin hasta que aterriza las ideas en la realidad. Esto provoca que el E7 disfrute del ambiente relajado y sin críticas que le proporciona el E9 y el E9 valore la energía optimista y alegre del E7. Sin embargo, pueden surgir entre ellos desavenencias debido a las diferencias importantes que existen entre ambos. Así, los E7 son enérgicos y rápidos en el trabajo y se impacientan enseguida si las cosas no se mueven a su velocidad, mientras que los E9 prefieren un ritmo más pausado, que les permita sopesar todos los factores antes de tomar una decisión, y les cuesta pasar a la acción. Por ello ofrecen una fuerte resistencia a que los presionen para ir más rápido.

¿Cómo se relacionan en el trabajo las personas con eneatipo 8?

E8 con E1 Pueden trabajar bien juntos, ya que comparten algunas características que los hacen muy compatibles. Los dos eneatipos están orientados a la acción y se ponen manos a la obra para que las cosas se hagan. Les gusta tener todo bajo control. También pueden ser complementarios, ya que el E1 se orientará más a la organización y a los detalles y el E8 a los grandes conceptos y las ideas globales. Trabajando juntos pueden surgir desavenencias por estos enfoques distintos y, además, para ambos eneatipos es importante tener el control de las situaciones, lo que los puede llevar a fuertes desencuentros y hacer aflorar la brusquedad del E8 y la crítica del E1.

E8 con E2 Ambos tipos están conectados por una flecha, lo que hace que se entiendan especialmente bien en el trabajo. El empático E2 puede apreciar que bajo la forma ruda y directa de expresarse del E8 puede esconderse la ansiedad o la conexión con su vulnerabilidad, y el E8 es capaz de ver y apreciar la fortaleza y determinación que tiene el E2 bajo su amabilidad, por lo que se apoyará en él para manejar mejor las relaciones personales en el trabajo. Con todo, pueden surgir dificultades cuando trabajan juntos, especialmente, cuando se trata de un E8 que no presta ninguna atención al impacto de su conducta y sus formas en los demás, lo que ocurre muy a menudo. También puede haber diferencias con un E2 poco asertivo y muy sensible a la forma en la que los demás lo tratan, lo que hace que el E8 no lo respete por considerarlo débil y que el E2 vea al E8 como una persona agresiva y avasalladora.

E8 con E3	Pueden trabajar bien juntos, ya que comparten la orientación a la tarea y ambos pueden anteponer el trabajo a su vida personal. Dedican mucho esfuerzo a lograr sus objetivos y a producir resultados, pasan rápido a la acción y tienden a dejar a un lado sus emociones a la hora de trabajar. Sin embargo, pueden surgir diferencias entre ellos, sobre todo, porque ambos tipos son altamente competitivos y tienen muy clara la forma en la que les gusta hacer las cosas. Para ellos es importante controlar cómo ocurren las cosas en la organización y ambos tienen estilos confrontadores que los pueden llevar a enfrentarse de una forma muy directa, sin que ninguno de los dos quiera dar un paso atrás fácilmente. A ninguno de los dos les gusta perder: al E3 porque sería un fracaso y al E8 porque lo haría sentir vulnerable.
E8 con E4	Pueden trabajar bien juntos cuando se centran en lo que comparten, como es la atención intensa y la pasión que ponen cuando participan en proyectos que les motivan. Pueden llegar a ser muy entusiastas y, además, pueden complementarse, ya que los E4 admirarán la fortaleza y la capacidad de hacer que las cosas ocurran de los E8 y los E8 disfrutarán de las conversaciones con los E4 sobre

	psicología y el mundo de las emociones, temas que producen una gran curiosidad en algunos 8. No obstante, estos eneatipos presentan grandes diferencias en algunos extremos opuestos, lo que puede generar desavenencias. Así, los E4 tienden a centrarse en los sentimientos de las personas y los E8 se enfocan principalmente en pasar a la acción. Además, el E4 puede caer en la queja y en sentirse víctima de situaciones en las que, tras compararse con los demás, siente que sale perdiendo. Esto puede molestar al E8, que no respeta las actitudes de debilidad o victimismo, y el E4 puede sentirse molesto por la forma de tratar a las personas del E8, sin tener en cuenta a los demás, incluso pasándoles por encima cuando van a pasar a la acción.
E8 con E5	Pueden trabajar bien juntos, puesto que ambos tipos tienden a orientarse a la tarea y pueden ser muy complementarios. El E8 se centra en una visión amplia de las cosas y se inclina rápidamente a la acción, mientras que el E5 siempre tenderá a ser analítico y objetivo, cuidará mucho los detalles y profundizará en los temas antes de actuar. De igual modo, ambos tipos están conectados por una flecha, lo que hace que valoren mutuamente cualidades en el otro y puedan comprenderse mejor. No obstante, entre ambos existen diferencias muy importantes que pueden generar desavenencias. Los dos son de opiniones firmes y, cuando creen estar en lo cierto, pueden ser muy tercos y no ceder en su postura. Además, los E8 son impacientes y les gusta pasar rápidamente a la acción, lo que puede hacer que se enojen con los analíticos y reflexivos E5, a quienes muchas veces les cuesta pasar a la acción. Los E5, tranquilos por naturaleza, pueden molestarse y sentirse invadidos por los E8, quienes pueden ser muy mandones, asertivos y presionar para que las cosas se hagan a su ritmo.
E8 con E6	A pesar de ser dos tipos muy distintos, pueden obtener buenos resultados trabajando juntos si se centran en complementar la propensión más analítica del E6 con la

tendencia a la acción del E8. A esto se añade que el E8 se inclinará a ser protector con sus compañeros si los ve vulnerables, lo que puede encajar bien con el E6, que recibirá de buen grado esa protección para sentirse más seguro, ofreciendo a cambio lealtad y apoyo al E8. En cambio, las importantes diferencias entre ambos tipos pueden provocar desavenencias entre ellos. Así, los E6 son reflexivos y analíticos, necesitan información y sopesar bien las opciones, mientras que los E8 son impulsivos y tienden a las reacciones viscerales contundentes y rápidas, lo que los E6 pueden percibir como demasiado agresivo o incluso peligroso. Los E8, a su vez, pueden impacientarse ante el proceso más analítico de los E6, que tantean y dudan antes de decidir, lo que puede despertar la ira de los E8, que percibirán esa actitud como un obstáculo para pasar a la acción. En estas situaciones, el E6 puede sentir ansiedad e incertidumbre, empezar a quejarse y proyectar en los demás sus miedos y preocupaciones, lo que puede empeorar la situación con el E8. El eneatipo 8 puede percibir esta actitud como de victimismo por parte del E6, lo cual despertará su desprecio por quienes considera débiles.

E8 con E7

Si se enfocan en las características que tienen en común, pueden trabajar bien juntos, ya que ambos tipos son muy enérgicos en el trabajo, se implican a fondo en los proyectos y tienden a centrarse en objetivos y personas que les gusten y a evitar lo que no les gusta. También pueden ser muy complementarios, ya que el E7 es un eneatipo mental, que basa su forma de actuar en el análisis de datos y disfruta generando ideas. El E8, por su parte, es visceral, y su forma de actuar tiene como base sus percepciones físicas e intuiciones. Disfruta haciendo que sucedan cosas grandes e importantes y pasa rápidamente a la acción. Sin embargo, pueden surgir desavenencias entre ambos tipos debido a sus diferencias. Así, mientras que al E7 le gusta generar muchas ideas, tratará de dejar abiertas sus opciones y podrá, de forma unilateral, hacer

	cambios respecto a lo inicialmente acordado. El E8, por el contrario, cuando escoge una opción, lo hace con fuerza y determinación, querrá llevarla rápidamente a la práctica e intentará liderar el proceso frente a los demás, lo que lo hará ser reacio a aceptar cambios. Los E8 suelen ser muy asertivos, tienden a imponer sus criterios y son muy mandones, lo que puede irritar a los E7, a quienes no les gusta verse dirigidos ni limitados en sus opciones.
E8 con E8	Pueden trabajar bien juntos si comparten un ambiente de intensidad y trabajo duro y se centran en proyectos que ellos consideren importantes y con un impacto significativo. Comparten el sentido de justicia y protección de los más vulnerables y aprecian trabajar con otro E8, con quien no tendrán necesidad de contener su energía ni su asertividad, ya que no los intimidará, como sí les puede ocurrir a los demás. Sin embargo, pueden surgir desavenencias entre ellos en el trabajo debido a su tendencia a tomar el mando de las situaciones e imponer su visión de las cosas. Pueden generarse fuertes enfrentamientos abiertos entre ellos a causa de las altas cantidades de ira que expresan cuando se sienten contrariados o cuando ven su autoridad amenazada, lo que los vuelve muy combativos.
E8 con E9	Poseen cualidades que pueden ser muy complementarias, a pesar de ser opuestos en muchas cosas. Así, el E8 agradecerá trabajar con alguien que le aporta tranquilidad y apoyo, ya que valora mucho la lealtad, y que, además, no tiene interés en tomar el control de las situaciones, por lo que no constituirá una amenaza para el E8. El E9, por su parte, agradecerá poder fusionarse con la energía firme y determinada del E8 y se sentirá estimulado y protegido. Admirará su capacidad de tomar las riendas de las situaciones y pasar a la acción. Sin embargo, las diferencias entre estos tipos también pueden generar desavenencias, ya que lo que más molesta a un E8 en el trabajo es la pasividad, la falta de acción, algo que

fácilmente puede verse en un E9, que duda a la hora de decidir y pasar a la acción y tiende a procrastinar muy a menudo. No obstante, lo que más molesta a un E9 es la rudeza y la brusquedad en el trato; detestan que los presionen, lo que puede verse fácilmente en un E8, que tiene un estilo de comunicación muy directo y asertivo. Puede llegar incluso a resultar agresivo, y la mayoría de las veces no se da cuenta de su impacto en los demás.

¿Cómo se relacionan en el trabajo las personas con eneatipo 9?

E9 con E1	Pueden trabajar bien juntos, ya que los dos son tipos viscerales y tienen en común la incomodidad que sienten expresando su ira, por lo que valorarán compartir entornos de trabajo tranquilos donde se guardan las formas, las personas se tienen en cuenta y se las trata bien. Los E1 son correctos y los E9, afables. Sin embargo, pueden surgir desavenencias a causa de las diferencias importantes que existen entre ellos. El E1 emite juicios con facilidad sobre las personas, lo que incomoda especialmente al E9, que no quiere conflictos. El E9, por su parte, a veces puede ser muy indeciso; sopesa y valora opiniones y posturas y le cuesta pasar a la acción. Por ello, el E1, que es muy resolutivo y tiene clara la acción correcta que hay que tomar, se impacienta.
E9 con E2	Pueden trabajar bien juntos disfrutando de un ambiente relajado y de colaboración, ya que estos tipos comparten varias características. Esto provoca que a veces las personas se confundan a la hora de identificarse. Así, comparten su interés por las personas, su tendencia a apoyar a los demás, su incomodidad ante los conflictos y que ambos pueden ser muy trabajadores. Con todo, también hay importantes diferencias entre ellos que pueden generar desavenencias en el trabajo. Los E2 son

	más resolutivos y orientados a la tarea y pasan antes a la acción, mientras que a los E9 a menudo les cuesta decidirse y pueden tender a dejar las cosas incompletas o acumular tareas, lo cual puede impacientar a los E2. Por otro lado, el E2 puede intentar presionar al E9 para que decida o para que lleve a término una tarea, lo que incomodará y generará resistencia pasiva y a veces enfado en el tranquilo E9.
E9 con E3	Pueden trabajar bien juntos, ya que son dos eneatipos conectados por una flecha, lo que hace que puedan compartir características en algunos momentos y que puedan ser muy complementarios. Así, el E3 agradece tener alrededor la energía relajada e inclusiva del E9, que le ayuda a bajar un poco el ritmo, y el E9 valora el entusiasmo y la gran dedicación al trabajo del E3, que comparte su visión optimista de que las cosas se pueden lograr. Con todo, pueden surgir desavenencias entre ellos. El E3 puede irritarse ante la tendencia del E9 a procrastinar y la resistencia pasiva que puede mostrar cuando no está de acuerdo con algo. Al E9, por su parte, no le gustará sentirse presionado ni empujado a hacer las cosas. Le molestará especialmente el estilo agresivo y poco considerado con los demás que puede tener el E3 en situaciones de estrés.
E9 con E4	Forman un buen equipo de trabajo cuando se centran en sus cualidades complementarias, ya que el E4 puede disfrutar del ambiente tranquilo, relajado y confiable que le puede proporcionar el E9 en el trabajo. El E9, por su parte, puede disfrutar de la visión profunda y creativa de las cosas del E4, lo que puede resultar muy estimulante, y compartirán, además, una orientación a las personas que les permitirá crear un entorno laboral de apoyo y compañerismo. Sin embargo, ambos tipos presentan importantes diferencias que podrán provocar desavenencias entre ellos. Los E4 pueden ser muy intensos y poco respetuosos con la intimidad de los

	demás y, por otro lado, pueden centrarse mucho en ellos mismos y entrar en dinámicas de quejas y lamentos, ambas actitudes incómodas para los tranquilos E9, que tenderán a distanciarse. En cambio, los E9 tienen dificultades para expresar sus opiniones y ser asertivos en el trabajo y a veces procrastinan y les cuesta pasar a la acción, lo que puede molestar e impacientar a los sensibles E4.
E9 con E5	Pueden disfrutar de un ambiente de trabajo relajado entre ellos, pues son dos eneatipos que comparten algunas características, hasta el punto de que a veces se pueden confundir. Ambos aprecian los entornos de trabajo tranquilos, son respetuosos con el ritmo de los demás, no les gusta el conflicto ni compartir información sobre su vida y tienden a escuchar más que a hablar. Pese a ello, existen diferencias entre ellos que pueden provocar desavenencias en el trabajo. Así, mientras los E5 son analíticos y precisos y tienden a ir al grano, los E9 son muchos menos precisos, dan rodeos y a menudo encuentran dificultades para formarse y expresar una opinión concreta sobre algo. Además, la tendencia a procrastinar de los E9 puede molestar a los E5, quienes necesitan previsibilidad y planificación en su trabajo. A esto se añade que el estilo más frío y distante que pueden tener los E5 puede incomodar a los E9, quienes tienden a ser más cercanos y apegados a las personas con las que tienen confianza.
E9 con E6	A pesar de ser muy diferentes, son dos tipos conectados por una flecha, por lo que pueden compartir algunas cualidades y entenderse mejor en el trabajo. Así, los E6 pueden disfrutar del ambiente de trabajo tranquilo y relajado que les proporcionarán los E9 y los E9 pueden verse estimulados por el estilo mental rápido y ágil de los E6, que analizan en profundidad las situaciones. Comparten el gusto por los ambientes en los que existe consideración y escucha a los demás, sin conflictos. Sin

	embargo, las diferencias entre ambos eneatipos pueden generar desavenencias. El E9 tiende a ser más optimista y le gusta tener en cuenta la opinión de todo el mundo, lo que puede chocar con la forma de actuar del E6, quien puede resultar muy pesimista y le cuesta aceptar opciones que no sean las elegidas por él tras su proceso de análisis. En cambio, el E9 puede tranquilamente cambiar de opinión y adaptarse a un enfoque distinto y se siente muy incómodo con las pegas y las quejas del E6 cuando éste, en el fondo, no está de acuerdo. Además, ambos tipos tienden a procrastinar cuando no ven clara la acción que hay que emprender, lo que puede generar en el otro enfado, ansiedad o frustración.
E9 con E7	Pueden trabajar bien juntos compartiendo ambientes de trabajo desenfadados y armoniosos, ya que tanto el E7 como el E9 se sienten muy incómodos en situaciones en las que existen tensiones y conflictos. Además, pueden complementarse, ya que mientras que el E7 tiene una forma de pensar analítica y creativa y relaciona muy bien diferentes conceptos, el E9 tiene un pensamiento secuencial que repasa los hechos de principio a fin hasta que aterriza las ideas en la realidad. Esto hace que el E7 disfrute del ambiente relajado y sin críticas que le proporciona el E9 y que el E9 aprecie la energía optimista y alegre del E7. Sin embargo, pueden surgir entre ellos desavenencias debido a las diferencias importantes que existen entre ambos eneatipos. Así, los E7 son enérgicos y rápidos en el trabajo y se impacientan enseguida si las cosas no se mueven a su velocidad, mientras que los E9 prefieren un ritmo más pausado, que les permita sopesar todos los factores antes de tomar una decisión, y les cuesta pasar a la acción, además de ofrecer una fuerte resistencia cuando se los presiona para ir más rápido.
E9 con E8	Poseen cualidades que pueden ser muy complementarias, a pesar de ser opuestos en muchas cosas. El E8 agradecerá trabajar con alguien que le aporta tranquilidad y apoyo.

	Valora mucho la lealtad y el hecho de que no tenga interés en tomar el control de las situaciones, por lo que no constituirá una amenaza para el E8. El E9 agradecerá poder fusionarse con la energía firme y determinada del E8, lo que lo hará sentir estimulado y protegido y admirará su capacidad de tomar las riendas de las situaciones y pasar a la acción. Por el contrario, las diferencias entre estos tipos también pueden generar desavenencias, ya que lo que más molesta a un E8 en el trabajo es la pasividad, la falta de acción, algo que puede verse fácilmente en un E9, quien duda a la hora de decidir y tiende a procrastinar muy a menudo. Lo que más molesta a un E9 es la rudeza y la brusquedad en el trato; detesta que lo presionen, lo que puede verse fácilmente en un E8, que tiene un estilo de comunicación muy directo y asertivo. Puede llegar incluso a resultar agresivo, y la mayoría de las veces no se da cuenta de su impacto en los demás.
E9 con E9	Pueden trabajar bien juntos compartiendo un ambiente de trabajo relajado y de apoyo mutuo, con un trato distendido y respetuoso con los demás y orientado a las personas. Sin embargo, también pueden surgir desavenencias entre ellos si no consiguen sacar las tareas adelante, ya que trabajarán con niveles bajos de energía y tendrán dificultades para expresar sus opiniones o hacer prevalecer sus puntos de vista. Poseen un temor excesivo al conflicto, lo que puede provocar que las cosas no avancen, un problema que, además, puede verse agravado por la tendencia a procrastinar de este eneatipo. Además, los E9 suelen ser muy tercos y tener una visión clara de los procesos en el trabajo, por lo que pueden tener dificultades para discutirlos y ponerse de acuerdo a la hora de diseñarlos en común y es difícil que cambien de postura.